本书是国家自然科学基金青年基金重点项目（12101015）、国
目（21BZZ016）和北方工业大学科研启动基金项目(1100513

Research on High-Dimensional Variable Selection Problem Based on Competitive Risk Model

基于竞争风险模型的高维变量选择问题研究

李二倩 ◎著

经济管理出版社
ECONOMY & MANAGEMENT PUBLISHING HOUSE

图书在版编目(CIP)数据

基于竞争风险模型的高维变量选择问题研究 / 李二倩著 .—北京：经济管理出版社，2024.3

ISBN 978-7-5096-9627-9

Ⅰ.①基… Ⅱ.①李… Ⅲ.①竞争力—风险管理—研究 Ⅳ.①F271.3

中国国家版本馆 CIP 数据核字(2024)第 054308 号

组稿编辑：任爱清
责任编辑：任爱清
责任印制：黄章平
责任校对：陈 颖

出版发行：经济管理出版社
（北京市海淀区北蜂窝 8 号中雅大厦 A 座 11 层 100038）
网 址：www. E-mp. com. cn
电 话：(010)51915602
印 刷：北京晨旭印刷厂
经 销：新华书店
开 本：710mm×1000mm /16
印 张：9. 25
字 数：171 千字
版 次：2024 年 6 月第 1 版 2024 年 6 月第 1 次印刷
书 号：ISBN 978-7-5096-9627-9
定 价：78. 00 元

前 言

竞争风险模型将传统的单独对一个复合的或混合的终止时间的生存分析扩展到对多重的事件类型进行研究，不仅在医学研究中应用广泛，而且也在金融风险领域有广阔的应用前景。信息时代大数据技术的快速发展，使海量数据的获取愈加常见，高维度变量通常包含大量冗余信息，常常带来一些分析和计算上的挑战。在医学相关的基因数据中，维度可能高达数百万维。因此，研究基于竞争风险模型的高维变量选择问题，不仅具有理论意义，也具有重要的实际应用价值。

本书共分五章，第一章为理论基础和方法的研究，主要阐述研究问题的背景以及国内外研究方法。第二章对超高维竞争风险模型的确定独立筛选和条件确定独立筛选方法的研究。第三章针对协变量具有较强相关性的超高维竞争风险模型，基于确定联合筛选方法的研究。第四章讨论了基于分位回归的高维竞争风险模型的变量选择问题。第五章讨论了基于加权分位回归的高维竞争风险模型的变量选择问题。每种研究方法，我们都证明了方法的大样本性质，使用数据模拟对比不同方法的表现，并将方法应用于实际数据中。

本书得到中国人民大学统计学院田茂再教授的指导和帮助，笔者在此表示诚挚的谢意。感谢我的家人和朋友一直以来的支持和关怀。在撰写本书过程中，参阅了大量公开出版的文献和书籍，再次对相关研究的作者一并表示感谢。限于笔者的水平，本书难免存在不足之处，欢迎读者批评指正。

李二倩

2024 年 1 月于北京

目录

第一章
绪　论

第一节　研究背景与意义

在过去的几十年中，生存分析的方法在医学研究中得到了广泛的应用。标准的生存数据也被称为时间事件数据，其中生存时间的测量通常从一个具体的起始时间开始，到一个具体的终止时间或者感兴趣的事件发生为止。例如，为了确定在乳腺癌患者中因乳腺癌而死亡的事件发生率，每位患者的追踪时间从一个基准时间（如诊断时间或者手术时间）开始，直到患者因为乳腺癌而死亡或者研究结束时间为止。在研究期间因为乳腺癌而死亡的患者被视为在死亡时间发生了“事件”。而直到研究结束仍然存活的患者则被视为“删失”。因此，每位患者都可以提供两段信息：追踪时间和状态（即发生事件或者被删失）。然而，患者也可能会发生与感兴趣事件不同的事件；或者说，事件的发生或失效除了我们感兴趣这个原因外，还可能是因为某个特定原因或者一些其他原因。如果有几种原因导致失效事件发生，并且其中一个事件的发生会阻止其他事件的发生，这种情况就被称为竞争风险。

通常来说，如果研究者只选择一种事件来分析，忽略与其竞争的失效原因，并且将发生竞争事件的观测数据处理成“右删失”，这种情况可以用经典的生存分析方法来进行统计推断（Porta 等，2008）。例如，研究者感兴趣的是卵巢癌的发病率，那么在乳腺癌患者中没有卵巢癌的患者被视作“删失”。如果患者在研究结束日期前仍没有诊断出卵巢癌，也被视作“删失”。如果患者在患卵巢癌之前就已经死于乳腺癌，那么在使用经典生存分析估计方法估计卵巢癌的发病率时，该患者被视为在死亡时间前被“删失”。医疗研究中常常感兴趣的一个指标是某个事件的累积发病率（即边际失效概率）。累积发病率函数随时间变化的图表十分直观，且易于解释，因此在近些年变得更加重要和流行。Kaplan-Meier

(KM)方法是一个广泛使用的估计生存函数和累积发病率函数的工具，它在概念上很容易理解并且在计算上较为方便。然而，在存在超过一种事件(或失效原因)，且这些事件可能是相依的情况下，或者说，在观测到竞争风险数据的基础上无法验证两个不同失效原因的独立性(Tsiatis，1975)时，Kaplan-Meier 估计便是有偏的，因为它假设所有的事件是独立的，即要么是感兴趣的事件发生，要么是删失事件发生；换句话说，个体的生存时间(或者个体发生事件的时间)的分布独立于删失时间的分布。例如，在研究造血干细胞移植(allogeneic Hematopoietic Stem Cell Transplantation，HSCT)中，疾病复发是研究者感兴趣的事件，其他的事件为发生移植的并发症相关的死亡(Transplant-Related Mortality，TRM)。在复发和 TRM 的设定下不独立，因为这两个事件都很可能和 HSCT 后的免疫效应机制有关，从而，减少 TRM 的治疗可能反向影响复发风险。此外，死于 TRM 的患者不可能再有复发的风险。因此，Kaplan-Meier 方法不适合用于在 TRM 存在的情况下估计复发的累积发病率。从另一个角度考虑，Kaplan-Meier 估计方法假设删失机制是无信息的。然而，如果患者是由于一个干预事件(死亡)的发生而被删失，那么这种“删失”很可能就是有信息的。这种干预事件就属于“竞争风险事件”。除了死亡外的事件也可以是竞争风险事件。例如，假设乳腺癌患者在乳腺癌手术之后进行了预防性卵巢切除术。这种预防性治疗持续降低了患卵巢癌的概率，因此在考虑卵巢癌发病率时也可以视为竞争风险事件。在实践中也可能出现其他类型的数据。例如，患者可能经历多种或者重复事件，如不同区域的癌症(如乳腺癌患者同时患有原发性黑素瘤)，第二原发癌或者疾病复发等(Satagopan，2004)。此外，竞争风险的结构也可以用于经济领域中处理久期分析(duration analysis)中。例如，研究者可能想要研究在失业持续期间失业补偿金变动的效应，如果模型只聚焦在政策对个体从失业转变到就业的影响可能会比较狭隘，因为政策可能也对其他风险如提前退休等存在影响(Simon 和 Wilke，2010)。

竞争风险回归模型一般用于评估独立个体中协变量对某个特别的失效原因的概率分布的效应，而其中每个个体可能因为数个原因之一而失效。一般的方法是对所有的特定原因的危险率函数构建回归模型，然后对于给定协变量集合，对累积发病率曲线作为所有特定原因的风险的函数进行建模。而近年来一些文献提出了新的方法，强调直接评估协变量对于累积发病率函数的效应，如 Fine 和 Gray (1999)提出了对协变量在子分布风险函数上的效应进行建模的比例子分布风险(Proportional Subdistribution Hazard，PSH)模型。比例子分布风险模型成为分析具有竞争风险的时间事件数据的一种很受欢迎的模型，在实际中得到了很广泛的应用，它可以看作是 Cox 比例风险模型在竞争风险的设定下的一个对应。与此同时，技术手段的进步使我们能够收集大量的协变量信息，例如基因组、蛋白质组信息等，从而高维数据甚至超高维数据在实际应用中变得非常常见。一方面，直接利用高维或超高维的协变量对累积发病率函数进行建模造成了计算的复杂度的大大增加，即著名的“维数灾难(curse of dimensionality)”；另一方面，很可能不是所有的协变量都与临床结果(例如生存时间)相关。事实上，一般只有很小比例的协变量会与临床结果相关，这就是稀疏性的概念。因此，变量选择在高维数据分析中占据了非常重要的角色，得到了众多学者的注意和研究，并且在医学等各个领域中得到了相应的拓展研究。而在很多存在竞争风险的应用中，研究对于累积发病率有影响的变量可以帮助理解病因，提醒推荐的治疗和个体患者管理以及预测个体的风险。从而当我们在分析具有很多预测变量的时间事件数据时，要识别显著的变量，同时量化他们的风险贡献(risk contributions)，也就是对于高维乃至超高维的协变量进行变量选择和估计是十分重要且有意义的。

在回归模型中，众所周知，相比于传统的均值回归，Koenker 和 Bassett (1978)提出的分位回归可以提供一个更加全面系统的不同分位点上的协变量效应的评估，并且有关分位回归的推断方法的研究也非常丰富，除了 Koenker(2005)中对分位回归的综合介绍与总结外，还有许多其他研究，如局部线性分位回归(Yu 和 Jones，1998)、贝叶斯分位回归(Yu 和 Moyeed，2001)、删失分位回归(Zhou，2006)、变系数分位回归(Kim，2007)、复合分位回归(Zou 和 Yuan，2008)、部分线性变系数分位回归(Wang 等，2009)、超高维分位回归(Wang 等，2012)等。分位回归不仅被广泛应用于例如经济金融等领域(如 Chiang 和 Li，2012；Cai 和 Xiao，2012)，还在生存分析等领域的应用中展现出了极大的潜力。分位回归可以作为一种对于传统的 Cox 模型和加速失效时间模型的替代选择，在生存分析领域吸引了很多关注，例如，Powell(1984，1986)、Ying 等(1995)、Fitzenberger(1997)、Buchinsky 和 Hahn(1998)、Yang(1999)、Portnoy(2003)、Zeng 和 Lin(2007)、Peng 和 Huang(2008)、Peng 和 Fine(2009)、Wang 和 Wang(2009)、Huang(2010)、Wu 和 Yin(2015)、Li 和 Peng(2015)等。生存分析中的分位回归允许协变量效应随着事件时间或其单调变换的位置而变动，不仅提供了协变量效应的解释，而且放松了对于回归系数的常数限制，是一种更加实用和灵活的模型。在分位回归的框架下研究竞争风险的比例子分布风险模型的变量选择问题，结合了分位回归的灵活稳健的特征，具有重要的实际意义。

第二节　国内外研究现状

一、竞争风险模型

竞争风险在医学研究中经常出现，国内外均有一些文献对竞争风险存在的情形下的估计、回归建模与应用等进行研究。例如，陈平(1989)给出了竞争风险场合下生存函数的广义自相合估计。林昆(2001)研究了经验价值和竞争风险理论在价值损失年数的应用。陈平(2002)构造了竞争风险下分布函数的乘积极限型估计，并基于经验过程的渐近理论给出了估计量的弱一致收敛性。许永龙和胡天彤(2006)讨论了竞争风险模型在住房抵押贷款证券定价过程中的应用。胡涛等(2007)研究了在独立同分布Ⅰ型区间删失下竞争风险混合模型中的参数极大似然估计的性质。江一涛等(2009)介绍了竞争风险模型的发展与应用。徐淑一等(2009)证明了竞争风险下持续时间的随机效应模型属于广义线性可加模型，从而将单个风险的分层似然方法拓展到估计竞争风险模型中。陈征和 Nakamura Tsuyoshi(2010)基于概要型数据(summarizing data)和竞争风险理论，运用极大似然方法构建了病死率的估计模型。徐淑一和王宁宁(2011)通过持续数据分析研究了贷款终止的两种情形——提前还款和违约，并在竞争风险下使用 Cox 比例风险模型进行估计。戚晴等(2012)讨论了竞争风险模型在Ⅱ型糖尿病治疗临床试验中的应用。卢子航等(2013)介绍了竞争风险型数据的统计处理与应用。孙倩倩等(2015)将竞争风险模型应用于老年人轻度认知损害的研究中。刘玉涛等(2015)对竞争风险下的剩余寿命分位数的估计提出了一种光滑非参数估计方法。聂志强等(2017)介绍了竞争风险模型的核心概念和方法，并以实例说明了因别(cause-specific)风险模型和子分布风险模型的应用。国外的研究有，Satagopan 等(2004)举例说明了在竞争风险事件存在的情况下感兴趣事件的累积发病率函数的非参估计方法。Zhou 等(2012)研究了对于聚类数据的竞争风险回归模型。Kim(2007)讨论了竞争风险数据的分析方法。Fürstová 和 Valenta(2011)回顾了竞争风险模型和对于非参分析的统计方法，并举例说明了对于竞争风险的统计分析方法。Lo 和 Wilke(2010)提出了对于相依竞争风险模型的一个基于 copula 估计的拓展，并用于估计失业福利减少对失业持续期的影响。Zhang 等(2008)回顾了竞争风险数据下，对于累积发病率函数进行建模的回归方法，并给出了实现这些回归模型的程序或软件包的来源。Zhou 等(2013)对于 Fine-Gray 模型中的比例子分布风险的假设提出了对于时间变系数的基于修正的 Schoenfeld 残差的得分检验。

许多研究竞争风险模型的文献中提到，处理存在竞争风险的生存数据的一个流行的回归模型是比例子分布风险(PSH)模型，是由 Fine 和 Gray 对累积发病率函数或者子分布提出的一种半参数比例风险模型，他们提出了对于有限维度回归参数的估计和推断方法，给出了对于累积发病率预测的一致相合估计量。在比例子分布风险模型的设定下，假设存在 K 个失效的原因，记为 $\iota \in \{1, 2, \cdots, K\}$。为简便但不失一般性，考虑 $K=2$，且我们感兴趣的失效原因为 $\iota=1$。令 T 和 C 分别表示生存时间和删失时间，那么在通常考虑的右删失情况下，我们观测到 $X=\min(T, C)$，删失指示变量为 $\delta=I(T\leqslant C)$，其中 $I(\cdot)$ 为示性函数。记 $\mathbf{Z}$ 为 $p\times1$ 有界预测向量，并假设 $\{X_i, \delta_i, \delta_i\iota_i, \mathbf{Z}_i\}$，$i=1, 2, \cdots, n$ 为 n 个独立同分布的观测样本。

不失一般性，因为原因 1 造成的失效的累积发病率函数(Cumulative Incidence Function，CIF)记为 $F_1(t; \mathbf{Z})=\mathrm{P}\{(T\leqslant t, \iota=1)|\mathbf{Z}\}$，Fine 和 Gray(1999)在协变量的条件下对 $F_1(t; \mathbf{Z})$ 进行建模，提出了基于子分布风险形式的比例子分布风险模型。子分布风险的定义由 Gray(1988)给出如下：

$$\lambda_1(t; \mathbf{Z})=\lim_{\Delta t\to 0}\frac{1}{\Delta t}\mathrm{P}\{(t\leqslant T\leqslant t+\Delta t, \iota=1)|(T\geqslant t)\cup((T\leqslant t)\cap(\iota\neq 1)), \mathbf{Z}\}$$

$$=\{\mathrm{d}F_1(t; \mathbf{Z})\mathrm{d}t\}/\{1-F_1(t; \mathbf{Z})\}$$

可以理解为在时刻 t 未发生因原因 1 失效事件的个体因原因 1 而失效的瞬时概率强度。我们也可以将 λ_1 认为是一个非合适随机变量 $T^*=I(\iota=1)\times T+\{1-I(\iota=1)\}\times\infty$ 的风险函数，其中这个隐含的失效事件 T^* 的分布函数在 $t<\infty$ 时等于 $F_1(t; \mathbf{Z})$，在 $t=\infty$ 时为点质量 $\mathrm{P}(T^*=\infty|\mathbf{Z})=P(\mathrm{T}<\infty, \iota\neq 1|\mathbf{Z})=1-F_1(\infty; \mathbf{Z})$。

在比例风险的设定下，$\lambda_1(t; \mathbf{Z})=\lambda_{10}(t)\exp(\mathbf{Z}^{\top}\beta_0)$，其中 $\lambda_{10}(t)$ 为时间 t 的未指定的非负函数，β_0 为对于我们感兴趣的事件，即 $\iota=1$ 情况的 $p\times1$ 阶真实的回归系数。

二、变量选择

常用的高维变量选择方法有最佳子集选择、向前向后选择、贝叶斯变量选择和惩罚方法等，其中惩罚方法包括 Tibshirani(1997)提出的 LASSO(Least Absolute

Shrinkage and Selection Operator）惩罚、Fan 和 Li（2001）提出的 SCAD（Smoothly Clipped Absolute Deviation）惩罚、Zou 和 Hastie（2005）提出的弹性网（elastic net）惩罚、Zou（2006）提出的适应性 LASSO（Adaptive LASSO）惩罚和 Zhang（2010）提出的极小极大凹惩罚（Minimax Concave Penalty，MCP）等。而在超高维下，即协变量维度为样本量的指数阶的情况，常用的变量筛选方法如 Fan 和 Lv（2008）基于边际相关性排序提出的确定独立筛选（SIS）方法和迭代 SIS（Iterative SIS，ISIS）方法，Barut（2015）对广义线性模型提出了条件确定独立筛选方法（CSIS）等。Fan 等（2009）将 SIS 和 ISIS 拓展到具有更加一般的损失函数的模型如广义线性模型中；Fan 和 Song（2010）及 Fan 等（2010）分别将 SIS 拓展到了广义线性模型和非参可加模型。Wang（2009）探索了向前回归（forward regression）的变量筛选方法。Fan 等（2011）将相关性学习拓展到边际非参数下，提出一种确定独立筛选的特例——非参数独立性筛选（Nonparametric Independence Screening，NIS），并提出几种相关的变量筛选的方法和一种数据驱动的阈值方法和迭代非参数独立筛选方法。Zhu 等（2011）提出了一种在覆盖了多种常用参数和半参模型的统一模型框架下，不需要对回归函数做模型结构的界定的特征筛选方法。Cho 和 Fryzlewicz（2012）以一种数据驱动的方式考虑变量间的高相关性，提出一种新的测量每个变量对响应变量的贡献的方法——tilting 方法，这种方法依赖于设计矩阵的硬阈样本相关性，对每个变量提供了在边际相关性和 tilted 相关性之间的一种自适应的选择。Li 等（2012）提出了一种基于距离相关性的确定独立筛选方法（SIS Procedure Based on the Distance Correlation，DC-SIS）。Chang 等（2013）研究了当变量个数随样本量指数增长时的一种边际经验似然方法，将边际似然比作为感兴趣参数的函数来研究，发现经验似然比在零处的取值可以用来区分解释变量是否对响应变量有贡献，并基于此提出了一种对于线性模型和广义线性模型的统一的特征筛选方法。Xu 和 Chen（2014）提出了一种基于限制稀疏性的最大似然估计量（Sparsity-restricted Maximum Likelihood Estimator，SMLE）的新的特征筛选方法，并在筛选过程中考虑了特征的联合效应。Sun 等（2015）对于高维线性回归提出了一种稀疏投影回归建模框架。Song 和 Liang（2015）对于超高维线性回归基于分割合并的方法提出一种贝叶斯变量选择方法，这一方法包含两个阶段：将超高维数据集分割成许多低维子集并从每个子集中选出相关的变量，并将每个子集中选出的变量聚集到一起再从中选择相关变量。Wang 和 Leng（2016）提出了一种新的简单的筛选方法——高维一般最小二乘投影（High Dimensional Ordinary Least Squares Projection，HOLP），在放松强相关性假设情况下，给出了低计算复杂度的相合的变量选择方法，并讨论了一种岭型 HOLP 方法。Dong 等（2017）提出了两种基于局部秩回归的新的梯度外积(Outer Product of Gradients, OPG)估计量——秩梯度外积估计量和 Walsh 平均梯度外积估计量，其中梯度外积估计量通过估计回归函数的梯度来达到降维的目的。

有些研究者将变量选择和筛选的方法拓展到了高维生存数据分析中。事实上，有关删失生存数据的超高维变量筛选方法的文献十分丰富，例如，Faraggi 和 Simon(1998)提出了对删失生存数据的 Bayesian 变量选择方法。Gorst-Rasmussen 和 Scheike(2013)提出了一种在计算上非常有效的独立确定筛选方法，并给出了对于超高维特征的单指标风险比例模型类保证确定筛选性质的条件，以及删失对于最终表现的不利影响。Zhao 和 Li(2012)提出并在理论上验证了一种在删失数据分析中选择重要变量的原则方法。Song 等(2014)研究了高维生存数据的删失秩独立筛选。其中还有一些文献研究了超高维变量选择问题与 Cox 比例风险模型这一生存分析中流行的模型的结合，这些文献对于研究竞争风险模型的超高维变量选择问题有很大启发。例如，Fan 等(2010)讨论了几种基于 Cox 比例风险模型的超高维变量选择方法，包括几种惩罚方法以及确定独立筛选和迭代确定独立筛选。Yang 等(2014)对于具有超高维协变量的 Cox 模型提出了一种基于潜在有效预测变量的联合似然的特征筛选过程等。

三、分位回归变量选择

对于竞争风险数据的分位回归问题的文献并不多。Peng 和 Fine(2009)使用累积发病率函数定义的条件分位数来进行建模，并将其作为类似普通加速失效时间模型的一个分位回归的特例来考虑；Sun 等(2012)考虑了在失效类型缺失时，对竞争风险数据的广义线性分位回归。而对高维竞争风险模型的分位回归变量选择方法，我们可以参考近年来有关分位回归的变量选择方法的文献。例如，李自强等(2014)为面板数据构造了自适应的贝叶斯 LASSO 分位回归方法。樊亚莉(2015)对高维分位回归提出了两步变量选择过程。卢一强等(2015)研究了对于单指标分位回归的变量选择方法。罗幼喜等(2015)分别对带固定效应和随机效应的面板数据模型提出了新的贝叶斯双惩罚分位回归方法。田玉柱等(2017)对右删失响应下纵向混合效应模型的分位回归估计和变量选择进行了研究。此外，Alhamzawi 和 Yu(2012)对于分位回归模型中贝叶斯变量选择的计算复杂度和共轭先验不可用这两个问题，提出了对于分位回归的信息随机搜索变量选择(Informative Stochastic Search Variable Selection, ISSVS)，采用的先验结构可以通过对模型参数使用合适的先验分布将历史数据插入当前数据中。Ji 等(2012)对二值和 Tobit

分位回归中的贝叶斯模型选择提出一种随机搜索的变量选择方法，使用非对称Laplace分布的位置刻度混合表达来对后验推断提出一个简单而行之有效的Gibbs抽样算法。Jiang等(2012)提出了一种使用数据驱动的赋权方式的加权复合分位回归(WCQR)估计方法，并研究对于非线性模型的变量选择问题，并基于所提加权复合分位回归，使用Adaptive LASSO和SCAD惩罚来同时估计参数和选择模型。Alhamzawi和Yu(2013)提出了一种对Zellners先验的拓展，对于贝叶斯分位回归采用条件共轭先验和分位相依的先验，并且首次使用一个基于弯曲比例相关性(Percentage Bend Correlation)的新的先验，还提出了一种使用Gibbs抽样的变量选择方法。Lee等(2014)探索了一种适用于高维线性分位回归的修正BIC，并讨论了同时实现变量选择和收缩估计的惩罚方法的正则参数选择。Lim和Oh(2014)考虑了自回归误差的分位回归的变量选择问题，提出了对回归系数和自回归系数采用SCAD惩罚的SCAD估计量，对回归系数采用SCAD惩罚而对自回归系数采用L_2惩罚的修正的SCAD估计量，并提出一种基于伪数据的迭代算法的惩罚分位估计方法。Behl等(2014)提出了一种对于分位回归的集中信息准则(focused information criterion)。Jiang等(2014)提出了两种基于融合惩罚的方法，可以同时识别分位间的共性和非零分位系数。Lv等(2014)提出一种对于单指标模型(Single-Index Model，SIM)分位回归的新的全迭代估计方法，并通过将估计方法与自适应LASSO惩罚方法相结合得到指标参数的稀疏估计，从而进行变量选择。Xiong和Tian(2014)提出了一种模型选择的、新的、稳健的数据分析方法，动态分位回归(dynamic QR，DQR)。Fan(2015)对于高维分位回归提出两步变量选择方法：第一步使用ℓ_1惩罚，并证明使用LASSO惩罚得到的惩罚估计量将超高维度模型降到和真实模型同阶维度，并且选出的模型覆盖真实模型，第二步利用自适应LASSO惩罚去掉剩下的无关协变量。Xiong和Tian(2015)基于惩罚分位回归方法，提出同时实现变量选择和系数估计的一步方法。Dünder等(2016)对于分位回归分析考虑子集选择问题，并采取贝叶斯信息准则，并在选择过程中使用试探最优化法。Kuruwita(2016)对于单指标分位回归模型提出一种新的无须迭代的估计方法，具有计算上的高效性，并且在估计指标参数与链接函数的同时进行变量选择，其中变量选择通过一种由切片逆回归方法所激发的完全自适应性惩罚函数进行。Liu和Yang(2016)提出一种新的复合分位回归方法来估计单指标模型的参数部分，在对称误差分布时使用局部线性复合分位回归方法来估计单指标模型的非参数部分，非对称误差分布时使用加权局部线性复合分位回归，并且对于单指标模型提出一种新的变量选择方法。Ma和Zhang(2016)提出了一种基于分位相关性(quantile correlation)的新的确定独立筛选方法。Oh等(2016)基于

Savage-Dickey 密度比提出一种分位回归的贝叶斯变量选择方法。Sherwood(2016)考虑了一个协变量缺失的部分线性模型，提出使用逆概率加权得到的加权目标函数来消除缺失数据引起的潜在偏差，并使用非凸惩罚如 MCP 或 SCAD 惩罚和加权的目标函数来进行线性部分的变量选择。Zhong 等(2016)对于一类超高维度单指标模型类提出一种惩罚分位回归和独立筛选方法来识别出重要的协变量，排除不重要的协变量。

第三节　主要研究内容、创新与不足

一、主要研究内容

本书在已有研究的基础上考虑了基于竞争风险模型的变量选择的一些问题，包括超高维竞争风险模型的变量选择方法，如确定独立筛选方法和确定联合筛选方法以及高维竞争风险模型的分位回归变量选择方法。全书分为五章，具体研究内容如下：

第一章为绪论，介绍了本书研究问题的背景与意义，并对于相关问题的国内外研究现状进行了文献综述，总结了本书的研究内容和创新点。

第二章对于超高维竞争风险模型，参照对于线性模型的确定独立筛选和条件确定独立筛选方法，提出对于超高维竞争风险模型的确定独立筛选和条件确定独立筛选方法。具体地，在确定独立筛选方法中，通过控制假阳性率的方法选择调节参数，对最大边际部分似然估计量进行初步筛选，继而，采用惩罚对数部分似然方法对选出的协变量进行第二步变量选择。类似地，在条件确定独立筛选方法中，在提前给定协变量集合的条件下，对最大条件部分似然估计量选择合适的调节参数进行初步筛选，并对选出的协变量进行第二步变量选择；同时，对所提方法证明了第一步筛选方法的确定筛选性质和假阳性率控制性质，在此基础上，第二步惩罚方法得到的估计量也满足相合性和 Oracle 等渐近性质。通过数值模拟验证了方法的可行性和有效性。最后，分析了一组膀胱癌数据，以说明方法的实用价值。

第三章为了解决协变量具有较强相关性的超高维竞争风险模型，借鉴对于 Cox 模型的确定联合筛选方法，对超高维竞争风险模型建立了确定联合筛选的过程，将对数部分似然进行泰勒展开得到其逼近，使用硬阈法则将筛选过程转化为约束近似对数部分似然，求解其最大化问题得到第一步粗糙筛选的结果，并运用惩罚方法进行第二步更精细的变量选择。同时，本章也证明了在一些正则条件下，确定联合筛选方法对于竞争风险模型满足确定筛选性质。在数值模拟中除了模拟了不同协变量结构下不同样本量，维度和相关系数下方法的表现外，还探索了初步粗糙筛选过程中调节参数的不同设定下的模拟表现，并对膀胱癌数据进行了实证分析。

第四章研究了在高维情况下，基于分位回归的竞争风险模型的变量选择问题。分位回归是一种能够更加综合地刻画协变量对响应变量的效应的回归模型，在分位回归的框架下，对竞争风险模型的分位函数进行建模，并在一定的条件下将其转化为一个加速失效时间模型的分位回归建模，从而使用惩罚估计方程的方法，运用合适的惩罚函数进行变量选择。本章证明了这种方法的相合性和 oracle 性质，并对模型中不同的协方差结构、数据产生机制、协变量相关系数、惩罚函数等设定下进行了蒙特卡罗模拟，证明了方法的可行性，并对一组骨髓移植数据进行分析。

第五章介绍了一种更一般的竞争风险分位数回归方法——加权分位回归方法，通过转换响应变量，将竞争风险分位数改写为一般的分位数回归目标函数，通过考虑 PSH 模型的再分配方法扩展加权部分。通过证明该加权目标函数的次梯度在真实累积发生率函数和系数处的无偏性，在正则性条件下建立了无惩罚估计量的相合性和渐近正态性，并使用惩罚方法应用到加权目标函数中。这种方法可以方便地与 R 包结合使用，我们通过蒙特卡罗模拟验证了所提出方法的效率和稳定性，并对骨髓移植的真实数据进行了分析。

二、创新

本书以竞争风险模型的变量选择问题为焦点，从理论、模拟与实证方面展开全面的分析论证；从研究方法与研究内容上，本书主要成果和创新点可以归纳为以下三点：

(1)将基于边际似然和条件似然的确定独立筛选和条件确定独立筛选方法拓展到竞争风险模型，建立了超高维竞争风险模型的特征筛选方法。并通过与惩罚方法的结合，提出了两阶段变量选择过程，研究了方法相应的理论性质，以及进行了大量的蒙特卡罗模拟和实证研究。

(2)提出了对于超高维竞争风险模型的基于限制联合似然的确定联合筛选方

法，以及相应的两阶段变量选择过程，验证了方法的确定筛选性质，并进行了大量的蒙特卡罗模拟和实证研究。

(3)结合分位回归的灵活性，在分位回归的框架下研究高维竞争风险模型的变量选择问题，利用惩罚估计方程方法解决竞争风险模型下的变量选择，并推断了方法的大样本性质，进行了大量的蒙特卡罗模拟和实证研究。

三、研究不足之处

本书的研究虽然取得了一些理论成果，但仍有许多不足之处，也存留一些可待进一步研究的问题。主要有以下四点：

(1)在竞争风险模型的确定独立筛选方法中，本书使用控制假阳性率的方法来选择调节参数，可以探索不同调节参数选取方法，例如，随机退耦(random decoupling)等方法对最终结果的影响。

(2)在竞争风险模型的联合独立筛选方法中，虽然对调节参数(第一步筛选的个数)的影响进行了探索，但偏重经验上的选择，可以参考控制假阳性率的方法，研究理论上合理的调节参数选择方法。

(3)在竞争风险分位回归模型的高维变量选择问题的研究中，本书对分位函数采取了已知连接函数与协变量的线性形式相结合的建模方式，而实际应用中分位函数可能具有更加复杂的形式，因此，探索使用非参建模下的变量选择将是后续研究的一个重要研究问题。

(4)在本书研究的模型中，都只假设了协变量之间的单独效应。而在实际应用中，例如，当协变量为基因时，往往要考虑它们之间的交互效应。在高维、超高维和分位框架下，探索研究具有交互效应的竞争风险模型的变量选择方法，也是一个有趣且有应用价值的方向。

第二章

独立筛选方法

第一节　引　言

在生物医学研究中经常遇到需要分析竞争风险数据的问题，其中每个个体可能遭受几种不同的原因的失效风险，并且当其中一个事件发生时，它阻碍了另一个事件的发生。一个常见的竞争风险的例子就是在癌症研究中的疾病复发和死于缓解期。在竞争风险数据中，我们可能对每个个体观测到一个研究时间和一种失效类型。生存分析中，包括许多涉及竞争风险的实际应用中，常常遇到高维数据甚至超高维数据，例如，Dyrskjøt 等(2007)研究了基因表达信号预测非肌肉侵略性的膀胱癌(non-muscle-invasive bladder cancer)的结果，然而，除癌症恶化和因膀胱癌死亡外，还存在因其他原因导致死亡的竞争风险。除临床变量外，协变量中还包括远远超过样本量的遗传变量等。与此类高维竞争风险类似，如何有效识别对累积发病率函数具有显著影响的变量并剔除无效变量成为关键问题，从而对于高维或超高维的比例子分布风险模型进行变量选择方法的研究有十分重要的意义。有一些学者提出了针对竞争风险模型的高维变量选择的方法，包括对于线性模型的常用变量选择方法的拓展和应用。例如，Binder 等(2009)提出了一种具有竞争风险的高维时间事件数据的提升(boosting)方法。Kuk 和 Varadhan(2013)基于 AIC(Akaike Information Criteria)、BIC(Bayesian Information Criteria)和对竞争风险数据的 BIC 方法来研究高维竞争风险中比例子分布风险模型的变量选择。Ha 等(2014)针对聚类竞争风险，在比例子分布风险脆弱模型下提出了惩罚分层似然的变量选择方法，并采用局部二次近似(Local Quadratic Approximation，LQA)算法实现该方法。Tapak 等(2015)比较了在竞争风险存在情况下的高维时间事件的变量选择方法，其中包括 LASSO、弹性网和基于似然的 boosting 方法，并对膀胱癌数据进行了实证分析和比较。Fu 等(2016)总结了几种竞争风险回归变量选择的惩罚方法，如 LASSO、适应性 LASSO、SCAD 和极小极大凹惩罚以及他们的群组版本。然而，尚未有对超高维竞争风险模型的变量筛选问题进行研究的文献，尽管将竞争风险模型与线性模型和删失生存数据的特征筛选方法相结合，是一种处理超高维竞争风险模型的变量选择问题的直观想法。因此，本章参考了对于线性模型和广义线性模型的超高维变量筛选方法，将其与竞争风险模型相结合，通过极大化边际似然和条件似然，进行确定独立筛选和条件确定独立筛选方法，从而实现对于超高维竞争风险模型的变量筛选过程，并在第二步变量选择中应用惩罚方法，完善变量选择的效果。

本章其余部分结构如下：第二节介绍了竞争风险模型的确定独立筛选方法；第三节给出了条件确定独立筛选方法；第四节建立了所提方法的渐近性质；第五节通过蒙特卡罗模拟说明了提出方法的性能和表现；第六节通过一个膀胱癌数据的实证分析研究了方法的应用性。

第二节　确定独立筛选方法

首先，回顾上一章，我们用 T 和 C 表示生存时间和删失时间，$X=\min(T, C)$ 表示观测到的生存时间，ι 为风险变量，$\delta=I(T\leqslant C)$ 为删失指示变量，引入 Fine 和 Gray(1999) 中有关比例子分布风险模型似然函数的推导，这有助于我们理解竞争风险的概念。在完全数据下，T、ι 对所有的个体均可观测，对数部分似然为：

$$\ell(\beta)=\sum_{i=1}^{n} I(\iota_i=1)\left\{\boldsymbol{Z}_i^{\top}\beta-\log\left[\sum_{j\in R_i}\exp(\boldsymbol{Z}_j^{\top}\beta)\right]\right\}$$

其中 $R_i=\{j:(T_j\geqslant T_i)\cup(T_j\leqslant T_i\cap\iota_j\neq 1)\}$，表示在第 i 个个体失效时间处的风险集。某个个体在时间 t 之前没有因为感兴趣的原因而失效就可以称为有风险，处在风险集中。这里的风险集包含两个不同的部分：那些还没有因为任何原因而失效的个体，虽然和那些之前已经失效但是因为感兴趣原因以外的任何原因而失效的个体。

接下来考虑在精心设计的临床试验中的删失的完全数据，删失的结果仅来源于研究者的失访，即患者在分析数据的时间之前尚未发生感兴趣的失效事件。在这种情况下，即使患者去世于分析时间之前，潜在的删失时间也总是可以观测到的。在完全删失情况下，对数部分似然可以写为：

$$\ell(\beta)=\sum_{i=1}^{n} I(\delta_i\iota_i=1)\left\{\boldsymbol{Z}_i^{\top}(T_i)\beta-\log\left(\sum_{j\in R_i}\exp[\boldsymbol{Z}_j^{\top}(T_i)\beta]\right)\right\} \tag{2-1}$$

其中 $R_i=\{j:(C_j\wedge T_j\geqslant t)\cup(T_j\leqslant t\cap\iota_j\neq 1\cap C_j\geqslant t)\}$ 表示风险集，这里 $i\wedge j$ 表示 $\min(i, j)$。根据假设，当 $T<C$ 时，一个 $\iota\neq 1$ 的个体在时刻 C 之前仍然处在因感兴趣的原因而失效的“风险”中。

对于一般右删失数据，Fine 和 Gray(1999)给出了应用逆概率删失加权(Inverse Probability of Censoring Weighting，IPCW；参见 Robins 和 Rotnizky，1992)，从完全数据的部分似然的得分中构建无偏估计方程的方法。而 Fu 等(2016)给出了对数部分似然的计数过程的表达如下：

$$\ell(\beta)=\sum_{i=1}^{n}\int_0^{\infty}\left\{\boldsymbol{Z}_i^{\top}\beta-\log\left[\sum_{j} w_j(u)Y_j(u)\exp(\boldsymbol{Z}_j^{\top}\beta)\right]\right\}\times w_i(u)\,\mathrm{d}N_i(u) \tag{2-2}$$

其中 $N_i(t)=I(T_i\leqslant t,\ \iota_i=1)$，$Y_i(t)=1-N_i(t-)$，$w_i(t)$ 为时间相依的权重。对于个体 i 在时间 t，IPCW 的权重定义为 $w_i(t)=\dfrac{I(C_i\geqslant T_i\wedge t)\widehat{G}(t)}{\widehat{G}(X_i\wedge t)}$，其中 $G(t)=P(C\geqslant t)$ 为删失变量 C 的生存函数，$\widehat{G}(t)$ 为 $G(t)$ 的 Kaplan-Meier 估计，可以使用 $\{X_i,\ 1-\delta_i,\ i=1,\ \cdots,\ n\}$ 来计算。在给定的时间 t，如果个体是右删失或者因为感兴趣的事件而失效，$w_i(t)Y_i(t)=0$；如果因为竞争风险而失效，$w_i(t)Y_i(t)$ 在 0 和 1 之间且随时间递减；否则，$w_i(t)Y_i(t)=1$，另一种对数部分似然的写法为：

$$\ell(\beta)=\sum_{i=1}^{n} I(\delta_i\iota_i=1)\left\{\boldsymbol{Z}_i^{\top}\beta-\log\left[\sum_{j\in R_i} w_j(X_i)\exp(\boldsymbol{Z}_j^{\top}\beta)\right]\right\} \tag{2-3}$$

其中风险集为 $R_i=\{j:(X_j\geqslant X_i)\cup((X_j\leqslant X_i)\cap(\iota_j\neq 1))\}$。

假设 $\beta_0=(\beta_{01},\ \beta_{02},\ \cdots,\ \beta_{0p})^{\top}$ 为 β 的真实值，满足稀疏性，即仅有其中少数不为零。记 $S=\{j:\beta_{0j}\neq 0\}$ 为真正的潜在模型的指标集，$s=|S|$ 为 β_0 非零分量的个数。我们的目标是选择出所有重要的协变量或识别真实系数 β_0 的显著分量。对于超高维变量选择，我们分为两步进行：第一步为特征筛选；第二步为变量选择。

基于 Fan 等(2010)的“边际效用排序”的思想，我们将其扩展来处理竞争风险模型，定义每个协变量 Z_m，$(1\leqslant m\leqslant p)$ 的边际效用 μ_m 为对应对数边际部分似然的最大值，

$$\mu_m=\max_{\beta_m}\sum_{i=1}^{n} I(\delta_i\iota_i=1)\left\{Z_{im}\beta_m-\log\left[\sum_{j\in R_i} w_j(X_i)\exp(Z_{jm}\beta_m)\right]\right\} \tag{2-4}$$

在获得所有边际效用 μ_m，$m=1, 2, \cdots, p$ 后，将其按照从最大到最小进行排序，$\mu_{(1)} \geqslant \mu_{(2)} \geqslant \cdots \geqslant \mu_{(p)}$，边际效用越大代表对应的协变量在(边际)模型中越有影响力，因此选择排名前 q 个边际效用对应的协变量作为第一步筛选的结果，相应的指标集记为$\mathcal{I}=\{j: \mu_j \geqslant \mu_{(q)}\}$。

我们期望$\mathcal{I}$可以以较高概率覆盖真实指标集 S，特别是当我们使用相对较大的 q 时。这就是如下定义的确定筛选性质。

定义 2.1 (*确定筛选性质*) *如果一种模型筛选方法选出的模型$\mathcal{I}$具有大小 $o_p(n)$，以趋近于 1 的概率包含真实模型 S，那么这种方法满足确定筛选性质。*

Fan 和 Lv(2008)对一般线性回归模型证明了边际效应排序方法的确定筛选性质，并给出了一个调节参数 q 的经验选择。Fan 和 Song(2010)将其拓展到广义线性模型中。

在选择 q 个粗糙的变量之后，可以采用惩罚的方法来进行进一步更加精细的变量选择。

对于对数部分似然的近似，参照 Fu 等(2016)中的 Newton-Raphson 方法。令 $\mathbf{Z}^{\top}=(\mathbf{Z}_1, \cdots, \mathbf{Z}_n)$表示由 n 个协变量向量组成的设计矩阵，$\boldsymbol{\eta}=\mathbf{Z}\boldsymbol{\beta}$，维数为 $n\times 1$。定义对数边际似然对 $\boldsymbol{\eta}$ 的梯度向量和 Hessian 矩阵分别为 $\boldsymbol{u}=\partial\ell/\partial\boldsymbol{\eta}$ 和 $\mathbf{H}=-\partial^2\ell/\partial\boldsymbol{\eta}\partial\boldsymbol{\eta}^{\top}$。那么根据 Hastie 和 Tibshirani (1990) 第八章构造伪响应变量(pseudo response variable)的方法，记 $\boldsymbol{y}=\boldsymbol{\eta}+\boldsymbol{H}^{-1}\boldsymbol{u}$。由 Taylor 展开，对数部分似然可以由下式近似，

$$-\ell(\boldsymbol{\beta}) \approx 1/2\,(\boldsymbol{y}-\boldsymbol{\eta})^{\top}\mathbf{H}(\boldsymbol{y}-\boldsymbol{\eta}) \tag{2-5}$$

Fu 等(2016)给出了 $u\,(\boldsymbol{\eta})_i$和 $h\,(\boldsymbol{\eta})_i$的解析形式如下：

$$u\,(\boldsymbol{\eta})_i = I(\delta_i \iota_i=1) - \sum_{k\in E_i} I(\delta_k \iota_k=1)\frac{w_i(X_k)e^{\eta_i}}{\sum_{j\in R_k} w_j(X_k)e^{\eta_j}} \tag{2-6}$$

$$h\,(\boldsymbol{\eta})_i = \sum_{k\in E_i} I(\delta_k \iota_k=1)\left\{\frac{w_i(X_k)e^{\eta_i}}{\sum_{j\in R_k} w_j(X_k)e^{\eta_j}} - \frac{[w_i(X_k)e^{\eta_i}]^2}{[\sum_{j\in R_k} w_j(X_k)e^{\eta_j}]^2}\right\} \tag{2-7}$$

其中 E_i 为集合$\{k: (\iota_i=2\} \cup [(X_k \leqslant X_i) \cap (\iota_i \neq 2)]$。

在通过惩罚方法来进行下一步更精细的选择$\{Z_j: j\in\mathcal{I}\}$的子集的过程中，最小化惩罚近似部分负对数似然：

$$\frac{1}{n}\sum_{i=1}^{n} h\,(\boldsymbol{\eta}_{\mathcal{I}})_i\,(y_{\mathcal{I},i}-\mathbf{Z}_{\mathcal{I},i}^{\top}\beta_{\mathcal{I}})^2 + \sum_{m\in\mathcal{I}} p_\lambda(\beta_m) \tag{2-8}$$

其中 $\mathbf{Z}_{\mathcal{I},i}$表示 $\mathbf{Z}_i$ 的列指标位于$\mathcal{I}$中的子向量，$\beta_{\mathcal{I}}$ 表示$\{\beta_j: j\in\mathcal{I}\}$组成的向量，$p_\lambda(\cdot)$表示在通常的惩罚方法中使用的惩罚函数，例如，LASSO、ALASSO、SCAD

或 MCP，且有，

$$\mathbf{Z}_{\mathcal{I}}^{\top}=(\mathbf{Z}_{\mathcal{I},1},\ \cdots,\ \mathbf{Z}_{\mathcal{I},n})$$

$$\boldsymbol{\eta}_{\mathcal{I}}=\mathbf{Z}_{\mathcal{I}}\boldsymbol{\beta}_{\mathcal{I}}$$

$$u_{\mathcal{I},i}=I(\delta_i\iota_i=1)-\sum_{k\in E_i}I(\delta_k\iota_k=1)\frac{w_i(X_k)e^{\eta_{\mathcal{I},i}}}{\sum_{j\in R_k}w_j(X_k)e^{\eta_{\mathcal{I},i}}}$$

$$h\ (\eta_{\mathcal{I}})_i=\sum_{k\in E_i}I(\delta_i\iota_i=1)\left\{\frac{w_i(X_k)e^{\eta_{\mathcal{I},i}}}{\sum_{j\in R_k}w_j(X_k)e^{\eta_{\mathcal{I},j}}}-\frac{(w_i(X_k)e^{\eta_{\mathcal{I},i}})^2}{\left[\sum_{j\in R_k}w_j(X_k)e^{\eta_{\mathcal{I},j}}\right]^2}\right\}$$

$$\mathbf{y}_{\mathcal{I}}=\boldsymbol{\eta}_{\mathcal{I}}+\mathbf{D}_{\mathcal{I}}^{-1}\mathbf{u}_{\mathcal{I}}$$

其中$\mathbf{u}_{\mathcal{I}}=(u_{\mathcal{I},1},\ \cdots,\ u_{\mathcal{I},n})^{\top}$，$\mathbf{D}_{\mathcal{I}}=\mathrm{diag}(h(\boldsymbol{\eta}_{\mathcal{I}})_1,\ \cdots,\ h(\boldsymbol{\eta}_{\mathcal{I}})_n)$。通过 Fu 等(2016)提出的惩罚变量选择方法，我们得到稀疏回归系数$\widehat{\beta}_{\mathcal{I}}$的估计算法如下：

(1)设定初始值$\widehat{\beta}_{\mathcal{I}}^{(0)}=0$。

(2)基于$\widehat{\beta}_{\mathcal{I}}^{(t)}$，$t=0,\ 1,\ \cdots$，计算$\boldsymbol{\eta}_{\mathcal{I}}$，$\mathbf{u}_{\mathcal{I}}$，$\boldsymbol{D}_i$，$\mathbf{y}_{\mathcal{I}}$。

(3)使用坐标下降算法最小化函数(2-8)，得到了更新的$\widehat{\beta}_{\mathcal{I}}^{(t+1)}$。

(4)令 $t=t+1$，重复(2)和(3)步直到收敛。

然后由 $\widehat{S}$ 表示最终收敛结果 $\widehat{\beta}_{\mathcal{I}}$ 的非零分量的指标集，即为 S 的估计。

在竞争风险模型的确定独立筛选(SIS for Competing Risks，CR-SIS)过程中的调节参数 q，可以使用 Fan 等(2010)中给出的经验选择[$n/\log n$]，其中[·]为取整函数。Zhao 和 Li(2012)还将另一种调节参数的选择方法应用于 Cox 模型的超高维变量筛选过程，即控制假阳性率方法，可以作为借鉴。具体而言，在固定假阳性变量数目为 f 的条件下：

(1)对于边际的竞争风险模型(2-4)得到最大边际部分似然参数估计$\widehat{\beta}_j$，及方差估计 $I_j\ (\widehat{\beta}_j)^{-1}$。

(2)对于固定的假阳性率 $d_n=f/p_n$，这里我们用 p_n 表示协变量维数，令 $\gamma_n=\Phi^{-1}(1-d_n/2)$。

(3)根据 $I_j\ (\widehat{\beta}_j)^{1/2}\,|\widehat{\beta}_j|\geqslant\gamma_n$ 的规则保留第 j 个变量。

这样选出的变量集合记为$\mathcal{M}$，即为初步筛选的变量，再通过惩罚方法进行进一步变量选择，最终得到 S 的估计。

第三节　条件确定独立筛选方法

竞争风险模型的确定独立筛选方法按照协变量对响应变量的边际效应进行筛选，那么在协变量联合相关但边际无关，或联合不相关但与响应变量高度相关性的情况下，CR-SIS 往往会失效。对于广义线性模型，Barut 等(2015)提出了条件确定独立筛选方法来处理这种复杂的超高维情况，我们将其引入竞争风险模型中。

当研究者已具备一些影响结果的协变量的先验信息，可以将这部分变量作为条件，再进行条件边际效应的筛选。Barut 等(2015)指出，即使是随机选择一些变量作为条件变量集合，条件确定独立筛选方法也具有很好的表现。本节处理条件变量集合的方法借鉴了 Fan 等(2010)有关迭代确定独立筛选方法的算法。在进行竞争风险模型的条件确定独立筛选(CSIS for Competing Risks，CR-CSIS)之前，首先应用上一节的竞争风险模型的确定独立筛选方法来获得粗略的指标集，为和 CR-CSIS 作区分，记为$\mathcal{I}_1$，并基于惩罚方法得到回归参数估计$\widehat{\beta}_{\mathcal{I}_1}$。从而，我们得到一个真实系数非零指标集 S 的估计$\widehat{S}_1$，表示在 CR-SIS 方法中得到的$\widehat{\beta}_{\mathcal{I}_1}$的非零元素的指标集。

定义不在$\widehat{S}_1$中的每个协变量 Z_m，$m\notin\widehat{S}_1$的条件效应如下：

$$\nu_{m\mid\widehat{S}_1}=\max_{\beta_m,\beta_{\widehat{S}_1}}\sum_{i=1}^{n}I(\delta_i\iota_i=1)\left\{(Z_{im}\beta_m+\boldsymbol{Z}_{\widehat{S}_1,i}^{\top}\boldsymbol{\beta}_{\widehat{S}_1})-\log\left[\sum_{j\in R_i}w_j(X_i)\exp(Z_{jm}\beta_m+\boldsymbol{Z}_{\widehat{S}_1,i}^{\top}\boldsymbol{\beta}_{\widehat{S}_1})\right]\right\}\tag{2-9}$$

和 CR-SIS 方法中对边际效应排序类似，我们将以上定义的条件效应从大到小进行排序并选择前 q 个最大的条件效应对应的协变量，将得到的指标集合记为$\mathcal{I}_2$。记$\widehat{S}_1\cup\mathcal{I}_2$为$\mathcal{I}_2$和指标集$\widehat{S}_1$的不交并，令 $\beta_{\widehat{S}_1\cup\mathcal{I}_2}$表示向量$(\boldsymbol{\beta}_{\mathcal{I}_2}^{\top},\boldsymbol{\beta}_{\widehat{S}_1}^{\top})^{\top}$，$\boldsymbol{\eta}_{\widehat{S}_1\cup\mathcal{I}_2}=\boldsymbol{Z}_{\mathcal{I}_2,i}^{\top}\boldsymbol{\beta}_{\mathcal{I}_2}+\boldsymbol{Z}_{\widehat{S}_1,i}^{\top}\boldsymbol{\beta}_{\widehat{S}_1}$，并类似定义 $\boldsymbol{Z}_{\widehat{S}_1\cup\mathcal{I}_2,i}$、$h(\boldsymbol{\eta}_{\widehat{S}_1\cup\mathcal{I}_2})_i$、$y_{\widehat{S}_1\cup\mathcal{I}_2,i}$，以及对应的向量和矩阵$\boldsymbol{\eta}_{\widehat{S}_1\cup\mathcal{I}_2}$、$\boldsymbol{u}_{\widehat{S}_1\cup\mathcal{I}_2}$、$\boldsymbol{D}_{\widehat{S}_1\cup\mathcal{I}_2}$、$\boldsymbol{y}_{\widehat{S}_1\cup\mathcal{I}_2}$，那么使用合适的惩罚，我们相对于 $\beta_{\widehat{S}_1\cup\mathcal{I}_2}$最小化以下惩罚近似部分负对数似然：

$$\sum_{i=1}^{n}h(\boldsymbol{\eta}_{\widehat{S}_1\cup\mathcal{I}_2})_i(y_{\widehat{S}_1\cup\mathcal{I}_2,i}-\boldsymbol{Z}_{\widehat{S}_1\cup\mathcal{I}_2,i}^{\top}\boldsymbol{\beta}_{\widehat{S}_1\cup\mathcal{I}_2})^2+\sum_{m\in\widehat{S}_1\cup\mathcal{I}_2}p_{\lambda}(\beta_m)\tag{2-10}$$

迭代算法如下：

(1)设定初始值$\widehat{\beta}^{(0)}_{\widehat{S}_1\cup\mathcal{I}_2}=0$。

(2)基于$\widehat{\beta}^{(t)}_{\widehat{S}_1\cup\mathcal{I}_2}$，$t=0$，1，…，计算$\boldsymbol{\eta}_{\widehat{S}_1\cup\mathcal{I}_2}$，$\boldsymbol{u}_{\widehat{S}_1\cup\mathcal{I}_2}$，$\mathbf{D}_{\widehat{S}_1\cup\mathcal{I}_2}$，$\boldsymbol{y}_{\widehat{S}_1\cup\mathcal{I}_2}$。

(3)使用坐标下降算法最小化函数(2-10)，得到了更新的$\widehat{\beta}^{(t+1)}_{\widehat{S}_1\cup\mathcal{I}_2}$。

(4)令$t=t+1$，重复(2)和(3)步直到收敛。

得到稀疏的估计$\widehat{\beta}_{\widehat{S}_1\cup\mathcal{I}_2}$，和真实指标集$S$的估计$\widehat{S}_2$，表示$\widehat{\beta}_{\widehat{S}_1\cup\mathcal{I}_2}$的非零分量的集合。

注：在Fan等(2010)中介绍了为了减少错误选择率(false selection rate)的一些筛选方法的变式。例如，应用Fan等(2009)中分割样本的思想，将样本数据分割为两个集合，并对每个数据集分别应用确定独立筛选过程或迭代确定独立筛选过程，得到两个真实非零参数集合的估计，记为$\widehat{\mathcal{I}}^{(1)}$和$\widehat{\mathcal{I}}^{(2)}$。由于只是进行了简单的初步筛选，这两个估计可能都具有较高的错误选择率；然而，它们应当都以较高的概率包含所有重要的协变量。换句话说，重要的协变量应当以较高的概率同时出现在两个集合中。因此，定义它们的交集$\widehat{\mathcal{I}}=\widehat{\mathcal{I}}^{(1)}\cap\widehat{\mathcal{I}}^{(2)}$为一个新的估计。这个新的估计$\widehat{\mathcal{I}}$应当也以较高的概率包含所有重要的协变量。而其构造过程决定了新的估计量中不重要的协变量的数量会非常小。在分割样本的思想下，有两种方案，其一选择与确定独立筛选过程和迭代确定独立筛选过程中相同的q。其二，为$\widehat{\mathcal{I}}^{(1)}$和$\widehat{\mathcal{I}}^{(2)}$选择更大的基数，以保证其交集$\widehat{\mathcal{I}}^{(1)}\cap\widehat{\mathcal{I}}^{(2)}$具有$q$个协变量。

第四节　渐近性质

通常假设真实模型是稀疏的，即s是很小的(Candès 和 Tao，2007)，那么本节中定理2.4表示我们能够以较高概率保留所有的重要的协变量；并且如果$\log(p_n)=O(n^{1/2-\varepsilon})$，这一概率的下界将收敛到1，这一思想与Fan和Lv(2008)、Fan和Song(2010)中用到的相似。这里考虑了p_n与n呈指数增长速度，这就说明了在协变量维数p_n是超高维情况下，所提方法在竞争风险模型中应用的可行性。

假设真实的模型为$\lambda_1(x;\ \boldsymbol{Z}_i)=\lambda_{10}(x)\exp(\boldsymbol{Z}_i^{\top}\beta_0)$。这里，我们采用Zhao和Li(2012)的设定，存在一个有界的研究持续时间τ，使$\mathrm{P}\{\min(C_i,\ \tau)<T_i\}<1$，保证了在$[0,\ \tau]$上有足够的事件被观测到。首先，对每个$Z_{ij}$拟合一个边际的竞争风险回归，当然，这个边际回归可能是错误的，设为$\lambda^*_{10}(x)\exp(Z_{ij}\beta_j)$，利用比例子分布风险似然的计数过程表达式，对于$k=0$，1，2，定义：

$$S_j^{(k)}(t)=\frac{1}{n}\sum_{i=1}^{n}w_i(t)Y_i(t)Z_{ij}(t)^{\otimes k}\lambda_1(x;\ \mathbf{Z}_i)$$

$$S_j^{(k)}(\beta,\ t)=\frac{1}{n}\sum_{i=1}^{n}w_i(t)Y_i(t)Z_{ij}(t)^{\otimes k}\exp[Z_{ij}(t)\beta]$$

$$s_j^{(k)}=\mathrm{E}[S_j^{(k)}(t)],\ s_j^{(k)}(\beta,\ x)=\mathrm{E}[S_j^{(k)}(\beta,\ t)]$$

而极大边际部分似然估计量 $\widehat{\beta}_j$ 也是如下估计方程的解：

$$U_j(\beta)=\sum_{i=1}^{n}\int_0^{\tau}\left[Z_{ij}-\frac{S_j^{(1)}(\beta,\ x)}{S_j^{(0)}(\beta,\ x)}\right]w_i(x)\,\mathrm{d}N_i(x)=0 \tag{2-11}$$

令 β_j^* 为以下极限估计方程的解：

$$u_j(\beta)=\int_0^{\tau}\left[s_j^{(1)}(x)-\frac{s_j^{(1)}(\beta,\ x)}{s_j^{(0)}(\beta,\ x)}s_j^{(0)}(x)\right]\mathrm{d}x \tag{2-12}$$

$\lambda_1(x;\ \mathbf{Z}_i)$ 表示真实的风险函数，将 $(T_i,\ \iota=1)$ 和 C_i 的真实生存函数分别记为 $S_{1T}(x;\ \mathbf{Z}_i)=1-F_1(t;\ \mathbf{Z}_i)=\exp[-\exp(\beta_0^{\mathrm{T}}\mathbf{Z}_i)\Lambda_{10}(x)]$ 和 $S_C(x;\ \mathbf{Z}_i)=\mathrm{P}(C_i>x\,|\,\mathbf{Z}_i)$，其中 $\Lambda_{10}(x)=\int_0^x\lambda_{10}(s)\,\mathrm{d}s$。为方便我们写作 S_{1T} 和 S_C，简便起见，除了在定理 2.2 的证明中，我们均去掉具体的个体下标 i。此外，我们还需要以下的正则条件。

条件 2.1 存在 β_{0j} 的邻域 B，使对于每个 $t<\infty$，依概率

$$\sup_{x\in[0,t],\beta\in B}|S_j^{(0)}(\beta,\ x)-s_j^{(0)}(\beta,\ x)|\to 0$$

随着 $n\to\infty$，$s_j^{(0)}(\beta,\ x)$ 在 $B\times[0,\ t]$ 上有界不为 0，$s_j^{(0)}(\beta,\ x)$ 和 $s_j^{(1)}(\beta,\ x)$ 在 $B\times[0,\ t]$ 上有界。

条件 2.2 对于每个 $t<\infty$ 和 $j=1,\ \cdots,\ p_n$，$\int_0^t s_j^{(2)}(x)\,\mathrm{d}x<\infty$。

条件 2.3 真实参数向量 β_0 属于一个紧致集合，使每个分量 β_{0j} 有界，上界由一个正常数 A 控制，进一步表达为 $\|\beta_0\|_1=O(1)$。

条件 2.4 研究持续时间 τ 满足 $\mathrm{P}\{\min(C_i,\ \tau)<T_i\}<1$，假设 $C_0=\int_0^{\tau}\lambda_{10}(x)\,\mathrm{d}x<\infty$。

条件 2.5 存在某个常数 $H>0$ 使 $n^{-1}|U_j(\widehat{\beta}_j)-U_j(\beta_j^*)|\geqslant H|\widehat{\beta}_j-\beta_j^*|$ 对于所有的 $j=1,\ \cdots,\ p_n$。

正则条件 2.1 和条件 2.2 在生存分析中是很常用的，条件 2.3 控制了协变量的总的影响的大小，直观上其应当是有界的，并与样本量无关。对于实践中遇到的风险函数，条件 2.4 通常是成立的。最后，条件 2.5 是合理的。由中值定理，我们知道 $n^{-1}|U_j(\widehat{\beta}_j)-U_j(\beta_j^*)|=|n^{-1}I_j(\beta^*)||\widehat{\beta}_j-\beta_j^*|$，对于某个在 $\widehat{\beta}_j$ 和 β_j^* 之间的 β^* 成立。可以证明 $I_j(\beta^*)$ 收敛到极限信息(Limiting Information) $-\partial u_j(\beta)\partial\beta$ 在真实

值β_{0j}处的绝对值(Fleming 和 Harrington，2005)，并且这个极限信息有界的假设是合理的。因此对于足够大的n，我们可以取$H=\inf\limits_{\beta,j}|\partial u_j(\beta)\partial\beta|$使$H\neq 0$。

当协变量Z_i满足以下合理的假设时，我们得到$\mathcal{M}$的方法具有良好的理论性质。在以前文献中(Fan 和 Lv，2008；Fan 和 Song，2010)已经提出过这些假设，在处理竞争风险模型时，我们做了一些必要的修正。

假设 2.1 Z_{ij}独立于时间并且有界，设由一个常数$V>0$控制。

假设 2.2 如果$F_1(x;\ \boldsymbol{Z}_i)$为$(T_i,\ \iota=1)$在给定$\boldsymbol{Z}_i$条件下的累积分布函数，那么对于常数$c_1>0$和$\varepsilon<12$，$\min\limits_{j\in S}|\operatorname{cov}(Z_{ij},\ \mathrm{E}\{F_1(C_i;\ \boldsymbol{Z}_i)|\boldsymbol{Z}_i\})|\geqslant c_1 n^{-\varepsilon}$。

假设 2.3 Z_{ij}，$j\in S^c$独立于Z_{ij}，$j\in S$和C_i。

我们所提筛选方法的有效性取决于错分的边际竞争风险回归是否能反映联合模型中对应的协变量的重要性。通常，如果直接将真实的β_{0j}和边际的β_j^*联系起来是比较困难的，因为即使β_j^*很大，Z_{ij}的边际相关性也可能为0。而假设2.2则让我们在技术上避免了上述困难。尽管在删失的情况下，事件结果是无法观测到的，但$F_1(C_i;\ Z_i)$是在给定Z_i时观测到一次因感兴趣的原因而失效的概率，可以作为一个合理的替代。假设2.3类似于Fan 和 Song(2010)中提到的部分正交条件。基于这些条件，我们可以证明$\mathcal{M}$的确定筛选性质。

定理 2.1 在正则条件2.1~2.2和假设2.1~2.3下，$\beta_{0j}=0$当且仅当$\beta_j^*=0$，对于所有的$j=1,\ \cdots,\ p_n$。

证明： 首先建立β_j^*与$\operatorname{cov}\{Z_j,\ \mathrm{E}[F_1(C;\ Z)|\boldsymbol{Z}]\}$之间的联系。假设2.3和假设2.2则将协方差和$\beta_{0j}$相联系起来。

因为β_{0j}是估计方程$u_j(\beta)$的解，可以写作

$$\int_0^\tau \mathrm{E}[Z_j\lambda_{10}(x)\exp(\beta_0^\top\boldsymbol{Z})S_{1T}S_C]\mathrm{d}x$$

$$=\int_0^\tau\frac{\mathrm{E}[Z_j\exp(\beta_j^*Z_j)S_{1T}S_C]}{\mathrm{E}[\exp(\beta_j^*Z_j)S_{1T}S_C]}\mathrm{E}[\lambda_{10}(x)\exp(\beta_0^\top Z)S_{1T}S_C]\mathrm{d}x$$

将上式进行分部积分，我们可以将左边式子表达为$\operatorname{cov}\{Z_j,\ \mathrm{E}[F_1(C;\ \boldsymbol{Z})|\boldsymbol{Z}]\}$。

现在假设$\beta_{0j}=0$。由假设2.3，Z_j和$\mathrm{E}\{F_1(C;\ \boldsymbol{Z})|\boldsymbol{Z}\}$独立，$\operatorname{cov}\{Z_j,\ \mathrm{E}[F_1(C;\ \boldsymbol{Z})|\boldsymbol{Z}]\}=0$。进一步地，如果$\beta_j^*=0$，那么$\mathrm{E}[Z_j\exp(\beta_j^*Z_j)S_{1T}S_C]=\mathrm{E}(Z_j)\mathrm{E}(S_{1T}S_C)=0$，因为$Z_j$和$C$是独立的，对于$j\in S^c$，右式为0。利用Cauchy-Schwarz不等式，我们可以证明右式是β_j^*的单调函数，因此$\beta_j^*=0$是唯一的根。类似地，假设$\beta_{0j}\neq 0$也即$j\in S$。那么通过假设2.2，$|\operatorname{cov}\{Z_j,\ \mathrm{E}[F_1(C;\ \boldsymbol{Z})|\boldsymbol{Z}]\}|>c_1n^{-\varepsilon}$，这样右式非零。因此由单调性得$\beta_j^*\neq 0$。从而可以得知，$\beta_{0j}=0$当且仅当$\beta_j^*=0$。

定理 2.1 得证。

定理 2.2 在正则条件 2.1~2.5 和假设 2.1~2.3 下，$P\{\sqrt{n}\,|\widehat{\beta}_j-\beta_j^*|\geqslant 4V[1+C_0\exp\{2V(A+L)\}](1+t)H\}\leqslant\exp(-t^2/2)$ 对于所有的 $j=1,\cdots,p_n$，其中 V 为 $|Z_{ij}|$ 的上界，$C_0=\int_0^\tau\lambda_{10}(x)\mathrm{d}x<\infty$，$A$ 为 $|\beta_{0j}|$ 的上界，$L=\sum_{i=1}^{p_n}|\beta_{0j}|$，并由于正则条件 2.3，$L$ 也是有界的，H 如正则条件 2.5 中定义。

证明： 首先将 $|U_j(\widehat{\beta}_j)-U_j(\beta_j^*)|$ 用一个经验过程的上确界加以限制，其中 $U_j(\beta)$ 由式(2-11)定义。那么使用 Massart(2000) 的聚集定理来推导最大值不等式。我们通过使用正则条件 2.5 来将这一不等式拓展到 $|\widehat{\beta}_j-\beta_j^*|$。

首先，令 $\overline{U}_j(\beta)=n^{-1}U_j(\beta)$。因为仍然有 $\overline{U}_j(\widehat{\beta}_j)=0$，可以写作 $|\overline{U}_j(\widehat{\beta}_j)-\overline{U}_j(\beta_j^*)|=|\overline{U}_j(\beta_j^*)|$。因为 $\overline{U}_j(\beta_j^*)$ 不是独立项的和，不能直接应用经验过程方法。通过 $\widehat{G}(\cdot)$ 对 $G(\cdot)$ 的一致相合性，我们可以写作：

$$\begin{aligned}
\overline{U}_j(\beta_j^*)&=\frac{1}{n}\sum_{i=1}^{n}\int_0^\tau\left[Z_{ij}-\frac{S_j^{(1)}(\beta_j^*,x)}{S_j^{(0)}(\beta_j^*,x)}\right]w_i(x)\,\mathrm{d}N_i(x)\\
&=\frac{1}{n}\sum_{i=1}^{n}\int_0^\tau\left[Z_{ij}-\frac{S_j^{(1)}(\beta_j^*,x)}{S_j^{(0)}(\beta_j^*,x)}\right][\widetilde{w}_i(x)+w_i(x)-\widetilde{w}_i(x)]\,\mathrm{d}N_i(x)\\
&=\frac{1}{n}\sum_{i=1}^{n}\int_0^\tau\left[Z_{ij}-\frac{S_j^{(1)}(\beta_j^*,x)}{S_j^{(0)}(\beta_j^*,x)}\right]\widetilde{w}_i(x)\,\mathrm{d}N_i(x)+o_p(1)\\
&=\frac{1}{n}\sum_{i=1}^{n}\int_0^\tau\left[Z_{ij}-\frac{s_j^{(1)}(\beta_j^*,x)}{s_j^{(0)}(\beta_j^*,x)}\right]\widetilde{w}_i(x)\,\mathrm{d}N_i(x)-\frac{1}{n}\sum_{i=1}^{n}\int_0^\tau\frac{Y_i(x)\exp(Z_{ij}\beta_j^*)}{s_j^{(0)}(\beta_j^*,x)}\cdot\\
&\qquad\left[Z_{ij}-\frac{s_j^{(1)}(\beta_j^*,x)}{s_j^{(0)}(\beta_j^*,x)}\right]\mathrm{E}\,\widetilde{w}_i(x)\,\mathrm{d}N_i(x)+\Delta u+o_p(1)\\
&=\frac{1}{n}\sum_{i=1}^{n}\omega_i^{(j)}(\beta_j^*)+\Delta u+o_p(1),
\end{aligned}$$

其中 $\widetilde{w}_i(x)=r_i(x)G(X_i)/G(X_i\wedge x)$，

$$\omega_i^{(j)}(\beta_j^*)=\int_0^\tau\left\{Z_{ij}-\frac{\mathrm{E}[Z_{ij}\exp(\beta_j^*Z_{ij})S_{1T}S_C]}{\mathrm{E}[\exp(\beta_j^*Z_{ij})S_{1T}S_C]}\right\}\widetilde{w}_i(x)\,\mathrm{d}N_i(x)-$$
$$\int_0^\tau\frac{Y_i(x)\exp(\beta_j^*Z_{ij})}{\mathrm{E}[\exp(\beta_j^*Z_{ij})S_{1T}S_C]}\left\{Z_{ij}-\frac{\mathrm{E}[Z_{ij}\exp(\beta_j^*Z_{ij})S_{1T}S_C]}{\mathrm{E}[\exp(\beta_j^*Z_{ij})S_{1T}S_C]}\right\}\cdot\mathrm{E}[\widetilde{w}_i(x)\,\mathrm{d}N_i(x)]$$

由条件 2.1 可得，

$$\Delta u = \frac{1}{n}\sum_{i=1}^{n}\int_0^{\tau}\left[Z_{ij}-\frac{S_j^{(1)}(\beta_j^*, x)}{S_j^{(0)}(\beta_j^*, x)}\right]w_i(x)\,\mathrm{d}N_i(x)-$$

$$\frac{1}{n}\sum_{i=1}^{n}\int_0^{\tau}\left[Z_{ij}-\frac{s_j^{(1)}(\beta_j^*, x)}{s_j^{(0)}(\beta_j^*, x)}\right]\widetilde{w_i}(x)\,\mathrm{d}N_i(x)+$$

$$\int_0^{\tau}\left[\frac{S_j^{(1)}(\beta_j^*, x)}{s_j^{(0)}(\beta_j^*, x)}-\frac{S_j^{(0)}(\beta_j^*, x)s_j^{(1)}(\beta_j^*, x)}{s_j^{(0)}(\beta_j^*, x)^2}\right]s_j^{(0)}(\beta_j^*, x)\,\mathrm{d}s$$

$$=\int_0^{\tau}\left[-\frac{S_j^{(1)}(\beta_j^*, x)}{S_j^{(0)}(\beta_j^*, x)}+\frac{s_j^{(1)}(\beta_j^*, x)}{s_j^{(0)}(\beta_j^*, x)}\right]\widetilde{w_i}(x)\,\mathrm{d}N_i(x)+$$

$$\int_0^{\tau}\frac{S_j^{(1)}(\beta_j^*, x)s_j^{(0)}(\beta_j^*, x)-S_j^{(0)}(\beta_j^*, x)s_j^{(1)}(\beta_j^*, x)}{s_j^{(0)}(\beta_j^*, x)}\mathrm{d}s=o_p(1)$$

从而

$$\overline{U}_j(\beta_j^*)=\frac{1}{n}\sum_{i=1}^{n}\omega_i^{(j)}(\beta_j^*)+o_p(1)$$

可以看到，$\omega_i^{(j)}(\beta_j^*)$是独立的。并且容易证明

$$\mathrm{E}\{\omega_i^{(j)}(\beta_j^*)\}=0$$

如果我们令$\mathbb{E}_n$表示经验测度，那么可以写作

$$|\overline{U}_j(\widehat{\beta}_j)-\overline{U}_j(\beta_j^*)|\leqslant\sup_{\beta}|(\mathbb{E}_n-\mathrm{E})\omega_i^{(j)}(\beta)|+o_p(1)$$

从而$|\overline{U}_j(\widehat{\beta}_j)-\overline{U}_j(\beta_j^*)|$被一个经验过程的上确界与一个依概率收敛到零的无穷小量之和所控制。

为了对这个过程推导出最大值不等式，首先找到一个关于$\omega_i^{(j)}(\beta)$在β上一致的界，$j=1$，…，p_n。回顾我们假设协变量由一个常数$V>0$控制有界，并且在正则条件2.3中，β_{0j}由$A>0$控制有界，$\|\beta_{01}\|_1=O(1)$。那么

$$\mathrm{E}[\mathrm{d}N_i(x)]=\mathrm{E}[\lambda_{10}(x)\exp(\beta_0^{\top}\mathbf{Z})S_{1T}S_C]$$

且对于某个$L>0$，

$$\exp(K\sum_{j=1}^{p_n}|\beta_{0j}|)=\exp(VL)$$

因此可得，对于$j=1$，…，p_n，

$$|\omega_i^{(j)}\beta|\leqslant 2V\{1+C_0\exp[2V(A+L)]\}$$

其中C_0如正则条件2.4中定义。

接下来，我们要寻找一个关于上确界的期望值的界。令ξ_i为独立同分布的随机变量序列，以1/2的概率取值±1，其中$i=1$，…，n。特别地，有ξ_i独立于$\mathbf{Z}$。那么，由van der Varrt和Wellner(1996)中的引理2.3.1可知，

$$\mathrm{E}\left[\sup_{\beta}|(\mathbb{E}_n-\mathrm{E})\omega_i^{(j)}(\beta)|\right]\leqslant 2\mathrm{E}\left\{\sup_{\beta}|\mathbb{E}_n[\xi_i\omega_i^{(j)}(\beta)]|\right\}$$

但由 Cauchy-Schwarz 不等式，ξ_i 和 Z_i 的独立性和上面推导的 $|\omega_i^{(j)}(\beta)|$ 的界，我们可以证明右式由

$$4V\{1+C_0\exp[2V(A+L)]\}\left[\mathrm{var}\left(n^{-1}\sum_{i=1}^{n}\xi_i\right)\right]^{1/2}$$

所控制。那么由 Massart(2000)的聚集定理，我们知道：

$$\mathrm{P}\left[\sup_{\beta}|(\mathbb{E}_n-\mathrm{E})\omega_i^{(j)}(\beta)|\geqslant n^{-1/2}4V\{1+C\exp[2V(A+L)]\}(1+t)\right]$$
$$\leqslant\exp(-t^2/2) \tag{2-13}$$

最后，通过正则条件 2.5 可以将这个不等式与 $|\widehat{\beta}_j-\beta_j^*|$ 相联系起来，尽管其中还包含 $o_p(1)$ 这一项。使用一个前面已经证明的不等式，

$$|\widehat{\beta}_j-\beta_j^*|\leqslant H^{-1}\sup_{\beta}|(\mathbb{E}_n-\mathrm{E})w_i^{(j)}(\beta)|+o_p(1)$$

那么

$$\begin{aligned}\mathrm{P}[\sqrt{n}|\widehat{\beta}_j-\beta_j^*|\geqslant 4V\{1+C_0\exp[2V(A+L)]\}(1+t)H]\\ \leqslant\mathrm{P}[\sup_{\beta}|(\mathbb{E}_n-\mathrm{E})w_i^{(j)}(\beta)|+o_p(1)\\ \geqslant n^{-1/2}4V\{1+C_0\exp[2V(A+L)]\}(1+t)]\end{aligned} \tag{2-14}$$

但是对于任何 $\varpi>0$，

$$P(A_1+A_2\geqslant c)\leqslant P(A_1\geqslant c-\varpi)+P(A_2\geqslant\varpi)$$

其中 A_1 和 A_2 为随机变量，c 为常数，将其与式(2-13)和式(2-14)相结合，并取 ϖ 任意趋近于 0，便可完成定理证明。

定理 2.2 很重要，因为它意味着以一个很高的概率，$|\widehat{\beta}_j-\beta_j^*|$ 阶数不超过 $n^{-1/2}$。因此为了能检测到协变量 $j\in S$，我们需要 $|\beta_{0j}|$ 阶数最少为 $O(n^{-1/2})$，这就是下面的定理。

定理 2.3　在正则条件 2.1 和条件 2.2 以及假设 2.1~2.3 下，

$$\min_{j\in S}|\beta_{0j}|\geqslant c_2 n^{-\varepsilon}$$

其中 $\varepsilon<1/2$，c_2 为正常数。

证明： 从定理 2.1，我们知道如果 $j\in S$，$\beta_j^*\neq 0$。那么通过 Struthers 和 Kalbflisch(1986)中的定理 2.1 和中值定理，我们知道，对于在 β_j^* 和 0 之间的某个 β^*，

$$|u_j(0)|=|u_j(\beta_j^*)-u_j(0)|=|u_j'(\beta^*)||\beta_j^*|$$

其中

$$u_j'(\beta)=\mathrm{d}u_j(\beta)/\mathrm{d}\beta$$

首先确定 $u_j'(\beta)$ 的界，然后使用假设 2.2，通过分部积分，可以证明

$$|u_j'(\beta)|\leqslant 2V^2|\mathrm{E}[S_{1T}(C;\ Z)|Z]|$$

但是 $\mathrm{E}[S_{1T}(C;\ \boldsymbol{Z})|\boldsymbol{Z}]$ 由 1 控制有界，因此

$$|\beta_{0j}|\geqslant 0.5V^{-2}|\mathrm{cov}\{Z_j,\ \mathrm{E}[F_1(C;\ \boldsymbol{Z})\boldsymbol{Z}]\}-\int_0^\tau \frac{\mathrm{E}(Z_jS_{1T}S_C)}{\mathrm{E}(S_{1T}S_C)}\mathrm{E}[\lambda_{10}(x)\exp(\beta_0^\top\boldsymbol{Z})S_{1T}S_C]\mathrm{d}x|$$

因为 $S_{1T}S_C$ 是在时间 x 时处于风险的概率，直觉上可以看出，并且可以证明，$\mathrm{E}(Z_jS_{1T}S_C)=\mathrm{cov}(Z_j,\ S_{1T}S_C)$ 和 $\mathrm{cov}\{Z_j,\ \mathrm{E}[F_1(C;\ \boldsymbol{Z})|\boldsymbol{Z}]\}$ 符号为正。于是推出 $j\in S$，

$$|\beta_{0j}|\geqslant 0.5V^{-2}|\mathrm{cov}\{Z_j,\ \mathrm{E}[F_1(C;\ \boldsymbol{Z})|\boldsymbol{Z}]\}|$$

并且由假设 2.2，对于 $c_2=0.5AV^{-2}c_1$

$$\min_{j\in S}|\beta_{0j}|\geqslant c_2n^{-\varepsilon}$$

定理得证。

因为当 $|\beta_{0j}|$ 足够大时，我们的边际竞争风险回归是可检测到的，并且它们反映了在真实的联合模型中 Z_{ij} 的重要性，那么可以证明所提方法满足确定筛选性质，并可以控制假阳性率近似名义水平。

定理 2.4 在正则条件 2.1~2.5 和假设 2.1~2.3 下，如果选择 $\gamma_n=\Phi^{-1}(1-d_n/2)$，那么对于 $\varepsilon<1/2$ 和 $\log(p_n)=O(n^{1/2-\varepsilon})$，存在常数 $c_3>0$ 使

$$\mathrm{P}(S\subset\mathcal{M})\geqslant 1-s\exp(-c_3n^{1-2\varepsilon}) \tag{2-15}$$

证明： 首先对标准化的边际回归参数推导出概率的界，从而可以使用这个界找到 $\mathrm{P}(S\subset\mathcal{M})$。令

$$1+t=c_2Hn^{1/2-\varepsilon}[8V\{1+C_0\exp[2V(A+L)]\}]$$

其中 c_2 和 ε 如定理 2.3 中定义。那么由定理 2.2，存在一个常数 c_3 使

$$\mathrm{P}(|\hat{\beta}_j-\beta_j^*|\geqslant c_2n^{-\varepsilon}/2)\leqslant\exp(-c_3n^{1-2\varepsilon})$$

如果设定调节参数

$$\gamma_n=\Phi^{-1}(1-d_n/2)$$

那么保留重要协变量的概率为

$$1-\mathrm{P}\left[\min_{j\in S}I_j(\hat{\beta}_j)^{1/2}|\hat{\beta}_j|<\gamma_n\right]\geqslant 1-\mathrm{P}\left[\min_{j\in S}|\hat{\beta}_j|\leqslant\gamma_n(Hn)^{-1/2}\right]$$

利用定理 2.3 可以证明

$$c_2n^{-\varepsilon}-|\hat{\beta}_j|\leqslant|\beta_j^*-\hat{\beta}_j|,\ j\in S$$

那么

$$\mathrm{P}\left[\min_{j\in S}|\hat{\beta}_j|\leqslant\gamma_n(Hn)^{-1/2}\right]\leqslant\mathrm{P}\left[\max_{j\in S}|\hat{\beta}_j-\beta_{0j}|\geqslant c_2n^{-\varepsilon}-\gamma_n(Hn)^{-1/2}\right]$$

如果

$$\gamma_n \leqslant c_2 H^{1/2} n^{1/2-\varepsilon}/2$$

那么容易推得

$$\mathrm{P}(S \subset \mathcal{M}) \geqslant 1-\exp(1-c_3 n^{1-2\varepsilon})$$

因为 $d_n = f/p_n$，有关 γ_n 的限制可以重新写为：

$$p_n \leqslant (f/2)[1-\Phi(c_2 H^{1/2} n^{1/2-\varepsilon}/2)]$$

又因为

$$1-\Phi(x) \leqslant x^{-1}\exp(-x^2/2)$$

如果 $p_n \leqslant f/2\exp(c_2^2 H n^{1-2\varepsilon}/8)$，不等式成立。因此，只要 $\log(p_n) = O(n^{1-2\varepsilon})$，确定筛选性质成立。

定理 2.5　(假阳性控制性质)在正则条件 2.1~2.5 和假设 2.1~2.3 下，如果我们选择 $\gamma_n = \Phi^{-1}(1-d_n/2)$，那么存在常数 $c_4>4$ 使

$$\mathrm{E}\left(\frac{|\mathcal{M}\cap S^c|}{|S^c|}\right) \leqslant d_n + c_4 n^{-1/2}$$

其中 $|\mathcal{M}\cap S^c|/|S^c|$ 被称为假阳性率。

证明：首先证明对于 $j \in S^c$，$U_j(\beta)$ 在真实的 β_{0j} 的值，可以通过连续时间的鞅的和来近似，正如在正确界定的竞争风险回归中。那么可以通过 Gu(1992) 中的 Edgeworth 展开来得到。

通过定理 2.1，知道 $\beta_{0j}=0$，对于 $j \in S^c$。因此可以将式(2-6)写作

$$U_j(\beta_{0j}) = \sum_{i=1}^{n}\int_0^{\tau}\left\{\left[Z_{ij} - \frac{n^{-1}\sum_l Z_{lj} Y_l(x) w_l(x)}{n^{-1}\sum_l Y_l(x) w_l(x)}\right] w_i(x)\,\mathrm{d}N_i(x)\right\}$$

$$= \sum_{i=1}^{n}\int_0^{\tau}\left[Z_{ij} - \frac{\sum_l Z_{lj} Y_l(x)\widetilde{w_l}(x) e^{\beta_0^{\top}\mathbf{z}_l}}{\sum_l Y_l(x)\widetilde{w_l}(x) e^{\beta_0^{\top}\mathbf{z}_l}}\right] w_i(x)\,\mathrm{d}N_i(x) +$$

$$\sum_{i=1}^{n}\int_0^{\tau}\left[\frac{\sum_l Z_{lj} Y_l(x)\widetilde{w_l}(x) e^{\beta_0^{\top}\mathbf{z}_l}}{\sum_l Y_l(x)\widetilde{w_l}(x) e^{\beta_0^{\top}\mathbf{z}_l}} - \frac{\sum_l Z_{lj} w_l(x) Y_l(x)}{\sum_l Y_l(x) w_l(x)}\right] w_i(x)\,\mathrm{d}N_i(x)$$

$$= \sum_{i=1}^{n}\int_0^{\tau}\left[Z_{ij} - \frac{\sum_l Z_{lj} Y_l(x)\widetilde{w_l}(x) e^{\beta_0^{\top}\mathbf{z}_l}}{\sum_l Y_l(x)\widetilde{w_l}(x) e^{\beta_0^{\top}\mathbf{z}_l}}\right] \widetilde{w_i}(x)\,\mathrm{d}N_i(x) +$$

$$\sum_{i=1}^{n}\int_0^{\tau}\left[Z_{ij} - \frac{n^{-1}\sum_l Z_{lj} Y_l(x)\widetilde{w_l}(x) e^{\beta_0^{\top}\mathbf{z}_l}}{n^{-1}\sum_l Y_l(x)\widetilde{w_l}(x) e^{\beta_0^{\top}\mathbf{z}_l}}\right][\widetilde{w_i}(x) - w_i(x)]\,\mathrm{d}N_i(x) +$$

$$\sum_{i=1}^{n}\int_0^\tau\left[\frac{\sum_l Z_{lj}Y_l(x)\widetilde{w_l}(x)e^{\beta_0^\top \mathbf{Z}_l}}{\sum_l Y_l(x)\widetilde{w_l}(x)e^{\beta_0^\top \mathbf{Z}_l}}-\frac{\sum_l Z_{lj}w_l(x)Y_l(x)}{\sum_l Y_l(x)w_l(x)}\right]w_i(x)\mathrm{d}N_i(x)$$

$$=\sum_{i=1}^{n}\int_0^\tau\left[Z_{ij}-\frac{\sum_l Z_{lj}Y_l(x)\widetilde{w_l}(x)e^{\beta_0^\top Z_l}}{\sum_l Y_l(x)\widetilde{w_l}(x)e^{\beta_0^\top Z_l}}\right]\widetilde{w_i}(x)\mathrm{d}M_i^1(x)+R_n$$

其中 $M_i^1(x)=N_i(x)-\int_0^x Y_i(t)\lambda_{10}(t)e^{\beta_0^\top Z_i}\mathrm{d}t$ 为关于 x 的连续鞅，

$$R_n=\sum_{i=1}^{n}\int_0^\tau\left[\frac{\sum_l Z_{lj}Y_l(x)\widetilde{w_l}(x)e^{\beta_0^\top Z_l}}{\sum_l Y_l(x)\widetilde{w_l}(x)e^{\beta_0^\top Z_l}}\right]\widetilde{w_i}(x)\mathrm{d}N_i(x)-$$

$$\sum_{i=1}^{n}\int_0^\tau\left[\frac{\sum_l Z_{lj}Y_l(x)w_l(x)}{\sum_l Y_l(x)w_l(x)}\right]w_i(x)\mathrm{d}N_i(x)$$

令 $R_m=\sum_{i=1}^{m}\zeta_i$，其中

$$\zeta_i=\left[\frac{\sum_l Z_{lj}Y_l(x)\widetilde{w_l}(x)e^{\beta_0^\top Z_l}}{\sum_l Y_l(x)\widetilde{w_l}(x)e^{\beta_0^\top Z_l}}\widetilde{w_i}-\frac{\sum_l Z_{lj}Y_l(x)w_l(x)}{\sum_l Y_l(x)w_l(x)}w_i(x)\right]\mathrm{d}N_i(x)$$

注意到 $\mathrm{E}(\zeta_m|R_{m-1})=\mathrm{E}[\mathrm{E}(\zeta_m|R_{m-1},\mathbf{Z}_m)|R_{m-1}]$，且

$$\mathrm{E}(\zeta_m|R_{m-1},\mathbf{Z}_m)=Z_{mj}\mathrm{E}\left\{\left[\frac{Y_m(x)\widetilde{w_m}(x)e^{\beta_0^\top \mathbf{Z}_m}}{n^{-1}\sum_l Y_l(x)\widetilde{w_l}(x)e^{\beta_0^\top \mathbf{Z}_l}}-\right.\right.$$

$$\left.\left.\frac{Y_m(x)\widetilde{w_m}(x)}{n^{-1}\sum_l Y_l(x)\widetilde{w_l}(x)}\right]\mathrm{d}N_i(x)|R_{m-1},\mathbf{Z}_m\right\}$$

给定 R_{m-1}，上面右边的条件期望是一个只关于 Z_{mj}，$j\in S$ 的随机变量，由定理 2.3 可得其独立于 Z_{mj}，$j\in S^c$。因为假设 2.1，

$$\mathrm{E}(Z_{mj}|R_{m-1})=\mathrm{E}(Z_{lj})=0$$

发现 $\mathrm{E}(\zeta_m|R_{m-1})=0$，推出 R_m 是 m 的离散鞅。那么当 $m=n$ 时，由 Dharmadhikari 等(1968)中的不等式，有 $\mathrm{E}(|n^{-1}R_n|^p)=cn^{-p/2}$ 对于 $p\geqslant 2$，其中可以证明 c 不依赖于 j。

我们已经证明对于 $j\in S^c$，

$$U_j(\beta_{0j})=\sum_{i=1}^{n}\int_0^{\tau}\left[Z_{ij}-\frac{n^{-1}\sum_l Z_{lj}Y_l(x)e^{\beta_0^{\top}\mathbf{Z}_l}}{n^{-1}\sum_l Y_l(x)e^{\beta_0^{\top}\mathbf{Z}_l}}\right]\mathrm{d}M_i(x)+n^{-1}R_n$$

其中 $n^{-1}R_n$ 满足和 Gu(1992)中(4.3)中的 $R_{1,n}$ 相同的条件。因此可以拓展 Gu(1992)中定理 2.1 的证明来证明

$$\sup_x|\mathrm{P}\{I_j(\widehat{\beta}_j)^{1/2}|\widehat{\beta}_j|\geqslant x\}-\Phi(x)|\leqslant c_4n^{-1/2}$$

其中 c_4 确实不依赖于 j。那么由

$$\mathrm{E}\left(\frac{|\mathcal{M}\cap S^c|}{|S^c|}\right)=\frac{1}{p_n-s}\sum_{j\in S^c}\mathrm{P}[I_j(\widehat{\beta}_j)^{1/2}|\widehat{\beta}_j|\geqslant\gamma_n]\tag{2-16}$$

推出

$$\mathrm{E}\left(\frac{|\mathcal{M}\cap S^c|}{|S^c|}\right)\leqslant\frac{1}{p_n-s_n}\sum_{j\in S^c}\{2[1-\Phi(\gamma_n)]+c_4n^{-1/2}\}$$

那么，如果选择 $\gamma_n=\Phi^{-1}(1-d_n/2)$ 可得到定理中的结论。

第五节　模拟研究

在本节中进行数值模拟来研究超高维竞争风险模型的变量选择方法的性能，并比较 CR-SIS、CR-CSIS 之间的表现。本节模拟了 $(n,\ p)=(300,\ 400)$ 和 $(n,\ p)=(400,\ 1000)$ 两种数据集，数据产生的方法参照 Fine 和 Gray(1999)。对于每个模型，我们模拟 100 个数据集。p 个协变量用 $Z=(\mathbf{Z}_1,\ \cdots,\ Z_p)$ 表示，对应的系数为：对于原因 1，$\beta_1=(\beta_{11},\ \cdots,\ \beta_{1p})^{\top}$，对于原因 2 为 $\beta_2=-\beta_1$。原因 1 累积发病率函数为：

$$F_1(t;\ \mathbf{Z})=\mathrm{P}(T\leqslant t,\ \iota=1|\mathbf{Z})=1-\{1-\pi[1-\exp(-t)]\}^{\exp(\beta_1^Tz)}\tag{2-17}$$

当 $z=0$ 时，这是一个单位指数与在 ∞ 处点质量 $1-\pi$ 的混合。π 的值设置为 0.5。原因 2 的累积发病率函数可以通过 $\mathrm{P}(\iota=2|\mathbf{Z})=1-\mathrm{P}(\iota=1|\mathbf{Z})$，然后使用速率为 $\exp(\beta_2^{\top}\mathbf{Z})$ 的指数分布作为条件累积发病率函数，$\mathrm{P}(T\leqslant t|\iota=2,\ \mathbf{Z})$ 来得到。删失时间是从均匀分布 Unif$(0,\ c)$ 独立生成的，其中 c 是常数。

协变量 Z 产生的机制如下：

Case 1：$Z_1,\ Z_2,\ \cdots,\ Z_p$ 独立同分布，为 $N(0,\ 1)$ 随机变量。

Case 2：$Z_1,\ Z_2,\ \cdots,\ Z_p$ 为多元正态分布，边际分布为 $N(0,\ 1)$，相关系数为 $\mathrm{corr}(Z_i,\ Z_j)=\rho$，$i\neq j$。这里，取 $\rho=0.5$。

Case 3：Z_1，Z_2，…，Z_p 为多元正态分布，边际分布为 $N(0, 1)$，对于所有 $i \neq 4$，$\mathrm{corr}(Z_i, Z_4) = 1/\sqrt{2}$，对于 i，j 为 $\{1, 2, \cdots, p\}/\{4\}$ 中的不同元素，$\mathrm{corr}(Z_i, Z_j) = 1/2$。

Case 4：Z_1，Z_2，…，Z_p 为多元正态分布，边际分布为 $N(0, 1)$，对于所有 $i \neq 5$，$\mathrm{corr}(Z_i, Z_5) = 0$，对于 $i \notin \{4, 5\}$，$\mathrm{corr}(Z_i, Z_4) = 1/\sqrt{4}$，如果 i，j 为 $[1, 2, \cdots, p]/\{4, 5\}$ 中的不同元素，$\mathrm{corr}(Z_i, Z_j) = 1/2$。

Case 5：$n=400$，$p=1000$，其他与 Case 2 相同。

Case 6：$n=400$，$p=1000$，其他与 Case 4 相同。

在 Case 1、Case 2、Case 5 中，系数为随机产生，产生机制为 $(4\log n/\sqrt{n} + |Z|/4)U$，其中 $Z \sim N(0, 1)$，U 分别以概率 0.5 取 1 和−1，并与 Z 独立。

真实的回归系数和删失率的设定如下：

Case 1：$s=6$，$\beta_1 = 1.3314921$，$\beta_2 = -1.4302024$，$\beta_3 = -1.7049704$，$\beta_4 = -1.6949656$，$\beta_5 = -1.7496368$，$\beta_6 = -1.4308413$，$\beta_j = 0$，$j>6$。删失率为 21%。

Case 2：$s=6$，$\beta_1 = -1.5579884$，$\beta_2 = -1.4503213$，$\beta_3 = -1.3678170$，$\beta_4 = -1.3669231$，$\beta_5 = 1.7468086$，$\beta_6 = 1.3607243$，$\beta_j = 0$，$j>6$。删失率为 24%。

Case 3：$s=4$，$\beta_1 = 4$，$\beta_2 = 4$，$\beta_3 = 4$，$\beta_4 = -6\sqrt{2}$，$\beta_j = 0$，$j>4$。删失率为 17%。

Case 4：$s=5$，$\beta_1 = 4$，$\beta_2 = 4$，$\beta_3 = 4$，$\beta_4 = -6\sqrt{2}$，$\beta_5 = 43$，$\beta_j = 0$，$j>5$。删失率为 15%。

Case 5：$s=6$，$\beta_1 = -1.3557936$，$\beta_2 = -1.3155897$，$\beta_3 = 1.2188891$，$\beta_4 = 1.3829728$，$\beta_5 = 1.4923294$，$\beta_6 = 1.3569389$，$\beta_j = 0$，$j>6$。删失率为 25%。

Case 6：系数与 Case 4 相同。删失率为 18%。

我们报告的结果利用以下两种标准进行比较：

Ps：在 100 次重复中对于给定样本量 n，某个单独的有效预测变量 Z_s 被选出来的比例。

Pa：在 100 次重复中对于给定样本量 n，所有有效预测变量 Z_s 被选出来的比例。

Case 1、Case 2 和 Case 5 的结果放在表 2-1 中，可以看到，对于协变量独立情况下，CR-SIS 和 CR-CSIS 均取得了非常出色的表现，能够非常准确地将重要的变量识别出来。而在 Case 2 和 Case 5 中，协变量之间存在不为零的相关系数时，CR-SIS 不仅无法识别个别重要变量，对其他变量识别的准确性也降低了；相比较而言，CR-CSIS 则对于每个变量都有还不错的识别准确率。并且随着样本量的增加，两种方法对重要变量的识别率也随之增加，尽管协变量维度 p 也增加了，说明在一定的维度范围内，CR-CSIS 方法具有可行性。

Case 3 的模拟结果放于表 2-2。不出所料，CR-SIS 基本完全无法识别出 Z_4，而 CR-CSIS 不仅能够对 Z_1、Z_2、Z_3 具有不低于 CR-SIS 的识别率，而且也能够识别出 Z_4。类似的还有表 2-3 中有关 Case 4、Case 6 的模拟结果，可以看到 CR-CSIS 能够识别 CR-SIS 无法识别出的变量，且具有不错的准确率。这说明，CR-CSIS 确实能够应对协变量较为复杂的情况，以及一些边际无关但联合相关的情况。

表 2-1 Case1、Case 2、Case 5 的模拟结果

		P_s						P_a
		Z_1	Z_2	Z_3	Z_4	Z_5	Z_6	Z_a
Case 1	CR-SIS	0.98 (0.001)	1 (0.000)	1 (0.000)	1 (0.000)	1 (0.000)	1 (0.000)	0.98 (0.000)
	CR-CSIS	1 (0.000)	1 (0.000)	1 (0.000)	1 (0.000)	1 (0.000)	1 (0.000)	1 (0.000)
Case 2	CR-SIS	0.80 (0.004)	0.72 (0.005)	0.55 (0.005)	0.44 (0.005)	0 (0.000)	0 (0.000)	0 (0.000)
	CR-CSIS	0.95 (0.002)	0.90 (0.003)	0.75 (0.004)	0.75 (0.004)	0.96 (0.002)	0.75 (0.004)	0.40 (0.005)
Case 5	CR-SIS	0 (0.000)	0 (0.000)	0.59 (0.005)	0.74 (0.004)	0.91 (0.003)	0.76 (0.004)	0 (0.000)
	CR-CSIS	0.89 (0.003)	0.93 (0.002)	0.82 (0.004)	0.88 (0.003)	0.97 (0.002)	0.87 (0.003)	0.61 (0.005)

表 2-2 Case 3 的模拟结果

		P_s				P_a
		Z_1	Z_2	Z_3	Z_4	Z_a
Case 3	CR-SIS	0.84 (0.004)	0.93 (0.003)	0.86 (0.003)	0 (0.000)	0 (0.000)
	CR-CSIS	0.82 (0.004)	0.92 (0.003)	0.84 (0.003)	0.77 (0.004)	0.54 (0.005)

表 2-3　Case 4、Case 6 的模拟结果

		P_s					P_a
		Z_1	Z_2	Z_3	Z_4	Z_5	Z_a
Case 4	CR-SIS	0.75 (0.004)	0.85 (0.003)	0.84 (0.004)	0 (0.000)	0.56 (0.005)	0 (0.000)
	CR-CSIS	0.68 (0.005)	0.79 (0.004)	0.82 (0.004)	0.74 (0.004)	0.47 (0.005)	0.29 (0.005)
Case 6	CR-SIS	0.90 (0.003)	0.88 (0.003)	0.89 (0.003)	0 (0.000)	0. 72 (0.004)	0 (0.000)
	CR-CSIS	0.84 (0.004)	0.80 (0.004)	0.82 (0.004)	0.6 (0.005)	0.66 (0.005)	0.31 (0.005)

第六节　实际数据分析

本节对一个公开的膀胱癌数据集进行实证分析来验证所提出方法的实用性。这个数据集来自 Dyrskjøt(2007)，使用之前或目前没有侵入肌肉的pT_a 和pT_1 的肿瘤患者作为样本，来验证预测恶化的迹象。Binder 等(2009)也利用这一数据集，用其提出的提升方法对恶化的预测模型进行拟合和评估。这个数据集由 404 个样本组成，每个样本对应于公众可获得的预处理过的 1381 个个人平台微阵列特征(Custom Platform Microarray Features，GEO 系列编号为 No. GSE5479)。此外，从 Dyrskjøt 等(2007)中可得到包含样本个体的其他信息的数据，例如，Binder 等(2009)使用的一些潜在的重要的临床变量：年龄(27~95 岁)，性别，肿瘤阶段(pT_av. s. pT_1)，WHO 评分(PUNLMP/low v. s. high)和接受的治疗。排除掉一些缺失的信息，我们将分析重点放在剩下的 $n=338$ 个观测的子集中。我们考虑将临床变量强制视作重要的变量和加入选择变量两种情况，以分析方法对于 1381 个基因组进行变量选择的结果。我们感兴趣的响应变量是恶化的时间，有 53 位患者可以观测到我们感兴趣的事件，即恶化或者死于膀胱癌。有 215 位被删失的患者。竞争风险为死于其他或未知原因，这样的样本有 70 个。

结合 5 个临床因素作为变量和 1381 个基因变量，我们使用基于竞争风险模型的条件独立筛选方法和确定独立筛选两种方法进行第一阶段选择，其中 $q=$

$[n/\log(n)]=58$个变量，第二阶段变量选择使用的是惩罚近似部分似然的方法，惩罚函数使用 LASSO 惩罚，并使用 BIC 准则选择调节参数，最终在第一阶段，CR-CSIS 和 CR-SIS 方法选出 20 个相同的变量和 38 个相异的变量。在第二个阶段，通过 LASSO 惩罚，CR-CSIS+LASSO 和 CR-SIS+LASSO 两种方法选出的变量分别为 6 个（SEQ523、SEQ370、SEQ1037、SEQ469、SEQ19、SEQ1112）和 5 个（SEQ370、SEQ766、SEQ1038、SEQ509、SEQ1327）。两种方法选出的变量均远远小于 Dyrskjøt（2007）中提出的 88 个基因变量，略小于 Binder 等（2009）中选出的 8 个基因变量。虽然第一阶段 CR-CSIS 和 CR-SIS 选出的变量有部分相同，但 CR-CSIS+LASSO 比 CR-SIS+LASSO 选的变量多。从方法构造和模拟表现中我们推断，CR-SIS 选出的变量可能与响应变量的边际相关性较强，而并不能识别出边际独立而联合相关的变量；CR-CSIS 选出的变量可能更加可靠一些。

第三章

联合筛选方法

第一节　引言

第二章详细介绍了对于超高维竞争风险模型的确定独立筛选方法和条件确定独立筛选方法，然而在模拟中我们发现，确定独立筛选方法和条件确定独立筛选法需要对几乎所有的协变量求边际似然和条件似然的极大化，当维度增加到一定程度时，耗费了大量的时间和计算成本。在本章中，我们从比例子分布风险模型的对数部分似然 $\ell(\beta)$ 和它的前两阶导数出发，利用泰勒展开对部分对数似然进行近似，并将特征筛选转化为最大化约束近似对数部分似然的问题，通过硬阈法则进行求解，类似第二章的两步变量选择，我们同样对第一步特征筛选得到的 q 个粗糙变量，通过求解惩罚近似负对数部分似然的最小化问题来执行第二步更加精细的变量选择。可以证明，这种确定联合筛选方法在一些正则条件下对于竞争风险模型满足确定筛选性质。由此，惩罚对数部分似然得到的估计量通过参照 Fu 等(2016)，可以证明满足相合性和 Oracle 性质。在蒙特卡罗模拟中，我们模拟了两种不同的协变量结构和两种真实系数的产生方式，并且在不同样本量，维度和相关系数的情况下也分别进行了模拟，还探索了不同的粗糙筛选变量个数 q 下的模拟表现。我们使用的惩罚函数和准则为 LASSO 惩罚和 BIC，也可以使用其他惩罚函数和其他准则如交叉验证(Cross Validation，CV)等，具体可以参考 Fu 等(2016)。此外，我们还提供了一个对于公开的膀胱癌数据集的实证分析。

本章其余部分结构如下：第二节介绍了用于处理竞争风险数据的比例子分布风险模型，给出了对数部分似然及其前两阶导数，建立了对于超高维比例子分布风险模型的变量选择过程，包括第一步基于近似对数部分似然的确定联合筛选方法和第二步利用惩罚近似对数部分似然的变量选择方法。第三节证明了对于比例子分布风险模型中的对数部分似然，所提方法的算法具有上升性质，以及确定筛选性质。第四节的数值研究通过蒙特卡罗模拟验证了提出方法的性能和表现。第五节的实证研究说明了方法的实用价值。

第二节　联合筛选变量方法

对于一般右删失数据，应用逆概率删失加权方法，比例子分布风险模型的对数部分似然为：

$$\ell(\beta)=\sum_{i=1}^{n}\int_{0}^{\infty}\left\{\mathbf{Z}_i^{\top}\beta-\log\left[\sum_{j}w_j(u)Y_j(u)\exp(\mathbf{Z}_j^{\top}\beta)\right]\right\}\times w_i(u)\mathrm{d}N_i(u) \quad (3-1)$$

其中 $N_i(t)=I(T_i\leqslant t,\ \iota_i=1)$，$Y_i(t)=1-N_i(t-)$，$w_i(t)$ 为时间相依的权重，考虑了删失时间和协变量之间的相依性。回顾 $w_i(t)=I(C_i\geqslant T_i\wedge t)\widehat{G}(t)/\widehat{G}(X_i\wedge t)$，$G(t)=\mathrm{P}(C\geqslant t)$ 为删失变量 C 的生存函数，$\widehat{G}(t)$ 为 $G(t)$ 的某个合适的估计，例如 Kaplan-Meier 估计。对数部分似然也可以写作：

$$\ell(\beta)=\sum_{i=1}^{n}I(\delta_i\iota_i=1)\left\{\mathbf{Z}_i^{\top}\beta-\log\left[\sum_{j\in R_i}w_j(X_i)\exp(\mathbf{Z}_j^{\top}\beta)\right]\right\} \quad (3-2)$$

其中风险集为 $R_i=\{j:(X_j\geqslant X_i)\cup[(X_j\leqslant X_i)\cap(\delta_j=1)\cap(\iota_j\neq 1)]\}$。

于是我们得到对数部分似然相对于 β 的前两阶导数为：

$$\ell'(\beta)=\sum_{i=1}^{n}I(\delta_i\iota_i=1)\left[Z_i^{\top}-\frac{\sum_{j\in R_i}w_j(X_i)\mathbf{Z}_j^{\top}\exp(\mathbf{Z}_j^{\top}\beta)}{\sum_{j\in R_i}w_j(X_i)\exp(\mathbf{Z}_j^{\top}\beta)}\right] \quad (3-3)$$

$$-\ell''(\beta)=\sum_{i=1}^{n}I(\delta_i\iota_i=1)\left\{\frac{\sum_{j\in R_i}w_j(X_i)\mathbf{Z}_jZ_j^{\top}\exp(\mathbf{Z}_j^{\top}\beta)}{\sum_{j\in R_i}w_j(X_i)\exp(\mathbf{Z}_j^{\top}\beta)}-\right.$$

$$\left.\frac{\left[\sum_{j\in R_i}w_j(X_i)\mathbf{Z}_j\exp(\mathbf{Z}_j^{\top}\beta)\right]\left[\sum_{j\in R_i}w_j(X_i)\mathbf{Z}_j^{\top}\exp(\mathbf{Z}_j^{\top}\beta)\right]}{\left[\sum_{j\in R_i}w_j(X_i)\exp(\mathbf{Z}_j^{\top}\beta)\right]^2}\right\}$$

$$=\sum_{i=1}^{n}I(\delta_i\iota_i=1)\left\{\frac{\sum_{j\in R_i}w_j(X_i)\mathbf{Z}_j\mathbf{Z}_j^{\top}\exp(\mathbf{Z}_j^{\top}\beta)}{\sum_{j\in R_i}w_j(X_i)\exp(\mathbf{Z}_j^{\top}\beta)}-\right.$$

$$\left.\frac{\left[\sum_{j\in R_i} w_j(X_i)\mathbf{Z}_j\exp(\mathbf{Z}_j^{\top}\beta)\right]\left[\sum_{j\in R_i} w_j(X_i)\mathbf{Z}_j\exp(\mathbf{Z}_j^{\top}\beta)\right]^{\top}}{\left[\sum_{j\in R_i} w_j(X_i)\exp(\mathbf{Z}_j^{\top}\beta)\right]^2}\right\}$$

如前所述，β_0 是真实的回归系数并且满足稀疏性，$S=\{j:\ \beta_{0j}\neq 0\}$ 是潜在模型的指标集，$s=|S|$是 β_0 中非零分量的个数。变量选择的目标是筛选出所有重要的协变量，将真实系数 β_0 的显著分量识别出来。对于超高维变量选择，我们同样分为两步：第一步，根据近似对数部分似然，选择一个合适的 q，使之大于 s，使用确定联合筛选方法选出 q 个初始的粗糙变量；第二步，基于惩罚近似对数部分似然方法进一步选择变量。

对于比例子分布风险模型，参照 Fu 等(2016)，将特征筛选转化为对以下的约束对数部分似然的求解：

$$\widehat{\beta}_q=\arg\max_{\beta}\ell(\beta),\quad \text{约束为}\quad \|\beta\|_0\leqslant q \tag{3-4}$$

其中 $\|\beta\|_0$ 表示 β 的 L_0 范数，即 β 的非零元素的数量，q 是预先指定的数值，假定大于 β_0 的非零元素的数量，也就是 $q>s$。因为在高维情况下，要想直接求解约束最大化问题式(3-4)是比较困难的，可以将 $\ell(\gamma)$ 在 γ 邻域中的点 β 处进行泰勒展开，那么对数部分似然函数可以由以下式子进行逼近：

$$\ell(\gamma)\approx\ell(\beta)+(\gamma-\beta)^{\top}\ell'(\beta)+\frac{1}{2}(\gamma-\beta)^{\top}\ell''(\beta)(\gamma-\beta)$$

其中：

$$\ell'(\beta)=\partial\ell(\gamma)/\partial\gamma\big|_{\gamma=\beta}$$
$$\ell''(\beta)=\partial^2\ell(\gamma)/\partial\gamma\gamma^{\top}\big|_{\gamma=\beta}$$

当 $p<n$ 且 $\ell''(\beta)$ 为可逆矩阵时，对矩阵 $\ell''(\beta)$ 求逆的计算复杂度为 $O(p^3)$，显然当 p 较大时，计算复杂度是相当高的。而在高维或超高维的情况下，$p>n$，$\ell''(\beta)$ 是不可逆的。

为了节省处理 $p\times p$ 阶 Hessian 矩阵 $\ell''(\beta)$ 的计算成本，使用 $\ell(\gamma)$ 的如下近似：

$$g(\gamma|\beta)=\ell(\beta)+(\gamma-\beta)^{\top}\ell'(\beta)-\frac{\alpha}{2}(\gamma-\beta)^{\top}\mathbf{W}(\gamma-\beta)$$

其中 α 表示给定的刻度常数，$\mathbf{W}$ 表示对角矩阵 $\mathrm{diag}[-\ell''(\beta)]$。换句话说，用 $\alpha\mathrm{diag}[\ell''(\beta)]=-\alpha\mathbf{W}$ 来逼近 $\ell''(\beta)$。

在 Xu 和 Chen(2014) 中对广义线性模型中的特征筛选方法使用了似然函数 $\ell(\gamma)$ 的线性渐近表达式：

$$\ell(\beta)+(\gamma-\beta)^{\top}\ell'(\beta)$$

并引入了正则项$-u\|\gamma-\beta\|^2$，这相当于$\mathbf{W}=\mathbf{i}_p$的特殊情况。而我们采用$\alpha\text{diag}[\ell''(\beta)]$来逼近$\ell''(\beta)$，通过泰勒展开式知道，当$\gamma$在$\beta$邻域时，$g(\gamma|\beta)$和$\ell(\gamma)$之间只差了$O(\|\gamma-\beta\|^2)$。

定理3.1中证明了在一定条件下，对于所有的γ，

$$g(\beta|\beta)=\ell(\beta)$$

且

$$g(\gamma|\beta)\leqslant\ell(\gamma)$$

这意味着最后得到的估计量可以逼近理论的估计结果。因为$\mathbf{W}$是对角矩阵，对于任何给定的β，$g(\gamma|\beta)$是γ_j，$j=1, 2, \cdots, p$的可加函数，这使我们对于给定的q，以下约束最大化问题可以求出显示解：

$$\max_{\gamma} g(\gamma|\beta) \quad \text{约束为} \quad \|\gamma\|_0\leqslant q$$

可以注意到$g(\gamma|\beta)$的极大值点为：

$$\widetilde{\gamma}=\beta+u^{-1}\mathbf{W}^{-1}\ell'(\beta)$$

$\widetilde{\gamma}_j$的次序统计量记为：

$$|\widetilde{\gamma}_{(1)}|\geqslant\cdots\geqslant|\widetilde{\gamma}_{(p)}|$$

则采用硬阈法则，约束最大化问题的解为：

$$\widehat{\gamma}_j=\widetilde{\gamma}_j I[|\widetilde{\gamma}_j|>|\widetilde{\gamma}_{(q+1)}|]:=H(\widetilde{\gamma}_j;\ q)$$

根据$\ell'(\beta)$、$\ell''(\beta)$的表达式，竞争风险模型的特征筛选的算法总结如下：

第1步：设定β的初始值为$\beta^{(0)}$。

第2步：对于$l=0, 1, 2, \cdots$，迭代执行第2a步和第2b步，直到算法收敛。

第2a步：计算：

$$\widetilde{\gamma}^{(l)}=(\widetilde{\gamma}_1^{(l)}, \cdots, \widetilde{\gamma}_p^{(l)})^\top=\beta^{(l)}+\alpha_l^{-1}\mathbf{W}^{-1}(\beta^{(l)})\ell'(\beta^{(l)})$$

$$\widetilde{\beta}^{(l)}=(H(\widetilde{\gamma}_1^{(l)};\ q), \cdots, H(\widetilde{\gamma}_p^{(l)};\ q))^\top:=\boldsymbol{H}(\widetilde{\gamma}^{(l)};\ q)$$

设定$S_l=\{j: \widetilde{\beta}_j^{(l)}\neq 0\}$，为$\widetilde{\beta}^{(l)}$的非零指标集。

第2b步：更新β为$\beta^{(l+1)}=(\beta_1^{(l+1)}, \cdots, \beta_p^{(l+1)})^\top$如下：如果$j\notin S_l$设定$\beta_j^{(l+1)}=0$；否则，设定$\{\beta_j^{(l+1)}: j\in S_l\}$为子模型$S_l$的极大对数部分似然估计。

记上面算法收敛后得到的q个粗糙的变量集合为$\widehat{\mathcal{I}}$，得到的对应的回归系数估计为$\widehat{\beta}_{\widehat{\mathcal{I}}}$。

竞争风险模型的确定联合筛选方法采用在系数的L_0限制下的对数部分似然作为目标函数进行最大化，来研究对竞争风险数据的超高维变量选择问题，利用

泰勒展开对对数部分似然进行逼近，解决了目标函数过于复杂不易进行优化的难点；使用经典的硬阈法则求解近似带约束目标函数的最大化问题，从而将较小的系数收缩为零，实现变量选择的目标。这一方法从思想上区别于传统的确定独立筛选方法，并非从各个变量的边际效应入手，而是对于联合似然进行处理，从而对于变量之间存在较高相关性，或者响应变量与协变量之间边际无关但联合相关的情况，有更好的表现。

在第一步筛选 q 个粗糙的变量集合$\widehat{\mathcal{I}}$之后，第二步可以在$\widehat{\mathcal{I}}$上最大化如下惩罚近似对数部分似然的方法进行变量选择：

$$Q(\beta)=\ell(\beta)-\sum_{j=1}^{q}p_{\lambda_n}(|\beta_j|) \tag{3-5}$$

其中 $p_{\lambda_n}(\cdot)$ 为选取的某个合适的惩罚函数，λ_n 为调节参数。

令 $\mathbf{Z}^{\top}=(Z_1,\ \cdots,\ Z_n)$ 表示设计矩阵，由 n 个协变量向量组成；对于给定的 β，令 $\boldsymbol{\eta}=\mathbf{Z}\beta$，维度为 $n\times 1$，由 $\ell(\beta)$ 的定义，可知它也是 $\boldsymbol{\eta}$ 的函数，我们仍然保留对数似然的记号，记为 $\ell(\boldsymbol{\eta}):=\ell(\beta;\ \mathbf{Z})$。定义 $\ell(\boldsymbol{\eta})$ 对 $\boldsymbol{\eta}$ 的梯度向量和 Hessian 矩阵分别为 $\boldsymbol{u}=\partial\ell/\partial\boldsymbol{\eta}$ 和 $\mathbf{H}=-\partial^2\ell/\partial\boldsymbol{\eta}\partial\boldsymbol{\eta}^{\top}$。

根据 Hastie 和 Tibshirani（1990）第八章，构造伪响应变量：

$$\boldsymbol{y}=\boldsymbol{\eta}+\mathbf{H}^{-1}\boldsymbol{u} \tag{3-6}$$

由于 $\ell(\gamma)$ 也可以用 $\ell(\mathbf{Z}\gamma)$ 来表示，对任何位于 γ 邻域中的 β，可以将 $\ell(\gamma)$ 和 $\ell(\boldsymbol{y})$ 在 $\boldsymbol{\eta}$ 附近进行二阶泰勒展开：

$$\ell(\gamma)\approx l(\boldsymbol{\eta})+(\mathbf{Z}\gamma-\boldsymbol{\eta})^{\top}\boldsymbol{u}-\frac{1}{2}(\mathbf{Z}\gamma-\boldsymbol{\eta})^{\top}\mathbf{H}(\mathbf{Z}\gamma-\boldsymbol{\eta}) \tag{3-7}$$

$$\ell(\boldsymbol{y})\approx l(\boldsymbol{\eta})+(\boldsymbol{y}-\mathbf{Z}\beta)^{\top}\boldsymbol{u}-\frac{1}{2}(\boldsymbol{y}-\boldsymbol{\eta})^{\top}\mathbf{H}(\boldsymbol{y}-\boldsymbol{\eta}) \tag{3-8}$$

令式（3-8）减去式（3-7），由 $\boldsymbol{y}$ 的定义可得 $\boldsymbol{\eta}=\boldsymbol{y}-\mathbf{H}^{-1}\boldsymbol{u}$，结合 $\mathbf{H}$ 的对称性，可推导得出，

$$\begin{aligned}
-\ell(\gamma)&\approx-\ell(\boldsymbol{y})+(\boldsymbol{y}-\mathbf{Z}\gamma)^{\top}\boldsymbol{u}+\frac{1}{2}[(\mathbf{Z}\gamma-\boldsymbol{\eta})^{\top}\mathbf{H}(\mathbf{Z}\gamma-\boldsymbol{\eta})-(\mathbf{H}^{-1}\boldsymbol{u})^{\top}\mathbf{H}(\mathbf{H}^{-1}\boldsymbol{u})]\\
&=-\ell(\boldsymbol{y})+(\boldsymbol{y}-\mathbf{Z}\gamma)^{\top}\boldsymbol{u}+\frac{1}{2}[(\mathbf{Z}\gamma-\boldsymbol{y}+\mathbf{H}^{-1}\boldsymbol{u})^{\top}\mathbf{H}(\mathbf{Z}\gamma-\boldsymbol{y}+\mathbf{H}^{-1}\boldsymbol{u})-\boldsymbol{u}^{\top}\mathbf{H}^{-1}\boldsymbol{u}]\\
&=-\ell(\boldsymbol{y})+(\boldsymbol{y}-\mathbf{Z}\gamma)^{\top}\boldsymbol{u}+\frac{1}{2}\\
&\quad[(\mathbf{Z}\gamma-\boldsymbol{y})^{\top}\boldsymbol{H}(\mathbf{Z}\gamma-\boldsymbol{y})+2(\mathbf{Z}\gamma-\boldsymbol{y})^{\top}\boldsymbol{u}+\boldsymbol{u}^{\top}\mathbf{H}^{-1}\boldsymbol{u}-\boldsymbol{u}^{\top}\mathbf{H}^{-1}\boldsymbol{u}]\\
&=-\ell(\boldsymbol{y})+\frac{1}{2}(\mathbf{Z}\gamma-\boldsymbol{y})^{\top}\mathbf{H}(\mathbf{Z}\gamma-\boldsymbol{y})
\end{aligned} \tag{3-9}$$

因为 $\ell(\boldsymbol{y})$ 是 β 的函数，与 γ 无关，因此，对于 γ 邻域内的 β，

$$\min_{\gamma}-\ell(\gamma)\approx\min_{\gamma}\frac{1}{2}(\mathbf{Z}\gamma-\boldsymbol{y})^{\top}\mathbf{H}(\mathbf{Z}\gamma-\boldsymbol{y}) \tag{3-10}$$

用 $\mathbf{H}$ 的对角部分 $\mathrm{diag}\{h(\boldsymbol{\eta})_i,\ i=1,\ \cdots,\ n\}$ 来替代 $\mathbf{H}$（参见 Tibshirani，1997），通过简单地推导得到 $u(\boldsymbol{\eta})_i$ 和 $h(\boldsymbol{\eta})_i$ 的表达式：

$$u(\boldsymbol{\eta})_i=I(\delta_i\iota_i=1)-\sum_{k\in E_i}I(\delta_k\iota_k=1)\frac{w_i(X_k)e^{\eta_i}}{\sum_{j\in R_k}w_j(X_k)e^{\eta_j}}$$

$$h(\boldsymbol{\eta})_i=\sum_{k\in E_i}I(\delta_k\iota_k=1)\left[\frac{w_i(X_k)e^{\eta_i}}{\sum_{j\in R_k}w_j(X_k)e^{\eta_j}}-\frac{(w_i(X_k)e^{\eta_i})^2}{(\sum_{j\in R_k}w_j(X_k)e^{\eta_j})^2}\right]$$

其中 E_i 为集合 $\{k:(\delta_i\iota_i\in\{2,\ \cdots,\ K\})\cup((X_k\leqslant X_i)\cap(\delta_i\iota_i\notin\{2,\ \cdots,\ K\}))\}$。

那么由式(3-10)，在第一步特征筛选得到 $\hat{\mathcal{I}}$ 后，求解式(3-5)的最大化可以近似等价于求解如下惩罚近似负对数部分似然的最小化问题：

$$\min_{\gamma_{\hat{\mathcal{I}}}}\frac{1}{n}\sum_{i=1}^{n}h(\boldsymbol{\eta}_{\hat{\mathcal{I}}})_i(y_{\hat{\mathcal{I}},i}-\mathbf{Z}_{\hat{\mathcal{I}},i}^{\top}\gamma_{\hat{\mathcal{I}}})^2+\sum_{m\in\hat{\mathcal{I}}}p_{\lambda}(\gamma_m) \tag{3-11}$$

其中 $\mathbf{Z}_{\hat{\mathcal{I}},i}$ 表示 $\mathbf{Z}_i$ 中列指标位于 $\hat{\mathcal{I}}$ 中的子向量，$\gamma_{\hat{\mathcal{I}}}$ 表示分量指标在 $\hat{\mathcal{I}}$ 中的系数向量，$p_{\lambda}(\cdot)$ 表示某个惩罚函数，如 LASSO、Adaptive LASSO、SCAD 或 MCP 等，其他记号如下：

$$\mathbf{Z}_{\hat{\mathcal{I}}}^{\top}=(\mathbf{Z}_{\hat{\mathcal{I}},1},\ \cdots,\ \mathbf{Z}_{\hat{\mathcal{I}},n})$$

$$\boldsymbol{\eta}_{\hat{\mathcal{I}}}=Z_{\hat{\mathcal{I}}}\boldsymbol{\beta}_{\hat{\mathcal{I}}}$$

$$u_{\hat{\mathcal{I}},i}=I(\delta_i\iota_i=1)-\sum_{k\in E_i}I(\delta_k\iota_k=1)\frac{w_i(X_k)e^{\eta_{\hat{\mathcal{I}},i}}}{\sum_{j\in R_k}w_j(X_k)e^{\eta_{\hat{\mathcal{I}},i}}}$$

$$h(\boldsymbol{\eta}_{\hat{\mathcal{I}}})_i=\sum_{k\in E_i}I(\delta_i\iota_i=1)\left[\frac{w_i(X_k)e^{\eta_{\hat{\mathcal{I}},i}}}{\sum_{j\in R_k}w_j(X_k)e^{\eta_{\hat{\mathcal{I}},j}}}-\frac{(w_i(X_k)e^{\eta_{\hat{\mathcal{I}},i}})^2}{(\sum_{j\in R_k}w_j(X_k)e^{\eta_{\hat{\mathcal{I}},j}})^2}\right]$$

$$\boldsymbol{y}_{\hat{\mathcal{I}}}=\boldsymbol{\eta}_{\hat{\mathcal{I}}}+\mathbf{D}_{\hat{\mathcal{I}}}^{-1}\mathbf{u}_{\hat{\mathcal{I}}}$$

其中 $\boldsymbol{u}_{\hat{\mathcal{I}}}=(u_{\hat{\mathcal{I}},1},\ \cdots,\ u_{\hat{\mathcal{I}},n})^{\top}$，$\mathbf{D}_{\hat{\mathcal{I}}}=\mathrm{diag}(h(\boldsymbol{\eta}_{\hat{\mathcal{I}}})_1,\ \cdots,\ h(\boldsymbol{\eta}_{\hat{\mathcal{I}}})_n)$。

最后，得到稀疏回归系数 β_0 的估计 $\widehat{\beta}$ 的迭代算法如下：

对于合适的调节参数 $\boldsymbol{\lambda}$，

(1)将初始值设定为 $\widehat{\boldsymbol{\beta}}_{\mathcal{I}}^{(0)}=0$。

(2)基于 $\widehat{\boldsymbol{\beta}}_{\mathcal{I}}^{(l)}$，$l=0,\ 1,\ \cdots$，计算 $\boldsymbol{\eta}_{\mathcal{I}}^{(l)}$，$\mathrm{u}_{\mathcal{I}}^{(l)}$，$\mathbf{D}_{\mathcal{I}}^{(l)}$，$y_{\mathcal{I}}^{(l)}$。

(3)使用坐标下降算法最小化函数(3-11)，得到更新后的 $\widehat{\boldsymbol{\beta}}_{\mathcal{I}}^{(l+1)}$。

(4)令 $l=l+1$，重复(2)和(3)步直到收敛。

最终得到系数估计$\widehat{\beta}_{\mathcal{I}}$，以及 S 的估计 $\widehat{S}$，表示$\widehat{\beta}_{\mathcal{I}}$的非零分量的指标集。

第三节　渐近性质

在我们引入比例子分布风险模型渐近性质的正则性条件之前，首先做一些记号。本节所用大多数记号改编于 Andersen 和 Gill(1982)、Fine 和 Gray(1999)，前者对 Cox 模型引入计数过程，并建立了部分似然估计的相合性和渐近正态性；后者对竞争风险的子分布提出了半参数比例风险模型。记：

$$N_i(t)=I(T_i\leqslant t,\ \iota_i=1),\ Y_i(t)=1-N_i(t-),\ R_i(t)=r_i(t)Y_i(t)$$

其中，$r_i(t)=I(C_i\geqslant T_i\wedge t)$，或者表示成：

$$R_i(t)=\{I[(C_i\wedge T_i)\geqslant t]\cup[(T_j\leqslant t)\cap(\iota_i\neq 1)\cap(C_i\geqslant t)]\}$$

通过简单的计算，可以推出这两个记号是等价的，都表明个体 i 是否处于风险集中。结合 IPCW 中给出的权重，重新定义$\widetilde{R}_i(t)=w_i(t)Y_i(t)$，其中 $w_i(t)=r_i(t)\widehat{G}(t)\widehat{G}(X_i\wedge t)$为与时间相依的权重。$\widetilde{R}_i(t)$衡量了个体 i 在 t 时刻处在原因 1 的风险的大小。假设不会在同一时间出现两个 $N_i(t)$，即在时刻 t，$N_i(t)$要么为 0，要么为 1。为简单起见，我们处理有限的时间区间$[0,\ \tau]$。在比例子分布风险模型中，局部鞅或预测过程等随机过程的一些性质，和样本空间$(\Omega,\ \mathcal{F},\ \mathcal{P})$的子 σ-代数$(\mathcal{F}(t):\ t\in[0,\ \tau])$关系密切，其中，子 σ-代数$(\mathcal{F}(t):\ t\in[0,\ \tau])$为一个右连续非降族，也被称为滤波。在这一节性质的证明中，定义 $\Lambda_{10}(t)=\int_0^t\lambda_{10}(u)\,\mathrm{d}u$。

式(3-3)用计数过程进行表达为：

$$U_2(\beta)=\sum_{i=1}^n\int_0^\infty\left\{\mathbf{Z}_i(u)-\frac{\sum_j w_j(u)Y_j(u)Z_j(u)\exp\{\mathbf{Z}_j^\top(u)\beta\}}{\sum_j w_j(u)Y_j(u)\exp\{\mathbf{Z}_j^\top(u)\beta\}}\right\}w_i(u)\,\mathrm{d}M_i^1(u,\ \beta) \tag{3-12}$$

其中：

$$M_i^1(t,\ \beta)=N_i(t)-\int_0^t Y_i(u)\lambda_{10}(u)\exp\{\mathbf{Z}_i^\top\beta\}\,\mathrm{d}u \tag{3-13}$$

对于完全数据的滤波$\mathcal{F}^1$而言是鞅，但针对自然的滤波却并不是鞅；这里$\mathcal{F}^1$是一列右连续的非降子 σ 代数 $\sigma\{N_i(u),\ Y_i(u)\mathbf{Z}_i(u),\ u\leqslant t,\ i=1,\ 2,\ \cdots,\ n\}$。在

证明过程中，我们引入 Fine 和 Gray(1999)中完全删失的情况下，比例子分布风险模型的对数部分似然和估计函数的性质。这里我们将完全删失下比例子分布风险模型的对数部分似然记为：

$$\ell_{1*}(\beta)=\frac{1}{n}\sum_{i=1}^{n}\int_{0}^{\infty}\left\{\mathbf{Z}_i^{\top}(u)\beta-\frac{\sum_j Y_j^*(u)\mathbf{Z}_j(u)\exp[\mathbf{Z}_j^{\top}(u)\beta]}{\sum_j Y_j^*(u)\exp[\mathbf{Z}_j^{\top}(u)\beta]}\right\}\mathrm{d}N_i(u) \tag{3-14}$$

将对数部分似然对 β 进行求导可以得到具有鞅形式的估计函数，

$$U_{1*}(\beta)=\sum_{i=1}^{n}\int_{0}^{\infty}\left\{\mathbf{Z}_i(u)-\frac{\sum_j Y_j^*(u)\mathbf{Z}_j(u)\exp[\mathbf{Z}_j^{\top}(u)\beta]}{\sum_j Y_j^*(u)\exp[\mathbf{Z}_j^{\top}(u)\beta]}\right\}\mathrm{d}M_i^{1*}(u,\ \beta) \tag{3-15}$$

其中：

$$Y_i^*(t)=I(C_i\geqslant t)\{1-N_i(t-)\} \tag{3-16}$$

且

$$M_i^{1*}(t,\ \beta)=\int_0^t I(C_i\geqslant u)\mathrm{d}N_i(u)-\int_0^t Y_i^*(u)\lambda_{10}(u)\exp[\mathbf{Z}_i^{\top}(u)\beta]\mathrm{d}u \tag{3-17}$$

相对于完全删失滤波 $\mathcal{F}^{1*}(t)$ 是满足鞅的定义的，这里 $\mathcal{F}^{1*}(t)$ 表示一列递增的 σ 代数，

$$\sigma\{I(C_i\geqslant u),\ I(C_i\geqslant u)N_i(u),\ Y_i^*(u),\ Y_i^*(u)\mathbf{Z}_i(u),\ u\leqslant t,\ i=1,\ 2,\ \cdots,\ n\}$$

参照 Fine 和 Gray(1999)中的记号，对于 $k=0,\ 1,\ 2$，记：

$$\boldsymbol{S}_1^{(k)}(\beta,\ t)=\frac{1}{n}\sum_{i=1}^{n}Y_i(t)\mathbf{Z}_i(t)^{\otimes k}\exp[\mathbf{Z}_i^{\top}(t)\beta]$$

$$\boldsymbol{s}^{(k)}(\beta,\ t)=\lim_{n\to\infty}\frac{1}{n}\sum_{i=1}^{n}Y_i(t)\mathbf{Z}_i(t)^{\otimes k}\exp[\mathbf{Z}_i^{\top}(t)\beta]$$

$$\boldsymbol{a}^{(k)}(\beta,\ t)=\mathrm{E}[\boldsymbol{S}_1^{(k)}(\beta,\ t)]$$

$$\widehat{\boldsymbol{S}}_2^{(k)}(\beta,\ t)=\frac{1}{n}\sum_{i=1}^{n}w_i(t)Y_i(t)\mathbf{Z}_i(t)^{\otimes k}\exp[\mathbf{Z}_i^{\top}(t)\beta]$$

且

$$\boldsymbol{E}(\beta,\ t)=\frac{\boldsymbol{S}_1^{(1)}(\beta,\ t)}{\boldsymbol{S}_1^{(0)}(\beta,\ t)},\qquad \mathbf{V}(\beta,\ t)=\frac{\boldsymbol{S}_1^{(2)}(\beta,\ t)}{\boldsymbol{S}_1^{(0)}(\beta,\ t)}-\boldsymbol{E}(\beta,\ t)^{\otimes 2} \tag{3-18}$$

其中 $\mathbf{Z}_i^{\otimes 0}=1$，$\mathbf{Z}_i^{\otimes 1}=\mathbf{Z}_i$，$\mathbf{Z}_i^{\otimes 2}=\mathbf{Z}_i\mathbf{Z}_i^{\top}$。注意到，$\boldsymbol{S}_1^{(0)}(\beta,\ t)$ 是一个标量，$\boldsymbol{S}_1^{(1)}(\beta,\ t)$

和 $\boldsymbol{E}(\beta, t)$ 为 p-维向量，$\boldsymbol{S}_1^{(2)}(\beta, t)$ 和 $\boldsymbol{V}(\beta, t)$ 为 $p\times p$ 矩阵。

将观测的失效时间进行排序，记为 $t_1<\cdots<t_N$。定义：

$$Q_j=\sum_{i=1}^{n}\int_0^{t_j}\left\{\mathbf{Z}_i(u)-\frac{\sum_j Y_j^*\mathbf{Z}_j(u)\exp[\mathbf{Z}_j^{\top}(u)\beta]}{\sum_j Y_j^*(u)\exp[\mathbf{Z}_j^{\top}\beta]}\right\}\times \mathrm{d}M_i^{1*}(u, \beta)$$

$$=\sum_{i=1}^{n}\int_0^{t_j}\left[\mathbf{Z}_i-\frac{\sum_{i\in R_j}\mathbf{Z}_i\exp[\mathbf{Z}_i^{\top}\beta]}{\sum_{i\in R_j}\exp[\mathbf{Z}_i^{\top}\beta]}\right]\mathrm{d}M_i^{1*}$$

这里，$\mathrm{E}[Q_j\mid\mathcal{F}_{j-1}^{1*}]=Q_{j-1}$，即 $\mathrm{E}[Q_j-Q_{j-1}\mid\mathcal{F}_{j-1}^{1*}]=0$，其中 $\mathcal{F}_{j-1}^{1*}=\mathcal{F}^{1*}(t_{j-1})$。令 $b_j=Q_j-Q_{j-1}$，那么 $\{b_j\}_{j=1,2,\dots}$ 是在 $(\boldsymbol{\Omega}, \mathcal{F}^{1*}, \mathcal{P})$ 上的一列有界鞅的差分，也就是说，对于 $j=1, 2, \cdots$，b_j 几乎确定（a. s.）有界，且 $E[\mathrm{b_j}\mid\mathcal{F}_{j-1}^{1*}]=0$。这一结论可以由下局部有界预测过程：

$$\mathbf{H}_i^*(u)=\mathbf{Z}_i(u)\frac{\sum_j Y_j^*(u)\mathbf{Z}_j(u)\exp[\mathbf{Z}_j^{\top}(u)\beta_0]}{\sum_j Y_j^*(u)\exp[\mathbf{Z}_j^{\top}(u)\beta_0]}\tag{3-19}$$

和引理 3.1 得证。

引理 3.1 令 N 为计数过程，假设对于任何 t，$\mathrm{E}N(t)<\infty$。设 $\{\mathcal{F}_t: t\geqslant 0\}$ 为一个右连续的滤波，使

（1）$M=N-A$ 为一个 $\mathcal{F}_t$-鞅，其中 $A=\{A(t): t\geqslant 0\}$ 是一个递增的 $\mathcal{F}_t$-预测过程，满足 $A(0)=0$；

（2）H 为有界的 $\mathcal{F}_t$-预测过程。

那么以下给定的过程 L

$$L(t)=\int_0^t H(u)\mathrm{d}M(u)\tag{3-20}$$

是一个 $\mathcal{F}_t$-鞅。

接下来我们罗列一些在定理证明中必要的正则条件。

（D1）（有界区间）$\Lambda_{10}(\tau)=\int_0^{\tau}\lambda_{10}(t)\mathrm{d}t<\infty$。

（D2）（渐近稳定性）存在 β_0 的紧邻域 $\mathcal{B}$ 以及在 $\mathcal{B}\times[0, \tau]$ 上定义的标量 $a^{(0)}$，向量 $a^{(1)}$ 和矩阵 $a^{(2)}$，使对 $k=0, 1, 2$

$$\sup_{t\in[0,\tau],\beta\in\mathcal{B}}\|\boldsymbol{S}_1^{(k)}(\beta, t)-s^{(k)}(\beta, t)\|\xrightarrow{p}0$$

（D3）（Linderberg 条件）存在 $\delta>0$ 使

$$n^{-1/2}\sup_{i,t}|\mathbf{Z}_i|R_i(t)I[\mathbf{Z}_i^{\top}\beta_0>-\delta|\mathbf{Z}_i|]\xrightarrow{p}0$$

（D4）（渐近正则条件）令$\mathcal{B}$、$\boldsymbol{a}^{(0)}$、$\boldsymbol{a}^{(1)}$、$\boldsymbol{a}^{(2)}$如条件（D2）中所定义，并且定义$\boldsymbol{e}=\boldsymbol{a}^{(1)}/\boldsymbol{a}^{(0)}$且$\boldsymbol{v}=\boldsymbol{a}^{(2)}/\boldsymbol{a}^{(0)}-\boldsymbol{e}^{\otimes 2}$。对于所有的$\beta\in\mathcal{B}$，$t\in[0, \tau]$；

$$\boldsymbol{a}^{(1)}(\beta, t)=\frac{\partial\boldsymbol{a}^{(0)}(\beta, t)}{\partial\beta}, \quad \boldsymbol{a}^{(2)}(\beta, t)=\frac{\partial^2 a^{(0)}(\beta, t)}{\partial\beta\partial\beta^{\top}}$$

其中$\boldsymbol{a}^{(0)}(\cdot, t)$，$\boldsymbol{a}^{(1)}(\cdot, t)$和$\boldsymbol{a}^{(2)}(\cdot, t)$为$\beta\in\mathcal{B}$在$t\in[0, \tau]$上的一致连续函数，且$\boldsymbol{a}^{(0)}$，$\boldsymbol{a}^{(1)}$，$\boldsymbol{a}^{(2)}$在$\mathcal{B}\times[0, \tau]$上有界；$\boldsymbol{a}^{(0)}$在$\mathcal{B}\times[0, \tau]$上有界不为零，矩阵：

$$\mathbf{A}=\int_0^{\tau}\mathrm{v}(\beta_0, t)\boldsymbol{a}^{(0)}(\beta_0, t)\boldsymbol{\lambda}_{10}(t)\mathrm{d}t$$

为正定的。

（D5）函数$\boldsymbol{S}_1^{(0)}(\beta_0, t)$和$\boldsymbol{a}^{(0)}(\beta_0, t)$在$[0, \tau]$上有界不为零。

（D6）存在常数C_1，$C_2>0$，使$\max_{ij}|Z_{ij}|<C_1$以及$\max_i|\boldsymbol{Z}_i^{\top}\beta_0|<C_2$。

（D7）$\{b_j\}$为一列鞅差，存在非负常数$c_j>0$使对于每个实数t，

$$\mathrm{E}[\exp(tb_j)\mid F_{j-1}^{1*}]\leqslant\exp\left(\frac{c_j^2t^2}{2}\right)\quad a.s.\quad j=1, 2, \cdots, N$$

对于每个j，记这些c_j的最小值为$\eta(b_j)$。

$$|b_j|\leqslant K_j\quad a.s.\quad 对于\quad j=1, \cdots, N$$

且对于$b_{j1}<\cdots<b_{jk}$；$k=1, 2, \cdots$，$\mathrm{E}[b_{j1}, \cdots, b_{jk}]=0$。

注意到，有关$\boldsymbol{a}^{(0)}$、$\boldsymbol{a}^{(1)}$、$\boldsymbol{a}^{(2)}$的偏导数条件可以通过$\boldsymbol{S}_1^{(0)}$、$\boldsymbol{S}_1^{(1)}$、$\boldsymbol{S}_1^{(2)}$满足；且$\mathbf{A}$自动满足半正定的性质。此外，条件中的区间$[0, \tau]$也可以被集合$\{t: \boldsymbol{\lambda}_{10}(t)>0\}$所代替。

条件（D1）～（D5）是比例风险模型的一般正则条件（例如，参见 Andersen 和 Gill，1982），$S_1^{(k)}(\beta_0, t)$一致收敛到$a^{(k)}(\beta_0, t)$。条件（D6）是一般经验过程在应用集中不等式时的常用正则条件。例如，Huang 等（2013）在讨论比例风险模型的 LASSO 估计时使用了有界协变量假定。在稀疏性的假定之下，真实参数β_0的非零个数有界且较小，这一条件也是合理的，条件（D7）对于推导对数部分似然的得分函数$\ell'(\beta)$的渐近性质时是不可或缺的，因为在随机删失的竞争风险模型下，得分函数不能表示成一列独立随机向量的和，但是它可以表示为一列鞅的差分序列的和；事实上，这是通过$U_{1*}(\beta)$对$\ell'(\beta)$的收敛性得到的一个渐近的结论。

类似 Yang 等（2016），定理 3.1 证明了本章对于竞争风险模型的特征筛选算法的收敛性。

定理 3.1 假设条件(D1)~(D4)成立。记：

$$\rho^{(l)}=\sup_{\tilde{\beta}}\{\lambda_{\max}[\mathbf{W}^{-1/2}(\beta^{(l)})][-\ell''(\tilde{\beta})][\mathbf{W}^{-1/2}(\beta^{(l)})]\}$$

其中 $\lambda_{\max}(\mathbf{A})$ 表示矩阵 $\mathbf{A}$ 的最大特征值。如果 $\alpha_l\geqslant\rho^{(l)}$，那么：

$$\ell(\beta^{(l+1)})\geqslant\ell(\beta^{(l)})$$

其中 $\beta^{(l)}$ 的定义如特征筛选算法中的第 2b 步。

这个定理说明选择合适的 α_l 可以保证算法的上升性质，并提供了在实践中关于如何选择 α_l 的一些参考。

证明：将 $\ell(\gamma)$ 在 $\gamma=\beta$ 处进行泰勒展开，有：

$$\ell(\gamma)=\ell(\beta)+\ell'(\beta)(\gamma-\beta)+\frac{1}{2}(\gamma-\beta)^{\top}\ell''(\tilde{\beta})(\gamma-\beta)$$

其中 $\tilde{\beta}$ 落在 γ 和 β 之间，因为：

$$\begin{aligned}(\gamma-\beta)^{\top}[-\ell''(\tilde{\beta})](\gamma-\beta)&=\mathrm{tr}\{(\gamma-\beta)^{\top}[-\ell''(\tilde{\beta})](\gamma-\beta)\}\\&=(\gamma-\beta)^{\top}\mathbf{W}^{1/2}\mathbf{W}^{-1/2}[-\ell''(\tilde{\beta})]\mathbf{W}^{-1/2}\mathbf{W}^{1/2}(\gamma-\beta)\\&\leqslant\mathrm{tr}[(\gamma-\beta)^{\top}\mathbf{W}^{1/2}\lambda_{\max}\{\mathbf{W}^{-1/2}[-\ell''(\tilde{\beta})]\mathbf{W}^{-1/2}\mathbf{I}_p\mathbf{W}^{1/2}(\gamma-\beta)\}\\&=(\gamma-\beta)^{\top}\mathbf{W}(\gamma-\beta)\lambda_{\max}\{\mathbf{W}^{-1/2}[-\ell''(\tilde{\beta})]\mathbf{W}^{-1/2}\}\end{aligned}$$

其中 $\mathbf{I}_p$ 为 $p\times p$ 阶的单位矩阵。

所以，如果 $\alpha>\lambda_{\max}\{\mathbf{W}^{-1/2}[-\ell''(\tilde{\beta})]\mathbf{W}^{-1/2}\}\geqslant0$，由于 $-\ell''(\tilde{\beta})$ 为非负定的，那么：

$$\ell(\gamma)\geqslant\ell(\beta)+\ell'(\beta)(\gamma-\beta)-\frac{\alpha}{2}(\gamma-\beta)^{\top}W(\gamma-\beta)$$

因此有 $\ell(\gamma)\geqslant g(\gamma\mid\beta)$，并且由 $g(\gamma,\beta)$ 的定义可得 $\ell(\beta)=g(\beta\mid\beta)$。如果记：

$$\beta_*^{(l+1)}=\arg\max_{\gamma}g(\gamma\mid\beta^{(l)})$$

对于 $\|\gamma\|_0\leqslant q$，在定理 3.1 的条件下，有：

$$\ell(\beta_*^{(l+1)})\geqslant g(\beta_*^{(l+1)}\mid\beta^{(l)})\geqslant g(\beta^{(l)}\mid\beta^{(l)})=\ell(\beta^{(l)})$$

第二个不等式可以从 $\beta_*^{(l+1)}$ 的定义以及 $\|\beta_*^{(l+1)}\|_0=\|\beta^{(l)}\|_0=q$ 得到。同时，由 $\beta^{(l+1)}$ 的定义，$\|\beta^{(l+1)}\|_0=q$ 以及：

$$\ell(\beta^{(l+1)})\geqslant\ell(\beta_*^{(l+1)})\geqslant\ell(\beta^{(l)})$$

定理 3.1 得证。

另一个需要注意的性质是 Fan 和 Lv(2008)中的确定筛选性质。在详细介绍之前，我们重新做一些记号和说明。用$\mathcal{I}$表示$\{1, \cdots, p\}$的任意子集，对应了协变量为$Z_i=\{Z_j, j\in\mathcal{I}\}$的子模型和相应的系数$\boldsymbol{\beta}_{\mathcal{I}}=\{\beta_j, j\in\mathcal{I}\}$。令$|\mathcal{I}|$表示模型$\mathcal{I}$的大小。重述真正的模型$S=\{j: \beta_{0j}\neq 0, 1\leqslant j\leqslant p_n\}$，其中$|S|=\|\boldsymbol{\beta}_0\|_0=s$，$p_n\gg n$为协变量的维度。那么特征筛选的目的就是得到一个子集$\widehat{\mathcal{I}}$使以一个很高的概率，$S\subset\widehat{\mathcal{I}}$，表述为确定筛选性质：

$$\mathrm{P}(S\subset\widehat{\mathcal{I}})\rightarrow 1, \text{当 } n\rightarrow\infty \text{ 时},$$

假定变量选择方法选出了p个特征中的q个特征，使$|S|=s<q$。那么定义

$$\mathcal{I}_+^q=\{\mathcal{I}: S\subset\mathcal{I}; |\mathcal{I}|\leqslant q\}$$

$$\mathcal{I}_-^q=\{\mathcal{I}: S\not\subset\mathcal{I}; |\mathcal{I}|\leqslant q\}$$

分别为过拟合模型和欠拟合模型的集合，其中$|\mathcal{I}|$表示指标集$\mathcal{I}$的大小。在条件(C1)～(C3)等假设条件下，我们对$\widehat{\boldsymbol{\beta}}_q$的渐近性质进行讨论，其中$p$，$q$和$\boldsymbol{\beta}_0$也可以依赖于样本量$n$。

(C1)存在w_1，$w_2>0$及某些非负常数τ_1，τ_2使$\tau_1+\tau_2<1/2$且：

$$\min_{j\in S}|\beta_{0j}|\geqslant w_1 n^{-\tau_1} \quad \text{及} \quad s<q\leqslant w_2 n^{\tau_2}$$

(C2)对于某个$0\leqslant\kappa<1-2(\tau_1+\tau_2)$，$\log p=O(n^{\kappa})$。

(C3)存在常数$c_1>0$，$\delta_1>0$，使对于足够大的n，

$$\lambda_{\min}[-n^{-1}\ell''(\boldsymbol{\beta}_{\mathcal{I}})]\geqslant c_1$$

其中$\boldsymbol{\beta}_{\mathcal{I}}\in\{\boldsymbol{\beta}: \|\boldsymbol{\beta}_{\mathcal{I}}-\boldsymbol{\beta}_{0\mathcal{I}}\|_2\leqslant\delta_1\}$，$\mathcal{I}\in\mathcal{I}_+^{2q}$，$\lambda_{\min}[A]$表示矩阵$A$的最小特征值。

条件(C1)说明了满足所提方法的确定筛选性质的一些要求，第一个是$\boldsymbol{\beta}_0$的稀疏性，这使我们可以用$|\widehat{\mathcal{I}}|=q>s$来进行确定筛选。此外，它要求$\boldsymbol{\beta}_0$中的最小分量不会下降太快，因此我们可以从渐近的序列中将显著的变量检测出来。同时，(C3)的约束确保了对于$|\mathcal{I}|\leqslant q$，$S\subset\mathcal{I}$的可识别性。条件(C2)假定p最多以一个指数的速率随n发散；同时，它表明协变量的数量可以充分大于样本大小。我们通过以下定理得到近似对数部分似然估计的确定筛选属性。

定理 3.2 假设条件(C1)～(C3)和条件(D1)～(D7)成立。令$\widehat{\mathcal{I}}$为通过式(3-4)得到的大小为q的模型。则有：

$$\mathrm{P}[S\subset\widehat{\mathcal{I}}]\rightarrow 1, \quad \text{当} \quad n\rightarrow\infty \text{ 时。}$$

确定筛选性质是筛选方法的一个吸引人的属性，因为它确保通过筛选过程选择的模型中保留了真正有效的预测变量。

证明：令$\widehat{\boldsymbol{\beta}}_{\mathcal{I}}$为部分似然$\ell(\boldsymbol{\beta})$基于子模型$\mathcal{I}$的$\boldsymbol{\beta}_{\mathcal{I}}$的极大部分似然估计。要证定理 3.2，只要证明

$$\mathrm{P}[\widehat{\mathcal{I}}\in\mathcal{I}_{+}^{q}]\to 1$$

而这只需要证明随着 $n\to\infty$，

$$\mathrm{P}[\max_{\mathcal{I}\in\mathcal{I}_{-}^{q}}\ell(\widehat{\beta}_{\mathcal{I}})\geqslant\min_{\mathcal{I}\in\mathcal{I}_{+}^{q}}\ell(\widehat{\beta}_{\mathcal{I}})]\to 0$$

对于任意$\mathcal{I}\in\mathcal{I}_{-}^{q}$，定义$\mathcal{I}'=\mathcal{I}\cup S\in\mathcal{I}_{+}^{2q}$。在条件(C1)下，将$\beta_0$增广到$\beta_{0,\mathcal{I}'}$，用0增补$\mathcal{I}'/S$的分量，我们考虑$\beta_{0,\mathcal{I}'}$附近，对于某个$w_1$，$\tau_1>0$，满足$\|\beta_{\mathcal{I}'}-\beta_{0,\mathcal{I}'}\|=w_1n^{-\tau_1}$的$\beta_{\mathcal{I}}$。那么，当$n$足够大时，$\beta_{\mathcal{I}'}$就落在了$\beta_{0,\mathcal{I}'}$的一个小邻域中，从而可以应用条件(C3)，由条件(C3)可得到

$$\begin{aligned}\ell(\beta_{\mathcal{I}'})-\ell(\beta_{0,\mathcal{I}'})&=[\beta_{\mathcal{I}'}-\beta_{0,\mathcal{I}'}]^{\top}\ell'(\beta_{0,\mathcal{I}'})+\frac{1}{2}[\beta_{\mathcal{I}'}-\beta_{0,\mathcal{I}'}]^{\top}\ell''(\widetilde{\beta}_{\mathcal{I}'})[\beta_{\mathcal{I}'}-\beta_{0,\mathcal{I}'}]\\&\leqslant[\beta_{\mathcal{I}'}-\beta_{0,\mathcal{I}'}]^{\top}\ell'(\beta_{0,\mathcal{I}'})-\frac{n}{2}[\beta_{\mathcal{I}'}-\beta_{0,\mathcal{I}'}]^{\top}\lambda_{\min}[-n^{-1}\ell''(\widetilde{\beta}_{\mathcal{I}'})][\beta_{\mathcal{I}'}-\beta_{0,\mathcal{I}'}]\\&\leqslant[\beta_{\mathcal{I}'}-\beta_{0,\mathcal{I}'}]^{\top}\ell'(\beta_{0,\mathcal{I}'})-\frac{c_1}{2}n\|\beta_{\mathcal{I}'}-\beta_{0,\mathcal{I}'}\|_2^2\\&\leqslant w_1n^{-\tau_1}\|\ell(\beta_{0,\mathcal{I}'})\|_2-\frac{c_1}{2}w_2^2n^{1-2\tau_1}\end{aligned}\tag{3-21}$$

其中最后一步不等式可通过 Cauchy-Schwarz 不等式得到，$\widetilde{\beta}_{\mathcal{I}'}$为$\beta_{\mathcal{I}'}$和$\beta_{0,\mathcal{I}'}$之间的某个值，我们有

$$\begin{aligned}\mathrm{P}\{\ell(\beta_{\mathcal{I}'})-\ell(\beta_{0,\mathcal{I}'})\geqslant 0\}&\leqslant\mathrm{P}\left\{\|\ell(\beta_{0,\mathcal{I}'})\|_2-\left(\frac{c_1w_1}{2}\right)n^{1-\tau_1}\geqslant 0\right\}\\&=\mathrm{P}\left\{\|\ell(\beta_{0,\mathcal{I}'})\|_2\geqslant\left(\frac{c_1w_1}{2}\right)n^{1-\tau_1}\right\}\\&=\mathrm{P}\left\{\sum_{j\in\mathcal{I}'}[\ell_j'(\beta_{0,\mathcal{I}'})]^2\geqslant\left(\frac{c_1w_1}{2}\right)^2n^{2-2\tau_1}\right\}\end{aligned}$$

又因

$$\left\{\sum_{j\in\mathcal{I}'}[\ell_j'(\beta_{0,\mathcal{I}'})]^2\geqslant\left(\frac{c_1w_1}{2}\right)^2n^{2-2\tau_1}\right\}\subset\bigcup_{j\in\mathcal{I}'}\left\{[\ell_j'(\beta_{0,\mathcal{I}'})]^2\geqslant\left(\frac{c_1w_1}{2}\right)^2n^{2-2\tau_1}\right\}$$

所以有

$$\begin{aligned}\mathrm{P}\{\ell(\beta_{\mathcal{I}'})-\ell(\beta_{0,\mathcal{I}'})\geqslant 0\}&\leqslant\mathrm{P}\left\{\sum_{j\in\mathcal{I}'}[\ell_j'(\beta_{0,\mathcal{I}'})]^2\geqslant\left(\frac{c_1w_1}{2}\right)^2n^{2-2\tau_1}\right\}\\&\leqslant\mathrm{P}\left(\bigcup_{j\in\mathcal{I}'}\left\{[\ell_j'(\beta_{0,\mathcal{I}'})]^2\geqslant\left(\frac{c_1w_1}{2}\right)^2n^{2-2\tau_1}\right\}\right)\\&\leqslant\sum_{j\in\mathcal{I}'}P\left\{[\ell_j'(\beta_{0,\mathcal{I}'})]^2\geqslant(2q)^{-1}\left(\frac{c_1w_1}{2}\right)^2n^{2-2\tau_1}\right\}\end{aligned}$$

通过(C1)，我们有 $q\leqslant w_2 n^{\tau_2}$，那么与上面的推导类似，有

$$\begin{aligned}
&\mathrm{P}\left\{\ell_j'(\beta_{0,\mathcal{I}'})\geqslant(2q)^{-1/2}\left(\frac{c_1w_1}{2}\right)n^{1-\tau_1}\right\}\\
&\qquad\leqslant\mathrm{P}\left[\ell_j'(\beta_{0,\mathcal{I}'})\geqslant(2w_2n^{\tau_2})^{-1/2}\left(\frac{c_1w_1}{2}\right)n^{1-\tau_1}\right]\\
&\qquad=\mathrm{P}\left[\ell_j'(\beta_{0,\mathcal{I}'})\geqslant cn^{1-\tau_1-0.5\tau_2}\right]\\
&\qquad=\mathrm{P}\left[\ell_j'(\beta_{0,\mathcal{I}'})\geqslant ncn^{-\tau_1-0.5\tau_2}\right]
\end{aligned}\tag{3-22}$$

其中 $c=c_1w_1/(2\sqrt{2w_2})>0$ 为常数。回顾式(3-12)，我们已经知道 $\ell(\beta)$ 的梯度为 $\ell'(\beta):=U_2(\beta)$，且

$$\begin{aligned}
U_2(\beta)&=\sum_{i=1}^{n}\int_0^\infty\left[\mathbf{Z}_i-\frac{\sum_j w_j(s)Y_j(s)\mathbf{Z}_j\exp(\mathbf{Z}_j^\top\beta)}{\sum_j w_j(s)Y_j(s)\exp(\mathbf{Z}_j^\top\beta)}\right]w_i(s)\,\mathrm{d}N_i(s)\\
&=\sum_{i=1}^{n}\int_0^\infty\left[\mathbf{Z}_i(u)-\frac{\sum_j w_j(u)Y_j(u)\mathbf{Z}_j\exp(\mathbf{Z}_j^\top\beta)}{\sum_j w_j(u)Y_j(u)\exp(\mathbf{Z}_j^\top\beta)}\right]w_i(u)\,\mathrm{d}M_i^1(u,\ \beta)\\
&=\sum_{i=1}^{n}\int_0^\infty\left[\mathbf{Z}_i-\frac{\widehat{\mathbf{S}}_2^{(1)}(\beta,\ u)}{\widehat{\mathbf{S}}_2^{(0)}(\beta,\ u)}\right]w_i(u)\,\mathrm{d}M_i^1(u,\ \beta)
\end{aligned}\tag{3-23}$$

由 Chebyshev 不等式，可得

$$\begin{aligned}
\mathrm{P}\{\ell_j'(\beta_{0,\mathcal{I}'})\geqslant ncn^{-\tau_1-0.5\tau_2}\}&=\mathrm{P}\{\exp[\ell_{1*j}'(\beta_{0,\mathcal{I}'})]\geqslant\exp(cn^{1-\tau_1-0.5\tau_2})\}\\
&\leqslant\frac{\mathrm{E}\exp[\ell_j'(\beta_{0,\mathcal{I}'})]}{\exp(cn^{1-\tau_1-0.5\tau_2})}
\end{aligned}$$

要证明 $\mathrm{E}\exp\ell_j'(\beta_{0,\mathcal{I}'})$ 的有界性，我们首先引入 Lehmann(1999)中的定理 2.3.6，表述为如下引理：

引理 3.2　$Y_n\xrightarrow{L}Y$ 的充分必要条件为，对于所有有界连续函数 f，有

$$\mathrm{E}f(Y_n)\to\mathrm{E}f(Y)\tag{3-24}$$

由 Fine 和 Gray(1999)可知

$$\begin{aligned}
&\frac{1}{n}[U_2(\beta)-U_{1*}(\beta)]\\
&=\frac{1}{n}\sum_{i=1}^{n}\int_0^\infty\left[\mathbf{Z}_i(u)-\frac{\mathbf{s}^{(1)}(\beta,\ u)}{\mathbf{s}^{(0)}(\beta,\ u)}\right][\widetilde{w}_i(u)-I(C_i\geqslant u)]\,\mathrm{d}M_i^1(u,\ \beta)+o_p(1)
\end{aligned}$$

连续且由一个有界函数所决定，从而对于落在 β_0 紧邻域中的 β，依概率收敛到 0，通过 Lehmann(1999)中的定理 2.3.5，已知：

$$\frac{1}{n}[U_2(\beta)-U_{1*}(\beta)]\xrightarrow{L}0$$

那么连续函数$f(x)=\exp(2x)$在紧致支撑集上有界，由此可以应用引理 3.2，得到

$$\mathrm{E}\exp\left\{\frac{1}{n}[U_2(\beta)-U_{1*}(\beta)]\right\}\to\exp(0)=1$$

可以写作

$$\mathrm{E}\exp\left\{\frac{2}{n}[U_2(\beta)-U_{1*}(\beta)]\right\}=1+o(1)$$

而由 Cauchy-Schwarz 不等式，有

$$\begin{aligned}\mathrm{E}\exp\left[\frac{1}{n}U_2(\beta)\right]&=\mathrm{E}\exp\left[\frac{1}{n}(U_2(\beta)-U_{1*}(\beta))+\frac{1}{n}U_{1*}(\beta)\right]\\&=\mathrm{E}\exp\left\{\frac{1}{n}[U_2(\beta)-U_{1*}(\beta)]\right\}\exp\left[\frac{1}{n}U_{1*}(\beta)\right]\\&\leqslant\frac{1}{2}\left(E\left\{\frac{2}{n}[U_2(\beta)-U_{1*}(\beta)]\right\}+\mathrm{E}\exp\left[\frac{2}{n}U_{1*}(\beta)\right]\right)\\&=\frac{1}{2}\left\{1+o(1)+\mathrm{E}\exp\left[\frac{2}{n}U_{1*}(\beta)\right]\right\}\end{aligned}$$

接下来考虑 $\mathrm{E}\exp\left[\frac{2}{n}U_{1*}(\beta)\right]$的收敛性，这可以利用$\left[\frac{1}{n}U_{1*}(\beta)\right]$鞅的性质。

注意到，$\mathrm{E}(Q_j\mid\mathcal{F}_{j-1}^{1*})=Q_{j-1}$对于 Q_j 的每个分量都成立，且

$$Q_N=U_{1*}(\beta)=n\ell(\beta)=\sum_{j=1}^{N}(Q_j-Q_{j-1})=\sum_{i=1}^{N}b_i$$

且鞅差满足

$$|Q_j-Q_{j-1}|\leqslant\max_{u,i}|b_i(u)|\leqslant1$$

接下来，我们用到 Azuma(1967)中的引理 1：

引理 3.3 如果$\{x_n\}$为一列随机变量，满足条件[M]，且 $K_n=1$，对于所有的 n，那么对于任何实数 t，

$$\mathrm{E}\left[\exp\left(t\sum_{k=1}^{n}b_{nk}x_k\right)\right]\leqslant\exp\left(\frac{t^2}{2}\sum_{k=1}^{n}b_{nk}^2\right)$$

其中$\{b_{nk},\ k=1,\ 2,\ \cdots,\ n;\ n=1,\ 2,\ \cdots\}$为一列实数，条件[M]如下：

$$|x_n|\leqslant K_n\quad a.s.,\qquad n=1,\ 2,\ \cdots$$

且 $\mathrm{E}\{x_{i_1}x_{i_2}\cdots x_{i_k}\}=0$，对于 $i_1<i_2<\cdots<i_k$；$k=1,\ 2,\ \cdots$

那么，由条件(D7)，可以得到

$$\mathrm{E}\exp\left[\frac{2}{n}U_{1*}(\beta)\right]=\mathrm{E}\exp\left[\frac{2}{n}Q_N\right]=\mathrm{E}\exp\left[\frac{2}{n}\sum_{i=1}^{n}b_j\right]$$

$$\leqslant \exp\left[\frac{1}{2}\left(\frac{2}{n}\right)^2\sum_{k=1}^{N}1^2\right]=\exp(2N/n^2)$$

而 $2N/n^2\to 0$，由此

$$\exp(2N/n^2)=O(1)$$

则有

$$\mathrm{E}\exp\left[\frac{1}{n}U_2(\beta)\right]=\frac{1}{2}\left\{1+o(1)+\mathrm{E}\exp\left[\frac{2}{n}U_{1*}(\beta)\right]\right\}=O(1),$$

此外，由 Fine 和 Gray(1999)中完全删失情况下似然和得分函数的渐近性质可知，$\frac{1}{n}U_{1*}(\beta)$ 连续，且在 β_0 的紧致邻域中，依概率收敛到某个有界确定的 β 的函数，从而

$$\mathrm{E}\exp\left[\frac{1}{n}U_{1*}(\beta)\right]=O(1)$$

那么存在常数 $c'>0$，使对于足够大的 n，有

$$\mathrm{E}\exp\left[\frac{1}{n}U_2(\beta)\right]\leqslant \exp(c')$$

故而

$$\begin{aligned}
\mathrm{P}[\ell_j'(\beta_{0,\mathcal{I}'})\geqslant ncn^{-\tau_1-0.5\tau_2}] &\leqslant \frac{\mathrm{E}\exp[\ell_j'(\beta_{0,\mathcal{I}'})]}{\exp(cn^{1-\tau_1-0.5\tau_2})}\\
&=O(1)\exp(-cn^{1-\tau_1-0.5\tau_2})\\
&\leqslant c'\exp(-n^{1-\tau_1-0.5\tau_2})
\end{aligned}$$

其中 $c'>0$ 为常数。

而

$$\begin{aligned}
\mathrm{P}[\ell_j'(\beta_{0,\mathcal{I}'})\leqslant -ncn^{-\tau_1-0.5\tau_2}] &=\mathrm{P}[-\ell_j'(\beta_{0,\mathcal{I}'})\geqslant ncn^{-\tau_1-0.5\tau_2}]\\
&\leqslant \frac{\mathrm{E}\exp[-\ell_j'(\beta_{0,\mathcal{I}'})]}{\exp(cn^{1-\tau_1-0.5\tau_2})}
\end{aligned}$$

其中

$$\begin{aligned}
\mathrm{E}\exp[-\ell_j'(\beta_{0,\mathcal{I}'})] &=\mathrm{E}\exp\left[-\frac{1}{n}U_2(\beta)\right]\\
&=\mathrm{E}\exp\left\{\frac{1}{n}[U_{1*}(\beta)-U_2(\beta)]+\left[-\frac{1}{n}U_{1*}(\beta)\right]\right\}\\
&\leqslant \mathrm{E}\exp\left\{\frac{2}{n}[U_{1*}(\beta)-U_2(\beta)]\right\}+\mathrm{E}\exp\left[-\frac{2}{n}U_{1*}(\beta)\right]
\end{aligned}$$

容易看到，

$$\mathrm{E}\exp\left\{\frac{2}{n}[U_{1*}(\beta)-U_2(\beta)]\right\}\to 1$$

令引理 3.3 中的 $t=-\frac{1}{n}$，推出

$$\mathrm{E}\exp\left[-\frac{2}{n}U_{1*}(\beta)\right]=\mathrm{E}\exp\left[-\frac{2}{n}Q_N\right]=\mathrm{E}\exp\left[-\frac{2}{n}\sum_{i=1}^{N}b_i\right]$$
$$\leqslant\exp\left[\frac{1}{2}\left(-\frac{2}{n}\right)^2\sum_{k=1}^{N}1\right]=\exp(2N/n^2)\to 1$$

从而有

$$\mathrm{P}[\ell_j'(\beta_{0,\mathcal{I}'})\leqslant -ncn^{-\tau_1-0.5\tau_2}]\leqslant c'\exp(-n^{1-\tau_1-0.5\tau_2})\tag{3-25}$$

由于 $q\leqslant w_2n^{\tau_2}$，有

$$-(2q)^{-1/2}(c_1w_1/2)n^{1-\tau_1}\leqslant-(2w_2)^{-1/2}n^{-\tau_2}(c_1w_1/2)n^{1-\tau_1}$$
$$=-cn^{-\tau_1-0.5\tau_2}\tag{3-26}$$

$$\mathrm{P}[\ell_j'(\beta_{0,\mathcal{I}'})\leqslant -q^{-1/2}(c_1w_1/2)n^{1-\tau_1}]\leqslant\mathrm{P}[\ell_j'(\beta_{0,\mathcal{I}'})\leqslant -cn^{-\tau_1-0.5\tau_2}]$$
$$\leqslant c'\exp(-n^{1-\tau_1-0.5\tau_2})\tag{3-27}$$

结合不等式(3-25)和式(3-27)推出，

$$\mathrm{P}[\ell(\beta_{\mathcal{I}'})\geqslant\ell(\beta_{0,\mathcal{I}'})]\leqslant 4qc'\exp(-n^{1-\tau_1-0.5\tau_2})$$

结合 Bonferroni 不等式与条件(C1)和条件(C2)，我们有

$$\begin{aligned}
&\mathrm{P}[\max_{\mathcal{I}'\in\mathcal{I}_-^q}\ell(\beta_{\mathcal{I}'})\geqslant\ell(\beta_{0,\mathcal{I}'})]\\
&\leqslant\mathrm{P}[\bigcup_{\mathcal{I}\in\mathcal{I}_-^q}\ell(\beta_{\mathcal{I}'})\geqslant\ell(\beta_{0,\mathcal{I}'})]\\
&\leqslant\sum_{\mathcal{I}\in\mathcal{I}_-^q}\mathrm{P}[\ell(\beta_{\mathcal{I}'})\geqslant\ell(\beta_{0,\mathcal{I}'})]\\
&\leqslant 4c'qp^q\exp(-n^{1-\tau_1-0.5\tau_2})=4c'\exp(\log q+q\log p-n^{1-\tau_1-0.5\tau_2})\\
&\leqslant 4c'\exp(\log w_2+\tau_2\log n+w_2n^{\tau_2}\tilde{c}n^{\kappa}-n^{1-\tau_1-0.5\tau_2})\\
&=4c'w_2\exp(\tau_2\log n+w_2\tilde{c}n^{\tau_2+\kappa}-n^{1-\tau_1-0.5\tau_2})=c'a_1\exp(\tau_2\log n+a_2n^{\tau_2+\kappa}-n^{1-\tau_1-0.5\tau_2})\\
&=o(1)\quad 当\quad n\to\infty
\end{aligned}\tag{3-28}$$

对于某些正的常数 $a_1=4w_2$ 和 $a_2=w_2\tilde{c}$。最后一个等式可由

$$\kappa<1-2(\tau_1+\tau_2)<1-\tau_1-1.5\tau_2$$

推导得到。具体而言，由 L'Hopital 法则，

$$\lim_{n\to\infty}\exp(\tau_2\log n+a_2n^{\tau_2+\kappa}-n^{1-\tau_1-0.5\tau_2})$$

$$=\lim_{n\to\infty}\frac{n^{\tau_2}}{\exp(n^{1-\tau_1-0.5\tau_2}-a_2n^{\tau_2+\kappa})}$$

$$=\lim_{n\to\infty}\frac{\tau_2n^{\tau_2-1}}{\exp(n^{1-\tau_1-0.5\tau_2}-a_2n^{\tau_2+\kappa})[(1-\tau_1-0.5\tau_2)n^{-\tau_1-0.5\tau_2}-a_2(\tau_2+\kappa)n^{\tau_2+\kappa-1}]}$$

$$=\lim_{n\to\infty}\frac{\tau_2}{\exp(n^{1-\tau_1-0.5\tau_2}-a_2n^{\tau_2+\kappa})[(1-\tau_1-0.5\tau_2)n^{1-\tau_1-1.5\tau_2}-a_2(\tau_2+\kappa)n^{\kappa}]}$$

$$=\lim_{n\to\infty}\frac{\tau_2}{\exp(n^{1-\tau_1-0.5\tau_2}-a_2n^{\tau_2+\kappa})n^{\kappa}[(1-\tau_1-0.5\tau_2)n^{1-\tau_1-1.5\tau_2-\kappa}-a_2(\tau_2+\kappa)]}=0$$

由条件(C3)，$\ell(\beta_{\mathcal{I}'})$是关于$\beta_{\mathcal{I}'}$的凹函数，式(3-28)对于任何满足

$$\|\beta_{\mathcal{I}'}-\beta'_{0,\mathcal{I}}\|\geqslant w_1n^{-\tau_1}$$

的$\beta_{\mathcal{I}'}$也是成立的，原因是对于

$$\|\beta_{\mathcal{I}'}-\beta_{0,\mathcal{I}'}\|\geqslant w_1n^{-\tau_1}$$

存在$0\leqslant\alpha\leqslant1$，使

$$\|\beta_{\mathcal{I}'}-\beta_{0,\mathcal{I}'}\|=\frac{1}{1-\alpha}w_1n^{-\tau_1}$$

即

$$\|(1-\alpha)\beta_{\mathcal{I}'}+\alpha\beta_{0,\mathcal{I}'}-\beta_{0,\mathcal{I}'}\|=w_1n^{-\tau_1}\tag{3-29}$$

那么由$\ell(\cdot)$的凹性，有

$$\begin{aligned}&\mathrm{P}[\max_{\mathcal{I}\in\mathcal{I}_-^q}\ell((1-\alpha)\beta_{\mathcal{I}'}+\alpha\beta_{0,\mathcal{I}'})\geqslant\ell(\beta_{\mathcal{I}'})]\\&\leqslant\mathrm{P}[\max_{\mathcal{I}\in\mathcal{I}_-^q}(1-\alpha)\ell(\beta_{\mathcal{I}'})+\alpha\ell(\beta_{0,\mathcal{I}'})\geqslant\ell(\beta'_{0,\mathcal{I}})]\\&=\mathrm{P}[\max_{\mathcal{I}\in\mathcal{I}_-^q}\ell(\beta_{\mathcal{I}'})\geqslant\ell(\beta'_{0,\mathcal{I}})]\\&=o(1)\end{aligned}\tag{3-30}$$

对于任意$\mathcal{I}\in\mathcal{I}_-^q$，$\widehat{\beta}_{\mathcal{I}}$为极大部分似然估计，令$\breve{\beta}_{\mathcal{I}'}$为$\widehat{\beta}_{\mathcal{I}}$的增广，使其中指标落在$\mathcal{I}'/\mathcal{I}$中的元素为零，即

$$\mathcal{I}'=[\mathcal{I}\cup(S/\mathcal{I})]\cup(\mathcal{I}'/S)$$

则$\ell(\breve{\beta}_{\mathcal{I}'})=\ell(\widehat{\beta}_{\mathcal{I}})$，因为对于任意$\mathcal{I}\in\mathcal{I}_+^q$，

$$\ell(\widehat{\beta}_{\mathcal{I}})\geqslant\ell_p(\beta_{0,\mathcal{I}'})=\ell(\beta_0)$$

也即

$$\min_{\mathcal{I}\in\mathcal{I}_+^q}\ell(\widehat{\beta}_{\mathcal{I}})\geqslant\ell(\beta_{0,\mathcal{I}'})$$

那么，要证

$$\mathrm{P}[\max_{\mathcal{I}\in\mathcal{I}_-^q}\ell(\widehat{\beta}_{\mathcal{I}})\geqslant\min_{\mathcal{I}\in\mathcal{I}_+^q}\ell(\widehat{\beta}_{\mathcal{I}})]\to0\tag{3-31}$$

由

$$P[\max_{\mathcal{I}\in\mathcal{I}_-^q}\ell(\widehat{\beta}_{\mathcal{I}})\geqslant\min_{\mathcal{I}\in\mathcal{I}_+^q}\ell(\widehat{\beta}_{\mathcal{I}})]\leqslant P[\max_{\mathcal{I}\in\mathcal{I}_-^q}\ell(\widehat{\beta}_{\mathcal{I}})\geqslant\ell(\beta_{0,\mathcal{I}'})]$$
$$=P[\max_{\mathcal{I}\in\mathcal{I}_-^q}\ell(\breve{\beta}_{\mathcal{I}'})\geqslant\ell(\beta_{0,\mathcal{I}'})] \qquad (3-32)$$

那么由式(3-30)，只要证明

$$\|\breve{\beta}_{\mathcal{I}'}-\beta_{0,\mathcal{I}'}\|\geqslant w_1 n^{-\tau_1}$$

即可。

通过条件(C1)，可以看到

$$\begin{aligned}\|\breve{\beta}_{\mathcal{I}'}-\beta_{0,\mathcal{I}'}\|_2&=\|\breve{\beta}_{S\cup(\mathcal{I}/S)\cup(\mathcal{I}'/\mathcal{I})}-\beta_{0,S\cup(i'S)}\|_2\\&\geqslant\|\breve{\beta}_{(S/\mathcal{I})\cup(\mathcal{I}'/\mathcal{I})}-\beta_{0,S}\|_2\geqslant\|\beta_{0,S/\mathcal{I}}-\beta_{0,S}\|_2\\&\geqslant\min_{j\in\mathcal{I}'/\mathcal{I}}|\beta_j|\\&\geqslant w_1 n^{-\tau_1}\end{aligned}$$

综上有

$$P[\max_{\mathcal{I}\in\mathcal{I}_-^q}\ell(\widehat{\beta}_{\mathcal{I}})\geqslant\min_{\mathcal{I}\in\mathcal{I}_+^q}\ell(\widehat{\beta}_{\mathcal{I}})]\leqslant P[\max_{\mathcal{I}\in\mathcal{I}_-^q}\ell(\breve{\beta}_{\mathcal{I}'})\geqslant\ell(\beta_{0,\mathcal{I}'})]=o(1)$$

定理3.2得证。

在我们证明最后的估计量的Oracle性质之前，同样先做一些记号，记

$$\begin{aligned}\beta_{0,q}&=(\beta_{01},\ \cdots,\ \beta_{0q})^{\top}\\&=(\beta_{01},\ \cdots,\ \beta_{0s},\ \cdots,\ \beta_{0q})^{\top}:=(\beta_{10}^{\top},\ \beta_{20}^{\top})^{\top}\\\beta_{10}&=(\beta_{01},\ \cdots,\ \beta_{0s})^{\top}\\\beta_{20}&=(\beta_{0(s+1)},\ \cdots,\ \beta_{0q})\end{aligned}$$

并不失一般性，可以假设$\beta_{20}=0$。回顾之前的内容，s为β_{10}的分量个数，即真实参数非零分量的个数。记：

$$a_n=\max[p'_{\lambda_n}(|\beta_{0j}|):\ \beta_{0j}\neq0]$$
$$b_n=\max[|p''_{\lambda_n}(|\beta_{0j}|)|:\ \beta_{0j}\neq0] \qquad (3-33)$$

我们将证明存在一个惩罚部分似然估计量以速率$O_p(n^{-1/2}+a_n)$收敛，并且满足Oracle性质。

定理3.3 假设条件(C1)~(C3)和条件(D1)~(D7)成立。惩罚函数$p_{\lambda_n}(\cdot)$满足条件

(L1)$\lambda_n\to0$，$\sqrt{n}\lambda_n\to\infty$；

(L2)$\lim\limits_{n\to\infty}\inf\lim\limits_{\theta\to0+}\inf p'_{\lambda_n}(\theta)/\lambda_n>0$；

(L3)$a_n=O(n^{-1/2})$。

如果 $b_n \to 0$，那么存在式(3-5)中 $Q(\beta)$ 的局部极大值 $\widehat{\beta}$ 使

$$\|\widehat{\beta}-\beta_{0,q}\| = O_p(n^{-1/2}+a_n),$$

其中 $\beta_{0,q}=(\beta_{01},\cdots,\beta_{0s},\cdots,\beta_{0q})^{\top}$，表示将真实系数向量扩充到 q 个分量的系数向量，a_n 如式(3-33)给出。

证明：假设 $\widehat{\beta}_{\hat{\mathcal{I}}}$ 为在 $\widehat{\mathcal{I}}$ 上对式(3-5)求解最大化问题得到的 $\beta_{\hat{\mathcal{I}}}$ 的估计量，其中 $\widehat{\mathcal{I}}$ 为第一步特征筛选过程中得到的 S 的估计量，基数为 q。我们要证明 $\widehat{\beta}_{\hat{\mathcal{I}}}$ 的相合性，也即证明

$$\widehat{\beta}_{\hat{\mathcal{I}}}-\beta_{0,q} = O_p(n^{-1/2})$$

将 $\widehat{\beta}_{\hat{\mathcal{I}}}$ 简单地记为 $\widehat{\beta}$，这种简记并不会引起证明中记号上的模糊。由 Boos 和 Stefanski(2013)中 $O_p(\cdot)$ 的定义，对于任意 $\epsilon>0$，存在足够大的 C_ϵ，n_ϵ，使对于所有 $n>n_\epsilon$，有

$$\mathrm{P}[\|\sqrt{n}(\widehat{\beta}-\beta_{0,q})\| \leqslant C_\epsilon] \geqslant 1-\epsilon \tag{3-34}$$

由定理 3.2，

$$\mathrm{P}(S\subset\widehat{\mathcal{I}}) = 1-o(1)$$

由 $o(1)$ 定义，对于任何 $\epsilon/2>0$，存在足够大的 $n_{1\epsilon}$，使对于所有的 $n>n_{1\epsilon}$，

$$\mathrm{P}(S\subset\widehat{\mathcal{I}}) \geqslant 1-\epsilon/2 \tag{3-35}$$

另外，假设对于任意指标集合 $\mathcal{I}\subset\mathcal{I}_+^q$，即 $|\mathcal{I}|=q$，$S\subset\mathcal{I}$，定义 $\widehat{\beta}_{\mathcal{I}}$ 为在指标集 $\mathcal{I}$ 上最大化式(3-5)得到的估计量，记为 $\widehat{\beta}^*$。而 $S\subset\widehat{\mathcal{I}}$ 等价为 $\widehat{\mathcal{I}}\subset\mathcal{I}_+^q$。由 $\mathcal{I}\subset\mathcal{I}_+^q$ 的任意性，有

$$\{\|\sqrt{n}(\widehat{\beta}^*-\beta_{0,q})\| \leqslant C_\epsilon\} \subset \{\|\sqrt{n}(\widehat{\beta}-\beta_{0,q})\| \leqslant C_\epsilon \mid S\subset\widehat{\mathcal{I}}\}$$

即

$$\mathrm{P}[\|\sqrt{n}(\widehat{\beta}^*-\beta_{0,q})\| \leqslant C_\epsilon] \leqslant \mathrm{P}[\|\sqrt{n}(\widehat{\beta}-\beta_{0,q})\| \leqslant C_\epsilon \mid S\subset\widehat{\mathcal{I}}] \tag{3-36}$$

假设我们证明了 $\widehat{\beta}^*$ 的相合性，表示为

$$\widehat{\beta}^*-\beta_{0,q} = O_p(n^{-1/2})$$

则由定义知对于任何 $\epsilon/2>0$，存在足够大的 C_ϵ，$n_{2\epsilon}$，使对于所有 $n>n_{2\epsilon}$

$$\mathrm{P}[\|\sqrt{n}(\widehat{\beta}^*-\beta_{0,q})\| \leqslant C_\epsilon] \geqslant 1-\epsilon/2 \tag{3-37}$$

从而

$$\begin{aligned}\mathrm{P}[\|\sqrt{n}(\widehat{\beta}-\beta_{0,q})\| \leqslant C_\epsilon] &= \mathrm{P}[\|\sqrt{n}(\widehat{\beta}-\beta_{0,q})\| \leqslant C_\epsilon \mid S\subset\widehat{\mathcal{I}}]\mathrm{P}(S\subset\widehat{\mathcal{I}})+\\ &\quad \mathrm{P}[\|\sqrt{n}(\widehat{\beta}-\beta_{0,q})\| \leqslant C_\epsilon \mid S\not\subset\widehat{\mathcal{I}}]\mathrm{P}(S\not\subset\widehat{\mathcal{I}})\\ &\geqslant \mathrm{P}[\|\sqrt{n}(\widehat{\beta}^*-\beta_{0,q})\| \leqslant C_\epsilon]\mathrm{P}(S\subset\widehat{\mathcal{I}})\\ &\geqslant (1-\epsilon/2)(1-\epsilon/2) \geqslant 1-\epsilon\end{aligned} \tag{3-38}$$

对于所有的 $n\geqslant n_{\epsilon}=\max\{n_{1,\epsilon},\ n_{2,\epsilon}\}$。也就是说，只要我们证明了对于任何 $I\subset i_+^q$，$\widehat{\beta}^*$ 的相合性，那么 $\widehat{\beta}$ 也具有相应的相合性。在接下来的证明中，简单地记为 $\beta_0:=\beta_{0,q}$，因为 $\beta_{0j}=0$，$j=q+1$，…，p，这样的记号并不影响证明和结论。

考虑球域 $B(r)=\{\beta_0+\alpha_n\boldsymbol{u}:\|\boldsymbol{u}\|\leqslant r\}$，其边界为 $\partial B(r)$，其中 $r>0$ 为常数，$\alpha_n=n^{-1/2}+a_n$，那么由条件(L3)，$\alpha_n=O_p(n^{-1/2})$。要证

$$\widehat{\beta}^*-\beta_0=O_p(n^{-1/2})$$

其中$\widehat{\beta}^*$是在$\mathcal{I}\subset\mathcal{I}_+^q$上最小化式(3-5)得到的估计量，则只需证明，对于任意给定 $\epsilon>0$，存在一个足够大的常数 r 使

$$\mathrm{P}\left[\sup_{\partial B(r)}Q(\beta_0+\alpha_n\boldsymbol{u})<Q(\beta_0)\right]\geqslant1-\epsilon \tag{3-39}$$

这就说明以概率 $1-\epsilon$，在 $B(r)$ 中存在一个 $Q(\beta)$ 的局部极大值点，使

$$\|\widehat{\beta}^*-\beta_0\|=O_p(\alpha_n)=O_p(n^{-1/2})$$

记

$$D_n(\boldsymbol{u})=Q(\beta_0+\alpha_n\boldsymbol{u})-Q(\beta_0)$$

则有

$$\begin{aligned}D_n(u)&\leqslant\ell(\beta_0+\alpha_n\boldsymbol{u})-\ell(\beta_0)-\sum_{j=1}^{s}\left[p_{\lambda_n}(|\beta_{0j}+\alpha_nu_j|)-p_{\lambda_n}(|\beta_{0j}|)\right]\\&=I_1-I_2\end{aligned} \tag{3-40}$$

那么由泰勒展开，

$$\begin{aligned}I_1&=\ell(\beta_0+\alpha_n\boldsymbol{u})-\ell(\beta_0)\\&=\ell'(\beta_0)^{\top}\alpha_n\boldsymbol{u}-\frac{1}{2}\alpha_n^2\boldsymbol{u}^{\top}[\Omega(\beta_0)+o_p(1)]\boldsymbol{u}\\&=-\frac{1}{2}\alpha_n^2\boldsymbol{u}^{\top}[\boldsymbol{\Omega}(\beta_0)+o_p(1)]\boldsymbol{u}+O_p(n^{-1/2}\alpha_n\|\boldsymbol{u}\|)\end{aligned} \tag{3-41}$$

其中

$$\boldsymbol{\Omega}(\beta_0)=\lim_{n\to\infty}n^{-1}\frac{\partial[-U_2(\beta)]}{\partial\beta}\bigg|_{\beta_0}=\lim_{n\to\infty}n^{-1}\frac{\partial[-U_{1*}(\beta)]}{\partial\beta}\bigg|_{\beta_0}$$

其定义也可在 Fine 和 Gray(1999)中找到。最后一个等式可以通过 $\ell'(\beta_0)=\frac{1}{n}U_2(\beta_0)$和 $n^{-1/2}U_2(\beta_0)$的渐近性质得到。注意到 $\boldsymbol{\Omega}(\beta_0)$是正定的，因此式(3-41)中第一部分的阶数为$r^2\alpha_n^2$，而因为 $n^{-1/2}\alpha_n=O_p(\alpha_n^2)$，第二部分阶数为$r^2\alpha_n^2$。因此，如果我们选择足够大的 r，I_1 可以由式(3-41)中的第一部分一致决定。

另外，通过泰勒展开和 Cauchy-Schwarz 不等式，

$$
\begin{aligned}
I_2 &= \sum_{j=1}^{s} p_{\lambda_n}(|\beta_{j0}+\alpha_n u_j|)-p_{\lambda_n}(|\beta_{j0}|) \\
&= \sum_{j=1}^{s} p'_{\lambda_n}(|\beta_{0j}|)\operatorname{sgn}(\beta_{0j})\alpha_n u_j + p''_{\lambda_n}(|\beta_{j0}|)\alpha_n^2 u_j^2[1+o_p(1)] \\
&\leqslant \sqrt{s}\,a_n\alpha_n \|\boldsymbol{u}\| + b_n\alpha_n^2\|\boldsymbol{u}\|^2 \\
&= O_p(r\alpha_n^2)+o_p(r^2\alpha_n^2)
\end{aligned}
$$

最后等式的第二项是因为 $b_n \to 0$，因此当 r 足够大时，I_1-I_2 由

$$-\frac{1}{2}\alpha_n^2\,\boldsymbol{u}^{\top}[\boldsymbol{\Omega}(\beta_0)]\boldsymbol{u}$$

决定，其符号是负的，即 $D_n(\boldsymbol{u})<0$，定理 3.3 得证。

从定理 3.3 中看出，只要 $a_n=O(n^{-1/2})$，选择合适的 λ_n，存在一个 $\sqrt{n}$-相合的惩罚部分似然估计量，记

$$\Lambda = \operatorname{diag}[p''_{\lambda_n}(|\beta_{01}|),\ \cdots,\ p''_{\lambda_n}(|\beta_{0s}|)] \tag{3-42}$$

$$\boldsymbol{b} = (p'_{\lambda_n}(|\beta_{01}|)\operatorname{sgn}(\beta_{01}),\ \cdots,\ p'_{\lambda_n}(|\beta_{0s}|)\operatorname{sgn}(\beta_{0s}))^{\top} \tag{3-43}$$

其中，s 为 β_{10} 的分量个数。

定理 3.4　(Oracle 性质)在定理 3.3 的假设条件下，依概率趋近于 1，定理 3.3 中的 $\sqrt{n}$-相合的极大值点 $\hat{\beta}=(\hat{\beta}_1^{\top},\ \hat{\beta}_2^{\top})^{\top}$ 满足：

(1) $\hat{\beta}_2=\boldsymbol{0}^{\top}$；(稀疏性)

(2) $\sqrt{n}[\boldsymbol{\Omega}_1(\beta_{10})+\Lambda]\{\hat{\beta}_1-\beta_{10}+[\boldsymbol{\Omega}_1(\beta_{10})+\Lambda]^{-1}\boldsymbol{b}\}\to N(0,\ \Sigma_1)$，其中 $\boldsymbol{\Omega}_1(\beta_{10})$ 为 $\boldsymbol{\Omega}(\beta_0)$ 的前 s×s 阶子矩阵，Σ 为 *Fine* 和 *Gray*(1999) 中得分函数 $n^{-1/2}U_2(\beta_0)$ 渐近收敛到的高斯过程的协方差矩阵，Σ_1 为其前 s×s 阶子矩阵(渐近正态性)。

证明：我们可以将第(1)部分的稀疏性表述成如下引理，

引理 3.4　假设定理 3.3 的条件成立，那么依概率趋近于 1，对于任何给定 β_1 满足

$$\|\beta_1-\beta_{10}\| = O_p(n^{-1/2})$$

和任何常数 r，

$$Q[(\beta_1^{\top},\ \boldsymbol{0}^{\top})^{\top}] = \max_{\|\beta_2\|\leqslant rn^{-1/2}} Q[(\beta_1^{\top},\ \beta_2^{\top})^{\top}]$$

其中 $\beta_{10}=(\beta_{01},\ \cdots,\ \beta_{0s})^{\top}$，为 β_0 的前 s 个分量。

只要证明随着 $n\to\infty$，依概率趋近于 1，对于任何 β_1 满足

$$\|\beta_1-\beta_{10}\| = O_p(n^{-1/2}),\quad \|\beta_2\|\leqslant rn^{-1/2}$$

$\partial Q(\beta)/\partial\beta_j$ 和 β_j 符号相反，对于

$$\beta_j \in (-rn^{-1/2},\ rn^{-1/2}),\quad j=s+1,\ \cdots,\ q$$

由式(3-41)，令

$$f(\beta)=-\frac{1}{2}(\beta-\beta_0)^{\top}[-\ell''(\beta_0)](\beta-\beta_0),$$

有

$$\begin{aligned} n\ell(\beta) &= n\ell(\beta_0)+nf(\beta)+n\ell'(\beta_0)^{\top}(\beta-\beta_0)+o_p(n\|\beta-\beta_0\|^2)\\ &= n\ell(\beta_0)+nf(\beta)+O_p(\sqrt{n}\|\beta-\beta_0\|), \end{aligned}$$

由于 $f(\beta_0)=0$，$f'(\beta_0)=0$，且

$$f(\beta)=-\frac{1}{2}(\beta-\beta_0)^{\top}[\Omega(\beta_0)+o_p(1)](\beta-\beta_0)$$

那么由泰勒展开，

$$f'(\beta)=f'(\beta_0)+f''(\beta_0)(\beta-\beta_0)+O_p(\|\beta-\beta_0\|^2)$$

从而

$$\begin{aligned} \frac{\partial nQ(\beta)}{\partial\beta_j} &= \frac{\partial n\ell(\beta)}{\partial\beta_j}-np'_{\lambda_n}(|\beta_j|)\operatorname{sgn}(\beta_j)\\ &= n\ell'_j(\beta_0)+n[f''_j(\beta_0)^{\top}(\beta-\beta_0)]+O_p(n\|\beta-\beta_0\|^2)-np_{\lambda_n}(|\beta_j|)\operatorname{sgn}(\beta_j)\\ &= O_p(n^{1/2})+O_p(n\|\beta-\beta_0\|)+O_p(n\|\beta-\beta_0\|^2)-np_{\lambda_n}(|\beta_j|)\operatorname{sgn}(\beta_j)\\ &= O_p(n^{1/2})[1-n^{1/2}p_{\lambda_n}(|\beta_j|)\operatorname{sgn}(\beta_j)] \end{aligned}$$

其中$f''_j(\beta_0)$为$f''(\beta_0)$的第 j 行。由条件(L1)~(L2)有

$$\liminf_{n\to\infty}\liminf_{\theta\to 0+} n^{1/2}p_{\lambda_n}'(\theta)\to\infty$$

因此最后一个等式由$-n^{1/2}p_{\lambda_n}(|\beta_j|)\operatorname{sgn}(\beta_j)$决定，即 $\partial nQ(\beta)/\partial\beta_j$ 和 β_j 符号相反，稀疏性得证。

对于第(2)部分渐近正态性，我们首先从定理 3.3 的证明过程中知道，存在一个$\widehat{\beta}_1$ 为 $Q[(\beta_1^{\top},\ 0^{\top})^{\top}]$的 $\sqrt{n}$-相合的局部极大值点，满足如下的似然方程

$$\left.\frac{\partial Q(\beta)}{\partial\beta_j}\right|_{\beta=(\widehat{\beta}_1^{\top},0^{\top})^{\top}}=0,\quad j=1,\ \cdots,\ s \tag{3-44}$$

由泰勒展开，对于$j=1$，$\cdots$，s，

$$\begin{aligned} &\left.\frac{\partial\ell(\beta)}{\partial\beta_j}\right|_{\beta=(\widehat{\beta}_1^{\top},0^{\top})^{\top}}-p'_{\lambda_n}(|\widehat{\beta}_j|)\\ &= \ell'_j(\beta_0)-[\boldsymbol{\Omega}_j(\beta_0)+o_p(1)]^{\top}(\widehat{\beta}-\beta_0)\\ &\quad -\{p'_{\lambda_n}(|\beta_{0j}|)\operatorname{sgn}(\beta_{0j})+[p''_{\lambda_n}(|\beta_{0j}|)+o_p(1)](\widehat{\beta}_j-\beta_{0j})\}, \end{aligned}$$

其中$\boldsymbol{\Omega}_j(\beta_0)$表示 $\boldsymbol{\Omega}(\beta_0)$的第 j 行。由 Fine 和 Gray(1999)关于 $n^{-1/2}U_2(\beta_0)$的渐近

性的结果可知，若记 $U_{21}(\beta)$ 为得分函数 $U_2(\beta)$ 的前 s 个分量，随着 $n\to\infty$，

$$n^{-1/2}U_{21}(\beta_0)\to N(0,\ \Sigma_1)$$

那么由 Slutsky's 定理，

$$\sqrt{n}[\boldsymbol{\Omega}_1(\beta_{10})+\boldsymbol{\Lambda}]\{\widehat{\beta}_1-\beta_{10}+[\boldsymbol{\Omega}_1(\beta_{10})+\boldsymbol{\Lambda}]^{-1}\mathbf{b}\}\to N(0,\ \Sigma_1)$$

定理 3.4 得证。

第四节 模拟研究

本节使用蒙特卡罗模拟来对超高维竞争风险模型的变量选择方法的性能进行探讨研究，包括 CR-SIS 和 CR-SJS(Sure joint screening for competing risks)这两种方法的比较。为了比较的公平性，令 CR-SIS 选出的初步模型大小和 CR-SJS 筛选出的模型大小相同。在模拟的设定中，预测变量 Z 来自 p 维正态分布，均值为 0，协方差矩阵为 $\Sigma=(\sigma_{ij})$。这里我们考虑两种模拟中常用的协方差结构。

(S1)Σ 为对称矩阵。即对于 $i\neq j$，$\sigma_{ij}=\rho$，而对于 $i=j$，$\sigma_{ij}=1$，我们分别取 $\rho=0.25$，0.5，0.75；

(S2)Σ 具有自回归结构。即 $\sigma_{ij}=\rho^{|i-j|}$。同样考虑 $\rho=0.25$，0.5，0.75。

真实系数 β_0 的产生机制如下：

(b1)$\beta_1=\beta_2=\beta_3=5$，$\beta_4=-15\rho$，其他的 β_j 等于 0。

(b2)对于 $j=1$，2，3，4，$\beta_j=(-1)^U(a+|V_j|)$，其中 $a=4\log n/\sqrt{n}$，$U\sim$ Bernoulli(0.4)，$V_j\sim N(0,\ 1)$。

考虑样本量 $(n,\ p)=(100,\ 500)$ 和 $(200,\ 800)$ 两种情况，对每种情况进行 100 次蒙特卡罗模拟，考虑以下两种评判标准来对方法进行比较：

Ps：表示在 100 次重复中对于给定样本量 n 某个单独的有效预测变量 Z_s 被选出来的比例。

Pa：表示在 100 次重复中对于给定样本量 n 所有有效预测变量 Z_s 被选出来的比例。

竞争风险模型的数据的生成机制参考 Fine 和 Gray(1999)中的模拟情形。具体而言，令 $\mathbf{Z}=(Z_1,\ \cdots,\ Z_p)$ 表示 p 个协变量，对应的系数为：对于原因 1，$\beta_1=(\beta_{11},\ \cdots,\ \beta_{1p})^{\top}$；对于原因 2，$\beta_2=-\beta_2$。原因 1 的累积发病率函数如下：

$$F_1(t;\ \mathbf{Z})=\mathrm{P}(T\leqslant t,\ \iota=1\mid \mathbf{Z})=1-\{1-\pi[1-\exp(-t)]\}^{\exp(\mathbf{Z}^\top\beta_1)} \quad (3\text{-}45)$$

π 的值设置为 0.3，原因 2 的累积发病率函数可以根据

$$\mathrm{P}(\iota=2\mid \mathbf{Z})=1-\mathrm{P}(\iota=1\mid \mathbf{Z})$$

并使用速率为 $\exp(\mathbf{Z}^\top\beta_2)$ 的指数分布作为条件累积发生率函数，$P(T\leqslant t\mid \iota=2,\ z)$ 来获得。删失时间是从指数分布 exp(10)独立生成的。

正如 Yang 等(2016)所指出，对于比例子分布风险模型，CR-SJS 方法的表现依赖于以下几种因素：协方差矩阵的结构，β_0 的取值，特征或协变量的维度和样本量 n。在一般生存数据分析中，统计方法的表现又依赖于删失率。因此，我们将不同情形下模拟过程中的删失率放在表 3-1 中，包括不同的 ρ，不同协方差矩阵的结构以及不同的真实参数 β_0 的模拟设定，删失率的范围为 20%~36%。

表 3-1　删失率

	$\rho=0.25$		$\rho=0.5$		$\rho=0.75$	
Σ	(b1)	(b2)	(b1)	(b2)	(b1)	(b2)
S1	0.23	0.35	0.24	0.29	0.29	0.26
S2	0.23	0.36	0.20	0.31	0.22	0.27

表 3-2 报告了在 $\mathbf{Z}$ 的协方差矩阵结构为(S1)的情况下，重要的预测变量的 P_s 和 P_a 的模拟表现。注意到，在(S1)和(b1)的设定下，当 $\rho\neq 0$ 时，Z_4 和生存时间边际独立但联合相依。这一设定是对筛选方法的一大挑战，尤其是基于边际相关性的边际独立筛选的方法。而从表 3-2 中也可以看出，在 $n=100$，$p=500$ 和 $n=200$，$p=800$ 的情形下，CR-SIS 都很难准确识别出 Z_4，从而具有极低的 P_a，而相对地，CR-SJS 则表现得更好一些，P_a 在大部分情况下都很接近于 1。

对于(b2)下的 β_0 的设定，并没有出现类似(b1)中的与响应变量边际独立但联合相依的预测变量。表 3-2 清晰地显示出了样本量，预测变量维数和 ρ 的值等因素是如何影响 CR-SIS 和 CR-SJS 的表现的。总体来说，对于(S1)的情况，无论是(b1)还是(b2)设定下的 β_0，CR-SJS 的表现确实比 CR-SIS 要好，即使是对于较小的样本量。并且，CR-SJS 的表现随着样本量的增加而更好。这事实上与理论分析中 CR-SJS 的确定筛选性质相一致。表 3-2 中同样显示，尽管随着样本量的增加，CR-SIS 的表现得到了很大的改善，然而 CR-SJS 的表现相对更加稳定一些。

表 3-2　P_s 和 P_a 的比例，其中 $\Sigma=(I-\rho)I+\rho\mathbf{1}\mathbf{1}^\top$，$\mathbf{1}=(1,\ldots,1)^\top$

				CR-SJS					CR-SIS				
				P_s				P_a	P_s				P_a
n	p	ρ	β	Z1	Z2	Z3	Z4	ALL	Z1	Z2	Z3	Z4	ALL
100	500	0.25	$b1$	0.99	1	1	1	0.99	0.96	0.98	0.94	0	0
100	500	0.25	$b2$	0.93	0.92	0.95	0.93	0.81	0.68	0.75	0.72	0.6	0.18
100	500	0.50	$b1$	0.97	1	1	0.99	0.97	0.53	0.58	0.57	0	0
100	500	0.50	$b2$	0.92	0.85	0.91	0.9	0.76	0.55	0.56	0.53	0.57	0.06
100	500	0.75	$b1$	0.88	0.88	0.88	0.99	0.72	0.12	0.14	0.25	0.03	0
100	500	0.75	$b2$	0.69	0.81	0.69	0.76	0.43	0.44	0.48	0.39	0.48	0.04
200	800	0.25	$b1$	1	1	1	0.99	0.99	1	1	1	0	0
200	800	0.25	$b2$	0.99	1	0.99	0.99	0.98	0.86	0.94	0.9	0.89	0.63
200	800	0.50	$b1$	1	1	1	1	1	0.92	0.85	0.88	0	0
200	800	0.50	$b2$	0.98	0.98	0.99	0.99	0.95	0.8	0.86	0.79	0.82	0.38
200	800	0.75	$b1$	1	0.99	1	1	0.99	0.35	0.34	0.31	0.01	0.01
200	800	0.75	$b2$	0.93	0.88	0.88	0.91	0.71	0.78	0.69	0.77	0.77	0.26

表 3-3 表现了在协方差结构设定为(S2)下的模拟结果。在这种结构下，Z_1，…，Z_4 中不存在和响应变量边际独立而联合相依的预测变量，理论上 CR-SIS 的表现应该表现得很好。然而，表 3-3 中展现的结果并非如此；在(b2)的设定下，CR-SIS确实表现良好，然而在(b1)的设定下，CR-SIS 的表现尽管随着样本量的增加而有所提高，但仍然欠佳。比较而言，无论是(b1)还是(b2)，CR-SJS 都有很好的表现，对两种协方差结构和系数结构下的模拟表现进行比较，可以得出结论，CR-SJS 筛选效果在大部分情况下都优于 CR-SIS，且性能更加稳定，因此在实际应用中，显然 CR-SJS 应该是更好的选择。

表 3-4 展示了我们设定的存在离散变量情形的模拟结果，删失率约为 26%。可以看到，当存在离散变量，且其中部分协变量存在相关性时，CR-SJS 具有较好的筛选性质，而 CR-SIS 的效果并不好。当 n 增加时，CR-SJS 的表现得到了一定程度的改善，而 CR-SIS 的表现变化则不大。

除了比较 CR-SIS 和 CR-SJS 外，我们还对 q 的选择进行了一些探索。我们使用了变量选择中常用的 $q=[n/(\log n)]$ 作为基准，选择 $\tau=0.2$，0.4，…，1，并令 $q=q_\tau=q\times\tau$，分别做出了 CR-SJS 和 CR-SIS 对于 P_a，P_1，P_2，P_3，P_4 在不同 q 的选择下的变化规律，放在图 3-1 中，以及在不同的协方差和系数设定下，P_a 和 P_i，$i=1$，2，3，4 对于不同 q 的变化趋势，放在图 3-2 中。图 3-1~图 3-8 显示出，在大部分情况中，CR-SJS 的表现都优于 CR-SIS，具体表现为模拟中选出重要变量的比例更高。在 $q>s$ 的基础上，随着第一阶段 q 的大小增加，能够选出重要变量的比例先增加，然后逐渐降低。这可能是由于 q 较小时，有可能无法确保 $q>s$，或者 q 和 s 比较接近的话，第一阶段的筛选很可能包含一些无关变量，而遗漏一部分重要变量。当 q 偏大时，一方面初始值的选择等因素可能会影响算法的收敛结果；另一方面，使用算法求解子模型的最大部分似然估计时，可能会收敛到局部最大似然估计而非全局最大似然估计。并且在模拟过程中我们发现，随着 q 增加，运行程序所花费的时间逐渐增加，显然这是因为算法需要更长时间才能达到收敛。

表 3-3　P_s 和 P_a 的比例，其中 $\Sigma=(\rho^{|i-j|})$

				CR-SJS					CR-SIS				
				P_s				P_a	P_s				P_a
n	p	ρ	β	Z1	Z2	Z3	Z4	ALL	Z1	Z2	Z3	Z4	ALL
100	500	0.25	$b1$	1	0.99	1	0.98	0.98	0.99	1	0.97	0.18	0.17
100	500	0.25	$b2$	0.88	1	0.95	0.94	0.78	0.88	0.99	0.99	0.92	0.79
100	500	0.50	$b1$	0.99	0.99	0.96	0.97	0.96	0.97	0.94	0.38	0.33	0.25
100	500	0.50	$b2$	0.94	0.99	0.96	0.95	0.86	1	1	1	0.99	0.99
100	500	0.75	$b1$	1	0.94	0.69	0.98	0.67	0.73	0.57	0.05	0.31	0.03
100	500	0.75	$b2$	0.96	0.96	0.98	0.94	0.84	1	0.99	1	1	0.99
200	800	0.25	$b1$	1	1	0.96	1	0.96	0.96	0.92	0.74	0.42	0.36
200	800	0.25	$b2$	1	1	1	1	1	1	1	1	1	1
200	800	0.50	$b1$	1	1	1	1	1	1	1	0.79	0.72	0.72
200	800	0.50	$b2$	1	1	0.99	0.98	0.97	1	1	0.99	1	0.99
200	800	0.75	$b1$	1	1	0.87	1	0.87	0.89	0.89	0.45	0.62	0.45
200	800	0.75	$b2$	1	1	1	0.99	0.99	1	1	1	1	1

表 3-4 存在离散协变量时 P_s 和 P_a 的比例

			CR-SJS					CR-SIS				
			P_s				P_a	P_s				P_a
n	p	ρ	Z1	Z2	Z3	Z4	ALL	Z1	Z2	Z3	Z4	ALL
100	500	0.25	0.942	0.980	0.970	0.994	0.942	0.570	0.880	0.238	0.870	0.220
100	500	0.50	0.948	0.990	0.980	0.982	0.948	0.586	0.800	0.004	0.824	0.004
100	500	0.75	0.930	0.946	0.928	0.952	0.906	0.666	0.690	0	0.682	0
200	800	0.25	0.992	0.990	0.990	1	0.990	0.874	0.990	0.390	1	0.390
200	800	0.50	0.980	0.997	1	0.994	0.980	0.880	0.974	0	1	0
200	800	0.75	0.930	0.952	0.934	0.950	0.912	0.900	0.972	0	0.982	0

图 3-1 为在 S1(b1)，$\rho=0.25$ 的设定下，CR-SJS 和 CR-SIS 的 P_a 和 P_i，$i=1, 2, 3, 4$ 相对于不同的比例 τ 的变化。

图 3-2 为在不同的协方差和系数，$\rho=0.5$ 的设定下，CR-SJS 和 CR-SIS 的 P_a 相对于不同的比例 τ 的变化。

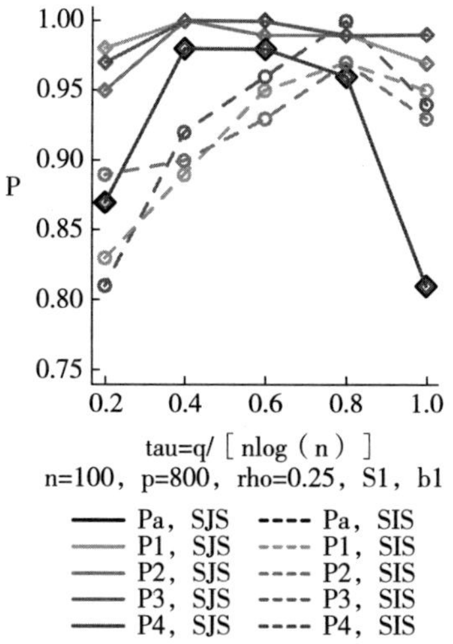

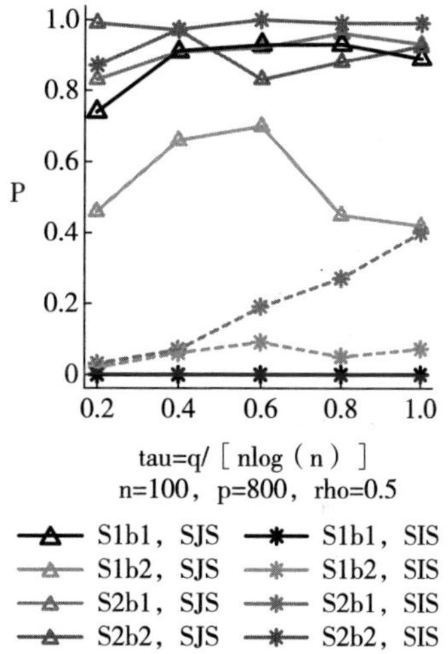

图 3-1 S1(b1)，ρ=0.25 时，P_a 和 P_i 趋势 **图 3-2 不同的协方差和系数，ρ=0.5 下，P_a 趋势**

图 3-3 为在不同的协方差和系数，$\rho=0.75$ 下，$\rho=0.75$ 的设定下，CR-SJS 和 CR-SIS 的 P_a 相对于不同的比例 τ 的变化。

图 3-4 为在 S1(b1)的设定下，对于不同的 ρ，CR-SJS 和 CR-SIS 的 P_a 相对于不同的比例 τ 的变化。

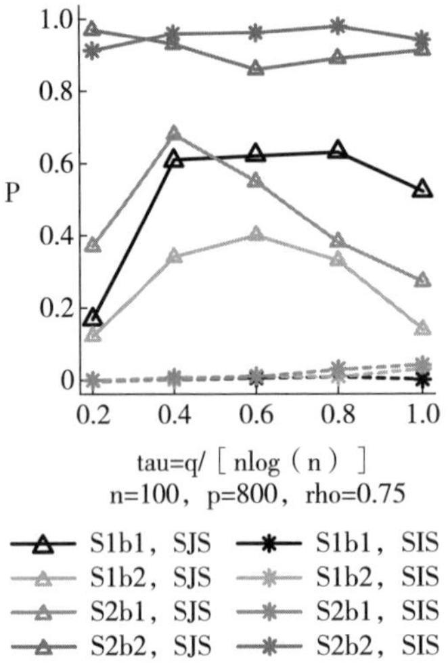

图 3-3　不同的协方差和系数，$\rho=0.75$ 下，P_a 趋势

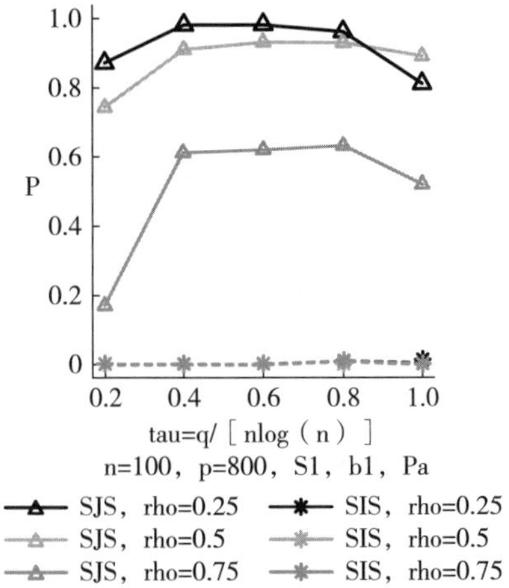

图 3-4　S1(b1)，不同的ρ 下，P_a 趋势

图 3-5 为在 S1(b1)的设定下，对于不同的ρ，CR-SJS 和 CR-SIS 的 P_1 相对于不同的比例 τ 的变化。

图 3-6 为在 S1(b1)的设定下，对于不同的ρ，CR-SJS 和 CR-SIS 的 P_2 相对于不同的比例 τ 的变化。

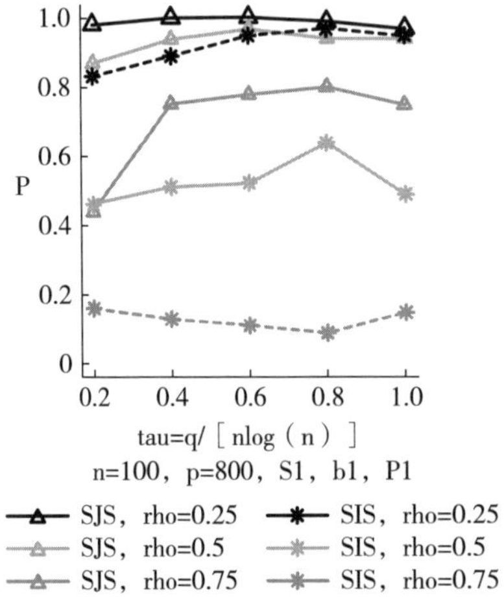

图 3-5　S1(b1)，不同的ρ 下，P_1 趋势

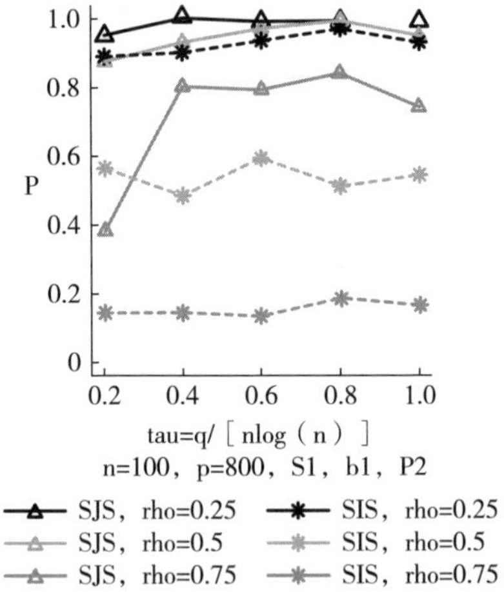

图 3-6　S1(b1)，不同的ρ 下，P_2 趋势

图 3-7 为在 S1(b1)的设定下，对于不同的ρ，CR-SJS 和 CR-SIS 的 P_3 相对于不同的比例 τ 的变化。

图 3-8 为在 S1(b1)的设定下，对于不同的ρ，CR-SJS 和 CR-SIS 的 P_4 相对

于不同的比例 τ 的变化。

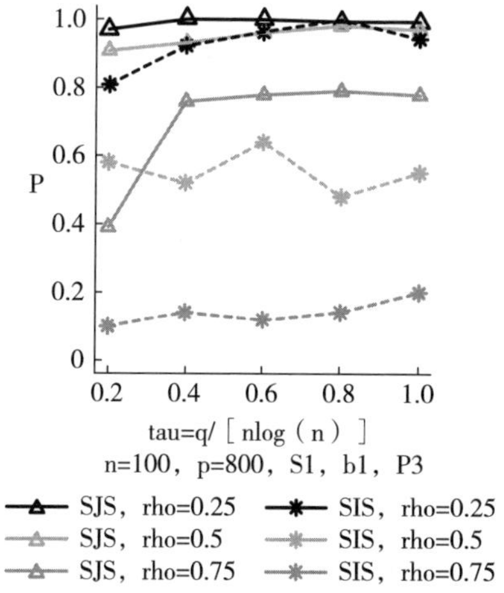

图 3-7　S1(b1)，不同的 ρ 下，P_3 趋势

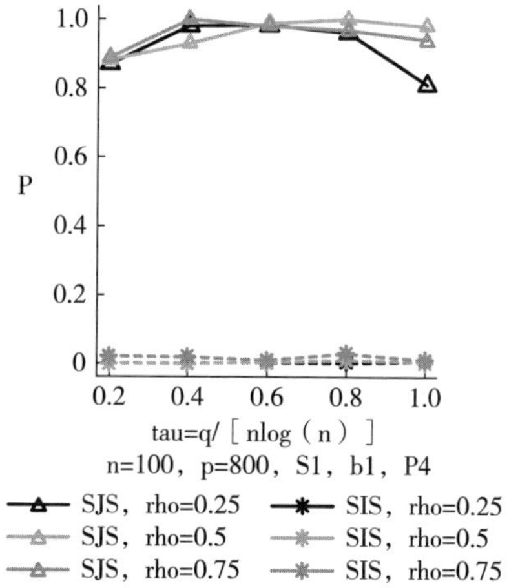

图 3-8　S1(b1)，不同的 ρ 下，P_4 趋势

在实际应用中，因为我们无法得知真实的重要变量，也就无从得知真正的 s 的大小。为了尽量减小误差，可以采用以下三种方式：①选择一列 q_i 序列，分别将其作为初始筛选模型的基数执行变量选择过程，然后通过 BIC 或其他准则选出最优的 q。②在算法执行过程中，多取几个初始值。③借鉴 Fan 等(2009)对样本进行分割的想法，将样本随机分割成两个子样本，分别采取较大的 q 之后，将第一阶段选出的两组变量的集合取交集作为最终的第一阶段变量集合，再通过惩罚方法来进行第二步的变量选择。

第五节　实际数据分析

本节采用上一章对公开的膀胱癌数据进行实证分析来验证所提出的方法的实用性。回顾这个数据集来自 Dyrskjøt(2007)，使用之前或目前没有侵入肌肉的 pT_a 和 pT_1 的肿瘤患者作为样本，来验证预测恶化的迹象。数据集由 404 个样本组成，变量为 1381 个个人平台微阵列特征，以及一些潜在的重要的临床变量：年龄、性别、肿瘤阶段、WHO 评分和接受的治疗，去掉一些缺失的信息，观测子集中样本大小为 $n=338$，我们感兴趣的响应变量是恶化的时间。有 53 位患者可以观测到我们感兴趣的事件，即恶化或者死于膀胱癌，有 215 位被删失的患者。竞争风险为死于其他或未知原因，这样的样本有 70 个。

将5种临床因素作为变量和1381个基因变量共同选择，我们使用CR-SJS和CR-SIS进行第一阶段选择，$q=[n/\log(n)]=58$，第二阶段的惩罚近似部分似然方法中，惩罚函数使用LASSO惩罚，并使用BIC准则选择调节参数。最终CR-SJS和CR-SIS方法在第一阶段选出20个相同的变量和38个相异的变量。

表3-5给出了当$q=[n/\log(n)]$时，CR-SJS和CR-SIS选出的相同变量和相异的变量。可以看出，由两种方法选择出的第一阶段的变量集合具有一定比例的重合，对于不同变量集合，CR-SIS可能选出的是那些与响应变量具有较强边际联系的变量，而CR-SJS则能更加准确识别出和响应变量联合相依的变量。然而，第一阶段选出的变量集合仍然可能含有大量与响应变量无关的变量，由此需要使用第二阶段的惩罚方法对变量进一步地收缩。

在第二个阶段，使用LASSO惩罚，CR-SJS+LASSO和CR-SIS+LASSO两种方法选出的变量分别为7个（SEQ523，SEQ361，SEQ1037，SEQ1082，SEQ1157，SEQ203，SEQ643）和5个（SEQ370，SEQ766，SEQ1038，SEQ509，SEQ1327），回顾上一章CR-CSIS+LASSO方法选出的变量为6个（SEQ523，SEQ370，SEQ1037，SEQ469，SEQ19，SEQ1112）。可以看到，基于确定独立筛选方法的两步变量选择最终选出的变量相比联合筛选和条件确定独立筛选个数要少，这很可能是因为它在第一步遗漏了一些边际独立联合相关的变量，例如，CR-SIS+LASSO无法识别出变量“SEQ523”，然而它包含在CR-SJS+LASSO和CR-CSIS+LASSO最终选出的变量中。

表3-5　CR-SIS和CR-SJS选出的q个变量

相同变量		SIS				SJS			
SEQ994	SEQ34	SEQ370	SEQ247	SEQ709	SEQ407	SEQ1295	SEQ1171	SEQ1388. 1	SEQ1216
Grade	SEQ1037	SEQ790	SEQ334	SEQ152	SEQ248	SEQ537	SEQ1384. 1	SEQ262	SEQ1253
SEQ589	SEQ1157	SEQ1172	SEQ1142	SEQ1354	SEQ382	SEQ539	SEQ844	SEQ405	SEQ811
SEQ1262	SEQ1226	SEQ766	SEQ469	SEQ591	SEQ509	SEQ813	SEQ1390	SEQ1389	SEQ108
SEQ279	SEQ295	SEQ369	SEQ767	SEQ785	SEQ818	SEQ1218	SEQ938	SEQ954	SEQ505
SEQ1042	SEQ1227	SEQ246	SEQ782	SEQ828	SEQ807	SEQ842	SEQ414	SEQ802	SEQ1202
SEQ1082	SEQ361	SEQ972	SEQ713	SEQ1327	SEQ1174	SEQ39	SEQ956	SEQ389	SEQ203
SEQ377	SEQ1364	SEQ440	SEQ973	SEQ1339	SEQ1302	SEQ11	SEQ847	SEQ408	SEQ169
SEQ704	SEQ887	SEQ820	SEQ765	SEQ977		SEQ1249	SEQ824	SEQ287	
SEQ523	SEQ643	SEQ1038	SEQ711	SEQ1353		SEQ929	SEQ142	SEQ843	

第四章

分位回归变量选择方法

第一节　引言

作为传统线性模型的拓展，分位回归在生存分析中的应用也日趋显著，而对于生存数据中的高维数据，在分位回归模型下进行变量选择问题的研究也就顺理成章。例如，Zou 和 Yuan(2008)提出，用复合分位回归(Composite Quantile Regression，CQR)来构造一个 Oracle 统计量，并给出了 CQR－oracle 相对于 LS－oracle 的渐近相对效率的下界，同时使用自适应 LASSO 惩罚来构造自适应的惩罚复合分位回归估计量，在合理选择参数时具有 Oracle 性质。Wu 和 Liu(2009)聚焦于惩罚分位回归的变量选择方面，利用 SCAD 惩罚函数作为两个凸函数的差分的分解，使用差分凸算法(Difference Convex Algorithm，DCA)来求解对应的优化问题。Ciuperca(2016a)对于高维多相(multiphase)分位回归提出一种常规的自适应 LASSO 方法，并在变点(change point)处展开研究。Ciuperca(2016b)考虑了对于具有群组解释变量的线性模型的分位回归，提出和研究了自适应的群组 LASSO 分位估计量。Zhao 和 Lian(2016)对于可加分位回归的变量选择问题考虑了群组 SCAD(gSCAD)惩罚。也有许多文献研究结合删失时间事件数据的分位回归变量选择方法，例如，Jiang 等(2012)提出了带随机删失数据的复合分位回归自适应 LASSO 方法。Tang 等(2012)考虑了带随机删失的线性模型的加权复合分位回归(WCQR)，并提出相应的自适应惩罚变量选择方法。Wang 等(2013)提出了一种新的自适应 LASSO 变量选择方法，利用质量重分布的方法来考虑多元协变量数据的随机删失。Aue 等(2014)对观测的时间序列的分位数提出一种同时进行数据分割和变量选择的模型拟合方法，通过将数据与最小描述长度原则推出的惩罚拟合相匹配来实现。Fan 等(2017)对高维删失分位回归提出一种两步变量选择方法，利用充分降维法(Sufficient Dimension Reduction，SDR)和信息子集的思想来处理高维删失数据。

但很少有文献对竞争风险下的分位回归变量选择进行研究。Peng 和 Fine (2009)对竞争风险数据的分位回归，使用累积发病率函数定义的条件分位来建模，放松了对于回归系数的常数限制，是一种对常见子分布比例风险模型的更加灵活有用、更具有解释性的替代模型。本章使用惩罚估计方程来解决竞争风险分位回归模型的变量选择，证明了所提方法的大样本性质，并在模拟中比较了三种不同的惩罚方法。

本章接下来的内容结构如下：第二节介绍了竞争风险模型的分位回归及对应的变量选择方法；第三节给出了所提方法的渐近性质；第四节通过蒙特卡罗模拟展现了方法的性能，并比较了不同惩罚方法在本章设定下的表现；第五节通过一个骨髓移植的数据集说明方法的实用性。

第二节　分位回归变量选择方法

回顾比例子分布风险模型的设定，ι 表示失效原因，T 和 C 分别表示生存时间和删失时间，观测到的时间 $X=\min(T, C)$，删失指示变量为 $\delta=I(T\leqslant C)$，$\{X_i, \delta_i, \delta_i\iota_i, \mathbf{Z}_i\}$，$i=1, 2, \cdots, n$ 为 n 个独立同分布的观测样本。然与前三章不同，在本章中，我们假设设计矩阵 $\mathbf{Z}$ 中第一列为常向量 $1^{\top}=(1, \cdots, 1)^{\top}$，也就是$\mathbf{Z}_i=(1, \widetilde{\mathbf{Z}}^{\top})^{\top}$，其中$\widetilde{\mathrm{Z}}_i$为 $p\times 1$ 有界协向量。这样的假设是为了方便对分位回归模型的构造，并不会影响方法的有效性。由原因 1 造成失效的累积发病率函数表示为：

$$F_1(t; \mathbf{Z})=P[(T\leqslant t, \iota=1)|\mathbf{Z}]$$

其条件分位定义为

$$Q_1(\tau|\mathbf{Z})=\inf[t: F_1(t|\mathbf{Z})\geqslant\tau]$$

表示给定协向量 $\mathbf{Z}$，存在其他事件(排除原因 1 导致的失效)的情况下，首次由原因 1 失效的概率大于 τ 的时间。对于分位数 $\tau\in[\tau_L, \tau_U]$，假设

$$Q_1(\tau|\mathbf{Z})=g[\mathbf{Z}^{\top}\beta_0(\tau)] \tag{4-1}$$

其中 $\beta_0(\tau)$ 为 $(p+1)\times 1$ 维真实的 τ-分位回归系数向量，$g(\cdot)$为已知的单调递增连接函数，如指数分布，$0\leqslant\tau_L\leqslant\tau_U<1$。很容易将上述设定拓展到单独的 τ 或者多个不交区间的并中的 τ。在模型(4-1)下，$\beta_0(\tau)$代表了变换后的累积发病率函数的 τ-分位，$g^{-1}\{Q_1(\tau|\mathbf{Z})\}$ 代表了变换后的协变量效应。由 Fine 和 Gray

(1999)，我们知道，如果记

$$T_1^* = I(\iota=1)\times T + I(\iota\neq 1)\times\infty$$

那么当 $t<\infty$ 时，T_1^* 的分布函数恰好为 $F_1(\cdot;\mathbf{Z})$，而当 $t=\infty$ 时，T_1^* 具有点质量

$$P(T^*=\infty\mid\mathbf{Z})=P(T<\infty,\ \iota\neq 1)=1-F_1(\infty;\mathbf{Z})$$

那么，在式(4-1)的模型构造下，当 $\tau<F_1(\infty;\mathbf{Z})$ 时，T_1^* 的 τ-分位等于

$$F_1^{-1}(\tau;\mathbf{Z})=Q_1(\tau\mid\mathbf{Z})=g(\mathbf{Z}^\top\beta_0(\tau)) \tag{4-2}$$

在式(4-1)的一个特殊的情况，$\beta_0(\tau)$ 的形式取为 $(h(\tau),\ b_0^\top)^\top$ 下，Peng 和 Fine(2009)构造了以下加速失效时间模型，

$$g^{-1}(T_1^*)=\widetilde{\mathbf{Z}}^\top\boldsymbol{b}_0+\varepsilon \tag{4-3}$$

误差项 ε 设定为独立于 $\widetilde{\mathbf{Z}}$，其 τ 分位数由 $h(\tau)$ 给出。由 T_1^* 定义与式(4-2)，在合适的 τ 下，

$$\begin{aligned}\tau &= \mathrm{P}[T_1^*\leqslant Q_1(\tau\mid\mathbf{Z})]\\ &=\mathrm{P}\{g^{-1}(T_1^*)\leqslant g^{-1}(Q_1(\tau\mid\mathbf{Z}))\}\\ &=\mathrm{P}\{\widetilde{\mathbf{Z}}^\top\boldsymbol{b}_0+\varepsilon\leqslant g^{-1}(Q_1(\tau\mid\mathbf{Z}))\}\\ &=\mathrm{P}\{\varepsilon\leqslant g^{-1}[Q_1(\tau\mid\mathbf{Z})]-\widetilde{\mathbf{Z}}^\top\boldsymbol{b}_0\}\end{aligned}$$

由 ε 的 τ-分位为 $h(\tau)$，即

$$h(\tau)=Q_\varepsilon(\tau\mid\mathbf{Z})=g^{-1}[Q_1(\tau\mid\mathbf{Z})]-\widetilde{\mathbf{Z}}^\top\boldsymbol{b}_0$$

从而

$$g^{-1}[Q_1(\tau\mid\mathbf{Z})]=\widetilde{\mathbf{Z}}^\top\boldsymbol{b}_0+h(\tau)=\mathbf{Z}^\top\beta_0(\tau)$$

即竞争风险分位回归的建模(4-1)等价于加速失效模型(4-3)的分位回归模型。式(4-3)的一个简单的拓展，是构造一般的分位回归框架，

$$g^{-1}(T_1^*)=\mathbf{Z}^\top\beta_0(\tau)+\widetilde{\varepsilon} \tag{4-4}$$

其中 $\widetilde{\varepsilon}$ 独立于 $\widetilde{\mathbf{Z}}$，且 τ-分位假设为 0。需要注意的是，T_1^* 是我们构造的一个非观测变量，并且它的期望不存在，因此加速失效时间模型(4-3)的传统均值回归是没有意义的。

我们从与式(4-3)不同的角度进行推导，参照 Koenker(2005)，对于合适的 τ，$\beta_0(\tau)$ 为以下期望损失函数相对于 $\beta(\tau)$ 的最小值点，

$$\mathrm{E}\rho_\tau\{T_1^*-g[\mathbf{Z}^\top\beta(\tau)]\} \tag{4-5}$$

其中 $\rho_\tau(u)=u[\tau-I(u\leqslant 0)]$ 为所谓的检验函数(“check”function)。

定义一个变换的变量

$$T_1^{\mathrm{tr}*}=g^{-1}(T_1^*)$$

通过简单地推导得知，如果 $t<g^{-1}(\infty)$，$T_1^{\mathrm{tr}*}$ 具有分布函数 $F_1 \circ g(t;\ \mathbf{Z})=F_1(g(t);\ \mathbf{Z})$，而在 $t=g^{-1}(\infty)$ 时，其具有点质量 $1-F_1(\infty;\ \mathbf{Z})$。那么当 $\tau<F_1(\infty;\ \mathbf{Z})=F_1 \circ g[g^{-1}(\infty)]$ 时，$T_1^{\mathrm{tr}*}$ 的 τ-分位等于，

$$(F_1 \circ g)^{-1}(\tau;\ \mathbf{Z})=g^{-1}[F_1^{-1}(\tau;\ \mathbf{Z})]=g^{-1}[Q_1(\tau|\mathbf{Z})]=\mathbf{Z}^{\top}\beta_0(\tau)$$

即

$$\beta_0(\tau)=\arg\min_{\beta(\tau)}\mathrm{E}\rho_\tau[T_1^{\mathrm{tr}*}-\mathbf{Z}^{\top}\beta(\tau)] \tag{4-6}$$

对 $\beta(\tau)$ 求导，$\beta_0(\tau)$ 为 T_1^* 或 $T_1^{\mathrm{tr}*}$ 的期望估计方程的解，

$$\begin{aligned}0&=E\{Z[I[T_1^*-g(Z^{\top}\beta(\tau)\leqslant 0)-\tau]]\}\\&=E\{Z[I[g^{-1}(T_1^*)-Z^{\top}\beta(\tau)\leqslant 0]-\tau]\}\\&=E\{Z[I[T_1^{\mathrm{tr}*}-Z^{\top}\beta(\tau)\leqslant 0]-\tau]\}\end{aligned} \tag{4-7}$$

其中 $g(\cdot)$ 为单调增函数。在样本情形下，我们可以通过最小化以下目标函数得到 $\beta_0(\tau)$ 的估计量 $\widehat{\beta}(\tau)$：

$$\min_{\beta(\tau)}\sum_{i=1}^{n}\rho_\tau[T_{1,i}^{\mathrm{tr}*}-\mathbf{Z}_i^{\top}\beta(\tau)] \tag{4-8}$$

或者对 $\beta(\tau)$ 求解以下估计方程，

$$0=\sum_{i=1}^{n}\mathbf{Z}_i\{I[T_{1,i}^{\mathrm{tr}*}-\mathbf{Z}_i^{\top}\beta(\tau)\leqslant 0]-\tau\} \tag{4-9}$$

注意到，根据 $T_1^{\mathrm{tr}*}$ 的构造，显然当 $\tau\geqslant F_1(\infty;\ \mathbf{Z})$ 时，$T_1^{\mathrm{tr}*}$ 的 τ-分位为 $g^{-1}(\infty)$，这为我们提供了一个关于 τ_U 选择的思考。

当存在高维协变量时，常用的方法是惩罚方法，也就是在目标函数(4-8)上加入一个惩罚函数 $p_\lambda(\cdot)$ 来对变量进行压缩和筛选，也就是最小化如下的惩罚目标函数，

$$\sum_{i=1}^{n}\rho_\tau[T_{1,i}^{\mathrm{tr}*}-Z_i^{\top}\beta(\tau)]+\sum_{i=1}^{p}p_\lambda(|\beta_j(\tau)|)$$

其中 λ 为调节参数。可以看到在式(4-8)中，我们并未直接假设加速失效时间模型，因此对 $\beta_0(\tau)$ 也并没有假设斜率不变的结构，从而更加灵活。

类似 Peng 和 Fine(2009)，我们首先考虑没有删失的情况。在这种假设下，$X=T$，$\delta\iota=\iota$。如前所述，我们可以通过最小化问题(4-8)或求解估计方程(4-9)来估计 $\beta_0(\tau)$。然而，$T_{1,i}^{\mathrm{tr}*}$ 并不是一个实际的观测，尽管我们可以将其取为 $g^{-1}(X_i)$。如果 $\iota_i=1$ 或 $g^{-1}(\infty)$，$\iota_i\neq 1$。而如果 $g^{-1}(\infty)=\infty$，这种情况难以处理。因此，在一些假设下，我们可以在 $\beta_0(\tau)$ 的一个紧致参数空间内，构造与式(4-9)等价的估计方程，

$$
\begin{aligned}
0 &= \sum_{i=1}^{n} \boldsymbol{Z}_i \{ I[T_{1,i}^{\mathrm{tr}*} - \boldsymbol{Z}_i^{\mathrm{T}}\beta(\tau) \leqslant 0] - \tau \} \\
&= \sum_{i=1}^{n} \boldsymbol{Z}_i \{ I[T_{1,i}^{*} \leqslant g(\boldsymbol{Z}_i^{\mathrm{T}}\beta(\tau))] - \tau \} \\
&= \sum_{i=1}^{n} \boldsymbol{Z}_i \{ I[X_i \leqslant g(\boldsymbol{Z}_i^{\mathrm{T}}\beta(\tau)),\ \iota_i = 1] - \tau \} \\
&= \sum_{i=1}^{n} \boldsymbol{Z}_i \{ I[g^{-1}(X_i) \leqslant \boldsymbol{Z}_i^{\mathrm{T}}\beta(\tau),\ \iota_i = 1] - \tau \}
\end{aligned} \tag{4-10}
$$

那么对应的惩罚目标函数为：

$$
\sum_{i=1}^{n} \boldsymbol{Z}_i \{ I[g^{-1}(X_i) \leqslant \boldsymbol{Z}_i^{\mathrm{T}}\beta(\tau),\ \iota_i = 1] - \tau \} + nq_{\lambda}(|\beta|)\operatorname{sgn}(\beta) = 0 \tag{4-11}
$$

其中 $q_{\lambda}(\cdot)$ 可以取为 $p_{\lambda}'(\cdot)$，某个惩罚函数 $p_{\lambda}(\cdot)$ 的导数，sgn$(\cdot)$ 为符号函数。

当 T 被 C 所删失时，可以使用逆概率删失加权方法（Inverse Probability of Censoring Weighting，IPCW，参见 Robins 和 Rotnizky，1992）进行修正。假设给定 Z，C 与 $(T,\ \iota)$ 条件独立，有

$$
\begin{aligned}
E\left[\frac{\mathrm{I}(\mathrm{X} \leqslant \mathrm{x},\ \delta\iota = 1)}{\mathrm{G}(\mathrm{X} \mid \boldsymbol{Z})} \middle| Z\right] &= \mathrm{E}\left\{ E\left[\frac{I(T \leqslant x,\ \iota = 1,\ C \geqslant T)}{G(T \mid \boldsymbol{Z})} \middle| T,\ \iota,\ \boldsymbol{Z}\right] \middle| \boldsymbol{Z} \right\} \\
&= \mathrm{E}\left[\frac{I(T \leqslant x,\ \iota = 1) G(T \mid \boldsymbol{Z})}{G(T \mid \boldsymbol{Z})} \middle| \boldsymbol{Z}\right] \\
&= \mathrm{P}(T \leqslant x,\ \iota = 1 \mid \boldsymbol{Z}),
\end{aligned}
$$

其中 $\mathrm{G}(\mathrm{t} \mid \boldsymbol{Z}) = P(C \geqslant t \mid \boldsymbol{Z})$ 为在 $\boldsymbol{Z}$ 条件下，删失变量 C 的生存函数。那么式（4-7）可以写作，

$$
\begin{aligned}
0 &= \mathrm{E}[\boldsymbol{Z}\{ I[T_1^{\mathrm{tr}*} - \boldsymbol{Z}^{\mathrm{T}}\beta(\tau) \leqslant 0] - \tau \}] \\
&= \mathrm{E}[\boldsymbol{Z}\mathrm{E}\{ I[T_1^{\mathrm{tr}*} - \boldsymbol{Z}^{\mathrm{T}}\beta(\tau) \leqslant 0] \mid \boldsymbol{Z}\} - \tau] \\
&= \mathrm{E}[\boldsymbol{Z}F_1\{ g[\boldsymbol{Z}^{\mathrm{T}}\beta(\tau)] \mid \boldsymbol{Z}\} - \tau] \\
&= \mathrm{E}\left[\boldsymbol{Z}\mathrm{E}\left\{ \frac{I[X \leqslant g(\boldsymbol{Z}^{\mathrm{T}}\beta(\tau)),\ \delta\iota = 1]}{G(X \mid \boldsymbol{Z})} \middle| Z \right\} - \tau\right] \\
&= \mathrm{E}\left[\boldsymbol{Z}\frac{I[g^{-1}(X) - \boldsymbol{Z}^{\mathrm{T}}\beta(\tau) \leqslant 0,\ \delta\iota = 1]}{G(X \mid \boldsymbol{Z})} - \tau\right]
\end{aligned} \tag{4-12}
$$

可以注意到，在推导式（4-12）时用到的 IPCW 将假设放松到了 C 和 $(T,\ \iota)$ 在 Z 条件下的条件独立。

用于估计 $\beta_0(\tau)$ 的式（4-12）的样本形式为：

$$0=\sum_{i=1}^{n}\mathbf{Z}_i\left\{\frac{I[g^{-1}(X_i)\leqslant\mathbf{Z}_i^{\top}\beta(\tau)]I(\delta_i\iota_i=1)}{\widehat{G}(X_i\mid\mathbf{Z}_i)}-\tau\right\}\tag{4-13}$$

其中 $\widehat{G}(\cdot\mid Z)$ 是对于 $G(\cdot\mid Z)$ 的合理估计，例如 Kaplan-Meier 估计量。为了证明的方便，记

$$S_n[\beta(\tau),\ \tau]=n^{-1/2}\sum_{i=1}^{n}\mathbf{Z}_i\left(\frac{I\{X_i\leqslant g[\mathbf{Z}_i^{\top}\beta(\tau)]\}I(\delta_i\iota_i=1)}{\widehat{G}(X_i\mid\mathbf{Z}_i)}-\tau\right)$$

类似于式(4-11)，删失情况下的惩罚估计方程为：

$$S_n^p[\beta(\tau),\ \tau]=S_n[\beta(\tau),\ \tau]+n^{1/2}q_\lambda[\,|\beta(\tau)|\,]\mathrm{sgn}[\beta(\tau)]=0\tag{4-14}$$

Johnson 等(2008)给出了对于一般的惩罚估计方程的求解方法。而 Peng 和 Fine(2009)证明了求解估计方程(4-13)可以转化为求解以下 L_1 凸函数的最小值点的问题，

$$U_n(\beta(\tau),\ \tau)=\sum_{i=1}^{n}I(\delta_i\iota_i=1)\left|\frac{g^{-1}(X_i)}{\widehat{G}(X_i)}-\beta^{\top}(\tau)\frac{Z_i}{\widehat{G}(X_i)}\right|+$$
$$\left|M-\beta^{\top}(\tau)\sum_{l=1}^{n}\frac{-Z_lI(\delta_l\iota_l=1)}{\widehat{G}(X_l)}\right|+\left|M-\beta^{\top}(\tau)\sum_{k=1}^{n}(2\mathbf{Z}_k\tau)\right|$$

其中 M 是一个足够大的正数，使对 $\beta_0(\tau)$ 的紧致邻域中所有的 $\beta(\tau)$，$\left|\beta^{\top}(\tau)\sum_{l=1}^{n}\frac{-\mathbf{Z}_l(\delta_l\iota_l=1)}{\widehat{G}(X_l)}\right|$ 和 $\left|\beta^{\top}(\tau)\sum_{l=1}^{n}\frac{-\mathbf{Z}_l(\delta_l\iota_l=1)}{\widehat{G}(X_l)}\right|$ 都小于 M。因此，求解方程(4-14)等价于最小化以下惩罚函数，

$$U^p[\beta(\tau),\ \tau]=U_n[\beta(\tau),\ \tau]+n^{1/2}p_\lambda[\,|\beta(\tau)|\,]\tag{4-15}$$

这种通过最小化 L_1 问题求解单调方程的思想在其他文献中也用到过，如 Jin 等(2003)等。最小化像 $U_n(\beta(\tau),\ \tau)$ 这样的 L_1 型函数可以通过软件进行求解，例如 Koenker(2009)中的 R 包 quantreg 中的 rq( ) 函数。然而，这种现成的软件包并不适用于求解式(4-15)。我们考虑引入求解惩罚分位回归的方法，基于几种常见的惩罚函数，如 LASSO 惩罚、ALASSO 惩罚、SCAD 惩罚，将其转换为线性规划问题再行求解。

SCAD 惩罚的具体表达式如下：

$$p_\lambda(|\theta|)=\lambda|\theta|I(0\leqslant|\theta|<\lambda)+\frac{(a^2-1)\lambda^2-(|\theta|-a\lambda)^2}{2(a-1)}I(\lambda\leqslant|\theta|<a\lambda)+$$
$$\frac{(a+1)\lambda^2}{2}I(|\theta|\geqslant a\lambda)$$

其中 $a>2$ 为调节参数，Fan 和 Li(2001)建议取 $a=3.7$。SCAD 惩罚函数对应的优化问题是一个非凸的优化问题，Wu 和 Liu(2009)给出了 SCAD 惩罚的差分凸算法。差分凸算法由 An 和 Tao(1997)提出并用于处理非凸优化问题，随后被用于机器学习中(Wu 和 Liu，2007)。更多细节可以参见 Liu 等(2005b)和 Liu 等(2005a)。

具体而言，SCAD 惩罚函数在$(0, \infty)$上的一阶导数为：

$$
\begin{aligned}
p'_\lambda(\theta) &= \lambda I(\theta<\lambda)+\frac{(a\lambda-\theta)_+}{(a-1)\lambda}I(\theta\geqslant\lambda)\\
&= p'_{\lambda,1}(\theta)-p'_{\lambda,2}(\theta)
\end{aligned}
$$

其中

$$
\begin{cases}
p'_{\lambda,1}(\theta)=\lambda\\
p'_{\lambda,2}(\theta)=\lambda\left[1-\dfrac{(a\lambda-\theta)_+}{(a-1)\lambda}\right]I(\theta\geqslant\lambda)
\end{cases}
$$

由此可得，SCAD 惩罚函数可以分解为 $p_\lambda(\theta)=p_{\lambda,1}(\theta)-p_{\lambda,2}(\theta)$。显然，$p'_{\lambda,1}(\theta)$是个常数，$p'_{\lambda,2}(\theta)$是减函数。因此，$p_{\lambda,1}(\cdot)$和$p_{\lambda,2}(\cdot)$都是凸函数，也就是说，SCAD 惩罚函数可以分解为两个凸函数之差。那么，

$$
U^p[\beta(\tau), \tau]=U^p_{\mathrm{vex}}[\beta(\tau), \tau]+U^p_{\mathrm{cav}}[\beta(\tau), \tau]
$$

其中

$$
U^p_{\mathrm{vex}}[\beta(\tau), \tau]=U[\beta(\tau), \tau]+n^{1/2}\sum_{j=1}^{p}p_{\lambda,1}[|\beta_j(\tau)|]
$$

$$
U^p_{\mathrm{cav}}[\beta(\tau), \tau]=-n^{1/2}\sum_{j=1}^{p}p_{\lambda,2}[|\beta_j(\tau)|]
$$

基于差分凸算法，最小化 $U^p(\beta(\tau), \tau)$的算法如下：

(1)初始化$\beta^{(0)}(\tau)$。

(2)重复

$$
\beta^{(t+1)}(\tau)=\underset{\beta(\tau)}{\operatorname{argmin}}[U^p_{\mathrm{vex}}[\beta(\tau), \tau]+<U^{p'}_{\mathrm{cav}}[\beta^{(t)}(\tau), \tau], \beta(\tau)-\beta^{(t)}(\tau)>]
$$

直到收敛。

通过一系列凸的子问题来求解非凸的优化问题，将第 t 步的解记为$\beta^{(t)}(\tau)=(\beta_1^{(t)}(\tau), \cdots, \beta_p^{(t)}(\tau))^{\top}$。那么在$\beta^{(t)}(\tau)$处凹部的导数为：

$$
\begin{aligned}
&U^{p'}_{\mathrm{cav}}(\beta^{(t)}(\tau), \tau)\\
&=-n^{1/2}\{p'_{\lambda,2}(|\beta_1^{(t)}(\tau)|)\operatorname{sgn}[\beta_1^{(t)}(\tau)], \cdots, p'_{\lambda,2}(|\beta_p^{(t)}(\tau)|)\operatorname{sgn}[\beta_p^{(t)}(\tau)]\}^{\top}
\end{aligned}
$$

在第$(t+1)$-步迭代中，用线性函数逼近第二个函数，并求解以下凸优化问题：

$$\min_{\beta(\tau)} U[\beta(\tau),\ \tau]+n^{1/2}\sum_{j=1}^{p} p_{\lambda,1}[\ |\beta_j(\tau)|\ ]-n^{1/2}\sum_{j=1}^{p}$$
$$p'_{\lambda,2}[\ |\beta_j^{(t)}(\tau)|\ ]\mathrm{sgn}[\beta_j^{(t)}(\tau)][\beta_j(\tau)-\beta_j^{(t)}(\tau)] \tag{4-16}$$

在算法第一步的初始化部分，可以使用不带惩罚的估计方程得到的线性分位回归估计$\widetilde{\beta}(\tau)$作为初始值。

通过引入松弛变量，我们可以重新将最优化问题(4-16)表述为以下的线性规划问题：

$$\min\sum_{i=1}^{n} I(\delta_i\iota_i=1)(\xi_i^{+}+\xi_i^{-})+(\zeta^{+}+\zeta^{-})+$$
$$(\eta^{+}+\eta^{-})+n^{1/2}\lambda\sum_{j=1}^{p}[\beta_j^{+}(\tau)+\beta_j^{-}(\tau)]-$$
$$n^{1/2}\sum_{j=1}^{d}\beta'_{\lambda,2}(\tau)[\ |\beta_j^{(t)}(\tau)|\ ]\mathrm{sgn}[\beta_j^{(t)}(\tau)]$$
$$[\beta_j^{+}(\tau)-\beta_j^{-}(\tau)-\beta_j^{(t)}(\tau)]$$

限制条件为：

$$\xi_i^{+}\geqslant 0,\ \xi_i^{-}\geqslant 0,\ \xi_i^{+}-\xi_i^{-}=\frac{g^{-1}(X_i)}{\widehat{G}(X_i)}-\beta^{\top}(\tau)\frac{\mathbf{Z}_i}{\widehat{G}(X_i)},\ i=1,\ \cdots,\ n$$
$$\zeta^{+}\geqslant 0,\ \zeta^{-}\geqslant 0,\ \zeta^{+}-\zeta^{-}=M-\beta^{\top}(\tau)\sum_{l=1}^{n}\frac{-\mathbf{Z}_l I(\delta_l\iota_l=1)}{\widehat{G}(X_l)}$$
$$\eta^{+}\geqslant 0,\ \eta^{-}\geqslant 0,\ \eta^{+}-\eta^{-}=M-\beta^{\top}(\tau)\sum_{k=1}^{n}(2\mathbf{Z}_k\tau)$$
$$\beta_j^{+}(\tau)\geqslant 0,\ \beta_j^{-}(\tau)\geqslant 0,\ j=1,\ \cdots,\ p$$

其中$\xi_i^{+}=\max(\xi_i,\ 0)$，$\xi_i^{-}=-\min(\xi_i,\ 0)$，$\zeta^{+}$，$\zeta^{-}$，$\eta^{+}$，$\eta^{-}$，$\beta_j^{+}(\tau)$，$\beta_j^{-}(\tau)$的定义类似。而初始的$\widetilde{\beta}(\tau)$对应的估计方程可以转化为以下的线性规划问题：

$$\min\sum_{i=1}^{n} I(\delta_i\iota_i=1)(\xi_i^{+}+\xi_i^{-})+(\zeta^{+}+\zeta^{-})+(\eta^{+}+\eta^{-})$$

限制条件为：

$$\xi_i^{+}\geqslant 0,\ \xi_i^{-}\geqslant 0,\ \xi_i^{+}-\xi_i^{-}=\frac{g^{-1}(X_i)}{\widehat{G}(X_i)}-\beta^{\top}(\tau)\frac{\mathbf{Z}_i}{\widehat{G}(X_i)},\ i=1,\ \cdots,\ n$$
$$\zeta^{+}\geqslant 0,\ \zeta^{-}\geqslant 0,\ \zeta^{+}-\zeta^{-}=M-\beta^{\top}(\tau)\sum_{l=1}^{n}\frac{-\mathbf{Z}_l I(\delta_l\iota_l=1)}{\widehat{G}(X_l)}$$
$$\eta^{+}\geqslant 0,\ \eta^{-}\geqslant 0,\ 及\eta^{+}-\eta^{-}=M-\beta^{\top}(\tau)\sum_{k=1}^{n}(2\mathbf{Z}_k\tau)$$

对于 ALASSO，我们可以得到类似的对于线性规划问题的转化：

$$\min\sum_{i=1}^{n} I(\delta_i\iota_i=1)(\xi_i^+ +\xi_i^-)+(\zeta^+ +\zeta^-)+(\eta^+ +\eta^-)+$$

$$n^{1/2}\lambda\sum_{j=1}^{p} w_j[\beta_j^+(\tau)+\beta_j^-(\tau)]$$

限制条件为：

$$\xi_i^+\geqslant 0,\ \xi_i^-\geqslant 0,\ \xi_i^+-\xi_i^-=\frac{g^{-1}(X_i)}{\widehat{G}(X_i)}-\beta^{\top}(\tau)\frac{Z_i}{\widehat{G}(X_i)},\ i=1,\ \cdots,\ n$$

$$\zeta^+\geqslant 0,\ \zeta^-\geqslant 0,\ \zeta^+-\zeta^-=M-\beta^{\top}(\tau)\sum_{l=1}^{n}\frac{-Z_l I(\delta_l\iota_l=1)}{\widehat{G}(X_l)}$$

$$\eta^+\geqslant 0,\ \eta^-\geqslant 0,\ \eta^+-\eta^-=M-\beta^{\top}(\tau)\sum_{k=1}^{n}(2Z_k\tau)$$

$$\beta_j^+(\tau)\geqslant 0,\ \beta_j^-(\tau)\geqslant 0,\ j=1,\ \cdots,\ p$$

上面的线性规划问题可以通过 R 中的软件包来实现。

第三节　渐近性质

在这一节中，我们建立对于 $\tau\in[\tau_L,\ \tau_U]$，所提估计量 $\widehat{\beta}(\tau)$ 的相合性和弱收敛性。

引入正则条件。

(C1) 存在 $\nu>0$ 使 $P(C=\nu)>0$，$P(C>\nu)=0$。

(C2) Z 一致有界，即 $\sup_i\|\mathbf{Z}_i\|<\infty$。

(C3) ① $\beta_0(\tau)$ 对于 $\tau\in[\tau_L,\ \tau_U]$ 是 Lipschitz 连续的；② $f_1(t|Z)$ 对于 t 和 z 一致有上界，其中 $f_1(t|Z)=\mathrm{d}F_1(t|Z)/\mathrm{d}t$。

(C4) 存在 $\rho_0>0$，c_0，$c_0'>0$ 使

$$\inf_{\beta(\tau)\in\mathcal{B}(\rho_0)}\text{eigmin}\{\mathbf{A}[\beta(\tau)]\}\geqslant c_0,\quad \sup_{\beta(\tau)\in\mathcal{B}(\rho_0)}\text{eigmax}\{\mathbf{A}[\beta(\tau)]\}\leqslant c_0'$$

其中

$$\mathcal{B}(\rho)=\{\beta(\tau)\in R^{p+1}:\ \inf_{\tau\in[\tau_L,\tau_U]}\|\beta(\tau)-\beta_0(\tau)\|\leqslant\rho\}$$

$$\mathbf{A}(\beta(\tau))=\mathrm{E}\{\mathbf{Z}^{\otimes 2}f_1[g(\mathbf{Z}^{\top}\beta(\tau))g'(\mathbf{Z}^{\top}\beta(\tau))|\mathbf{Z}]\}$$

这里 $\|\cdot\|$ 表示 Euclidean 范数，eigmax$\{\mathbf{A}\}$ 和 eigmin$\{\mathbf{A}\}$ 分别表示矩阵 $\mathbf{A}$ 的最大

特征值和最小特征值。我们对向量 $\boldsymbol{u}$ 定义 $\boldsymbol{u}^{\otimes 2}=\boldsymbol{u}\,\boldsymbol{u}^{\top}$。

(C5)惩罚估计方程中的惩罚函数 $q_{\lambda_n}(\cdot)$具有如下性质：

(a)对于固定的非零 θ，

$\lim n^{1/2}q_{\lambda_n}(|\theta|)=0$ 且 $\lim q'_{\lambda_n}(|\theta|)=0$。

(b)对于任意 $M>0$，

$$\lim \sqrt{n}\inf_{|\theta|\leqslant Mn^{-1/2}} q_{\lambda_n}(|\theta|)\to\infty$$

条件(C1)在实践中十分常见，许多临床试验都可以满足。条件(C2)假设了协变量的有界性，对于高维数据，当非零系数个数固定或者只有很小一部分系数非零时，这一条件也能够满足。条件(C3)与处理独立删失的分位回归方法中的正则条件类似，假设了系数过程的光滑性和原因 1 的子密度函数的一致有界性。条件(C4)实质上假设了 $U_n(\beta(\tau),\tau)$的渐近极限在 $\beta_0(\tau)$的邻域中的严格凸性，这确保了 $\beta_0(\tau)$的可识别性以及 $\hat{\beta}(\tau)$的相合性。条件(C5)关于惩罚函数和正则参数的选择，是证明 Oracle 性质的关键。

我们注意到 $U_n[\beta(\tau),\tau]$的第一项关于 $\beta(\tau)$的导数为：

$$\sum_{i=1}^{n}I(\delta_i\iota_i=1)\frac{\mathbf{Z}_i}{\hat{G}(X_i)}\{I[X_i\leqslant g(\mathbf{Z}_i^{\top}\beta(\tau))]-I[X_i>g(\mathbf{Z}_i^{\top}\beta(\tau))]\}$$

$$=\sum_{i=1}^{n}I(\delta_i\iota_i=1)\frac{\mathbf{Z}_i}{\hat{G}(X_i)}\{I[X_i\leqslant g(\mathbf{Z}_i^{\top}\beta(\tau))]-1+I[X_i\leqslant g(\mathbf{Z}_i^{\top}\beta(\tau))]\}$$

$$=2\sum_{i=1}^{n}\frac{\mathbf{Z}_iI[X_i\leqslant g(Z_i^{\top}\beta(\tau))]I(\delta_i\iota_i=1)}{\hat{G}(X_i)}-\sum_{l=1}^{n}\frac{\mathbf{Z}_lI(\delta_l\iota_l=1)}{\hat{G}(X_l)}$$

给定 M，对于所有紧致参数空间中的 $\beta(\tau)$，限制了 $\left|\beta^{\top}(\tau)\sum_{l=1}^{n}\frac{-\mathbf{Z}_lI(\delta_l\iota_l=1)}{\hat{G}(X_l)}\right|$ 和 $\left|\beta^{\top}(\tau)\sum_{k=1}^{n}(2\mathbf{Z}_k\tau)\right|$的上界。$U_n(\beta(\tau),\tau)$的后两项关于 $\beta(\tau)$的导数可以简化为

$$\sum_{l=1}^{n}\frac{\mathbf{Z}_lI(\delta_l\iota_l=1)}{\hat{G}(X_l)}-\sum_{k=1}^{n}(2\mathbf{Z}_k\tau)$$

则有

$$\frac{\partial U_n(\beta(\tau),\tau)}{\partial\beta(\tau)}=2\sum_{i=1}^{n}\frac{\mathbf{Z}_iI[X_i\leqslant g(\mathbf{Z}_i^{\top}\beta(\tau))]I(\delta_i\iota_i=1)}{\hat{G}(X_i)}-\sum_{l=1}^{n}\frac{\mathbf{Z}_lI(\delta_l\iota_l=1)}{\hat{G}(X_l)}+\sum_{l=1}^{n}\frac{\mathbf{Z}_lI(\delta_l\iota_l=1)}{\hat{G}(X_l)}-\sum_{k=1}^{n}(2\mathbf{Z}_k\tau)$$

$$=2S_n(\beta(\tau),\tau)$$

因为 $U_n(\beta(\tau),\ \tau)$ 是 $\beta(\tau)$ 的凸函数，可以证明求解方程(4-13)等价于确定 $U_n(\beta(\tau),\ \tau)$ 的最小值点。由于 $q_\lambda(\cdot)$ 是惩罚函数 $p_\lambda(\cdot)$ 的导数，容易看到：

$$\frac{\partial U_n^p(\beta(\tau),\ \tau)}{\partial\beta(\tau)}=2S_n^p(\beta(\tau),\ \tau)$$

定义：

$$S_n^G(\beta(\tau),\ \tau)=n^{-1/2}\sum_{i=1}^{n}\mathbf{Z}_i\left\{\frac{I[X_i\leqslant g(\mathbf{Z}_i^\top\beta(\tau))]I(\delta\iota_i=1)}{G(X_i)}-\tau\right\}$$

$$\widetilde{S}_n(\beta(\tau),\ \tau)=n^{-1/2}\sum_{i=1}^{n}\mathbf{Z}_i\times\{F_1[g(\mathbf{Z}_i^\top\beta(\tau))\mid\mathbf{Z}_i]-\tau\}$$

$$\mu(\beta(\tau),\ \tau)=\mathrm{E}[n^{-1/2}\widetilde{S}_n(\beta(\tau),\ \tau)]$$

我们得出以下定理：

定理 4.1　假设对于 $\tau\in[\tau_L,\ \tau_U]$，模型(4-1)成立。定义非零系数个数为 s。那么在条件(C1)~(C5)下，存在 $S_n^p(\beta(\tau),\ \tau)$ 的一个 $\sqrt{n}$-相合的渐近零交点。即存在 $\widehat{\beta}(\tau)=\beta_0(\tau)+O_p(n^{-1/2})$，使 $\widehat{\beta}(\tau)$ 为 $S_n^p(\beta(\tau),\ \tau)$ 的渐近零交点。

证明：Peng 和 Fine(2009)证明了 $S_n(\beta_0(\tau),\ \tau)$ 弱收敛到均值为零，协方差矩阵为：

$$\Sigma=\mathrm{var}\left(\mathbf{Z}_i\left\{\frac{I[X_i\leqslant g(\mathbf{Z}_i^\top\beta(\tau))]I(\delta_i\iota_i=1)}{G(X_i)}-\tau\right\}\right)$$

的高斯过程，并提出了如下引理：

引理 4.1　对于任何正的序列 $\{d_n\}_{n=1}^{\infty}$ 满足 $d_n\to0$，

$$\lim_{n\to\infty}\sup_{\beta(\tau),\beta'(\tau)\in\mathcal{B}(\rho_0),\ \|\beta(\tau)-\beta'(\tau)\|\leqslant d_n}\Big\|n^{-1/2}\sum_{i=1}^{n}\{Z_i\cdot I[X_i\leqslant g(Z_i^\top\beta(\tau))]$$
$$I(\delta_i\iota_i=1)-\mathbf{Z}_iI[X_i\leqslant g(\mathbf{Z}_i^\top\beta'(\tau))]I(\delta_i\iota_i=1)\}-n^{1/2}[\mu(\beta(\tau),\ \tau)-$$
$$\mu(\beta'(\tau),\ \tau)]\Big\|=0,\ a.s. \tag{4-17}$$

由 $f_1(t\mid Z)$ 的一致有界性，$\mathbf{Z}$ 和 $\mathcal{B}(\rho_0)$ 的有界性，存在常数 $G_0>0$ 使

$$\mathrm{var}(\mathbf{Z}\{I[X_i\leqslant g(\mathbf{Z}_i^\top\beta(\tau))]I(\delta_i\iota_i=1)-I[X_i\leqslant g(\mathbf{Z}_i^\top\beta'(\tau))]I(\delta_i\iota_i=1)\})$$
$$\leqslant G_0\|\beta(\tau)-\beta'(\tau)\|。\tag{4-18}$$

可得引理 4.1(参见 Alexander，1984；Lai 和 Ying，1988)。

因为对于固定的 $\|\beta(\tau)-\beta'(\tau)\|\leqslant d_n$，$\{X_i,\ \mathbf{Z}_i,\ \delta_i\iota_i\}$ 是独立同分布的，

$$Z_i\left\{\frac{I[X_i\leqslant g(\mathbf{Z}_i^\top\beta(\tau))]I(\delta_i\iota_i=1)}{G(X_i)}-\frac{I[X_i\leqslant g(\mathbf{Z}_i^\top\beta'(\tau))]I(\delta_i\iota_i=1)}{G(X_i)}\right\}$$

也是独立同分布的。由中心极限定理，我们有

$$\frac{n^{1/2}(n^{-1/2}[S_n^G(\beta(\tau),\tau)-S_n^G(\beta'(\tau),\tau)]-\mathrm{E}\{n^{-1/2}[S_n^G(\beta(\tau),\tau)-S_n^G(\beta'(\tau),\tau)]\})}{\mathrm{var}^{1/2}\left(Z_i\left\{\frac{I[X_i\leqslant g(Z_i^{\top}\beta(\tau))]I(\delta_i\iota_i=1)}{G(X_i)}-\frac{I[X_i\leqslant g(Z_i^{\top}\beta'(\tau))]I(\delta_i\iota_i=1)}{G(X_i)}\right\}\right)}\xrightarrow{d}N(0,1)$$

其中

$$n^{-1/2}S_n^G(\beta(\tau),\tau)=\frac{1}{n}\sum_{i=1}^{n}\boldsymbol{Z}_i\left\{\frac{I[X_i\leqslant g(\boldsymbol{Z}_i^{\top}\beta(\tau))]I(\delta_i\iota_i=1)}{G(X_i)}-\tau\right\}$$

则有

$$\begin{aligned}\mathrm{E}[n^{-1/2}S_n^G(\beta(\tau),\tau)]&=\mathrm{E}[\mathrm{E}n^{-1/2}S_n^G(\beta(\tau),\tau)\mid \boldsymbol{Z}_i]\\&=n^{-1}\mathrm{E}\sum_{i=1}^{n}\boldsymbol{Z}_i\left(\mathrm{E}\left\{\frac{I[X_i\leqslant g(\boldsymbol{Z}_i^{\top}\beta(\tau))]}{G(X_i)}I(\delta_i\iota_i=1)\mid \boldsymbol{Z}_i\right\}-\tau\right)\\&=n^{-1}\mathrm{E}\left(\sum_{i=1}^{n}\boldsymbol{Z}_i\{F_1(g(\boldsymbol{Z}_i^{\top}\beta(\tau)\mid \boldsymbol{Z}_i))-\tau\}\right)\\&=\mathrm{E}[n^{-1/2}\widetilde{S}(\beta(\tau),\tau)]=\mu(\beta(\tau),\tau)\end{aligned}$$

因此，

$$S_n^G(\beta(\tau),\tau)-S_n^G(\beta'(\tau),\tau)-n^{1/2}[\boldsymbol{\mu}(\beta(\tau),\tau)-\boldsymbol{\mu}(\beta'(\tau),\tau)]\sim AN(0,\Sigma_n)$$

其中

$$\begin{aligned}\Sigma_n&=\mathrm{var}^{1/2}\left(\boldsymbol{Z}_i\left\{\frac{I[X_i\leqslant g(\boldsymbol{Z}_i^{\top}\beta(\tau))]I(\delta_i\iota_i=1)}{G(X_i)}-\frac{I[X_i\leqslant g(\boldsymbol{Z}_i^{\top}\beta'(\tau))]I(\delta_i\iota_i=1)}{G(X_i)}\right\}\right)\\&=\mathrm{var}^{1/2}\left(\boldsymbol{Z}_i\left[\frac{I(\delta_i\iota_i=1)}{G(X_i)}-1\right]\{I[X_i\leqslant g(\boldsymbol{Z}_i^{\top}\beta(\tau))]-I[X_i\leqslant g(\boldsymbol{Z}_i^{\top}\beta'(\tau))]\}\right)\\&\leqslant M_0\|\beta(\tau)-\beta'(\tau)\|\to 0,\ \text{当}\ n\to\infty\end{aligned}\tag{4-19}$$

对于某个足够大的常数 M_0，最后一个不等式可以由$f_1(t\mid Z)$的一致有界性和 Z 与 $\mathcal{B}(\rho_0)$的有界性，以及条件（C1）~（C3）得到。Boos 和 Stefanski（2013）中定理 5.13 表示，如果 Y_n 服从 $AN(\mu,\sigma_n^2)$，那么

$$Y_n\xrightarrow{p}\mu\ \text{当且仅当}\ \sigma_n\to 0,\ \text{随着}\ n\to\infty\ 。$$

随着 $n\to\infty$，我们有

$$S_n^G(\beta(\tau),\tau)-S_n^G(\beta'(\tau),\tau)-n^{1/2}[\boldsymbol{\mu}(\beta(\tau),\tau)-\boldsymbol{\mu}(\beta'(\tau),\tau)]=o_p(1)$$

以及

$$\|\boldsymbol{\mu}(\beta(\tau),\ \tau)-\boldsymbol{\mu}(\beta'(\tau),\ \tau)\|\leqslant d_n\to 0$$

考虑

$$\widehat{\beta}(\tau)=(\widehat{\beta}_1^{\top}(\tau),\ 0^{\top})^{\top}$$

其中

$$\widehat{\beta}_1(\tau)=\beta_{01}(\tau)-n^{-1/2}\mathbf{A}_{11}^{-1}(\beta_0(\tau))S_n(\beta_0(\tau),\ \tau)+o_p(n^{-1/2})$$

其中$\mathbf{A}_{11}$为 $\mathbf{A}$ 的前 $s\times s$ 阶子矩阵。为简便起见，我们记

$$\widehat{\beta}_1(\tau)=\beta_{01}(\tau)-n^{-1/2}\mathbf{A}_{11}^{-1}(\beta_0(\tau))S_n(\beta_0(\tau))$$

有

$$\widehat{\beta}(\tau)=\beta_0(\tau)+O_p(n^{-1/2})$$

简单的推导可得：

$$S_n(\widehat{\beta}(\tau),\ \tau)-S_n(\beta_0(\tau),\ \tau)=(\text{Ⅰ})+(\text{Ⅱ})$$

其中

$$(\text{Ⅰ})=n^{-1/2}\sum_{i=1}^{n}\frac{Z_i}{G(X_i)}\{I[X_i\leqslant g(Z_i^{\top}\widehat{\beta}(\tau))]I(\delta_i\iota_i=1)-I[X_i\leqslant g(Z_i^{\top}\beta_0(\tau))]I(\delta_i\iota_i=1)\}$$

$$(\text{Ⅱ})=n^{-1/2}\sum_{i=1}^{n}Z_i\{I[X_i\leqslant g(Z_i^{\top}\widehat{\beta}(\tau))]I(\delta_i\iota_i=1)-I[X_i\leqslant g(Z_i^{\top}\beta_0(\tau))]I(\delta_i\iota_i=1)\}\left[\frac{1}{\widehat{G}(X_i)}-\frac{1}{G(X_i)}\right]$$

由引理 4. 1 与 Boos 和 Stefanski(2013)中的定理 5. 13，以及$\widehat{\beta}(\tau)=\beta_0(\tau)+O_p(n^{-1/2})$，我们有

$$(\text{I})=n^{1/2}[\mu(\widehat{\beta}(\tau))-\mu(\beta_0(\tau))]+o_p(1)$$

又因为

$$\sup_i[\widehat{G}(X_i)^{-1}-G(X_i)^{-1}]=o_p(n^{-1/2+r})$$

对于任何 $r>0$，由引理 4. 1 得

$$\begin{aligned}(\text{Ⅱ})&=o_p(n^{-1/2+r})n^{-1/2}\sum_{i=1}^{n}Z_i\{I[X_i\leqslant g(Z_i^{\top}\widehat{\beta}(\tau))]I(\delta_i\iota_i=1)-I[X_i\leqslant g(Z_i^{\top}\beta_0(\tau))]I(\delta_i\iota_i=1)\}\\&=o_p(n^{-1/2+r})\{n^{1/2}[\mu(\widehat{\beta}(\tau),\ \tau)-\mu(\beta_0(\tau),\ \tau)]+o(1)\}\end{aligned}\tag{4-20}$$

上式阶数由(Ⅰ)决定；也就是说，$S_n(\widehat{\beta}(\tau),\ \tau)-S_n(\beta_0(\tau),\ \tau)$由(Ⅰ)控制。通过泰勒展开，我们有

$$S_n(\widehat{\beta}(\tau),\tau)-S_n(\beta_0(\tau),\tau)=[o(1)+1]n^{1/2}[\mu(\widehat{\beta}(\tau))-\mu(\beta_0(\tau))]$$
$$=[\mathbf{A}(\beta_0(\tau))+\epsilon_n(\tau)]\cdot n^{1/2}[\widehat{\beta}(\tau)-\beta_0(\tau)][1+o_p(1)]$$
$$=\mathbf{A}(\beta_0(\tau))n^{1/2}[\widehat{\beta}(\tau)-\beta_0(\tau)]+o_p(1) \tag{4-21}$$

其中$\sup_{\tau}|\epsilon_n(\tau)|\to 0$，对于$\widehat{\beta}(\tau)-\beta_0(\tau)=O_p(n^{-1/2})$。

对于$\epsilon=o(n^{-1/2})\to 0$，类似的推导得，对于$j=1, \cdots, s$，

$$S_n(\widehat{\beta}(\tau)\pm\epsilon e_j,\tau)=S_n(\beta_0(\tau),\tau)+\mathbf{A}(\beta_0(\tau))n^{1/2}[\widehat{\beta}(\tau)-\beta_0(\tau)+\epsilon e_j]+o_p(1)$$
$$=S_n(\beta_0(\tau),\tau)+\mathbf{A}(\beta_0(\tau))n^{1/2}[\widehat{\beta}(\tau)-\beta_0(\tau)]+o_p(1) \tag{4-22}$$

根据条件(C5)(a)，我们有

$$S_j^p(\widehat{\beta}(\tau)\pm\epsilon e_j,\tau)=S_j(\widehat{\beta}(\tau)\pm\epsilon e_j,\tau)+n^{1/2}q_{\lambda_n}[\widehat{\beta}_j(\tau)\pm\epsilon]\mathrm{sgn}(\widehat{\beta}_j(\tau)\pm\epsilon)$$
$$=o_p(1)+n^{1/2}q_{\lambda_n}(\widehat{\beta}_j(\tau)+\epsilon)\mathrm{sgn}[\widehat{\beta}_j(\tau)\pm\epsilon]=o_p(1)$$

其中 S_j 表示 S_n 的第 j 个分量。

因为

$$S_n(\widehat{\beta}(\tau)+\epsilon e_j,\tau)=o_p(1)\text{，对于 } j=s+1, \cdots, p,$$

而由$(C5)(b)$，

$$n^{1/2}q_{\lambda_n}(\widehat{\beta}_j(\tau)+\epsilon)\to\infty,$$

$S_j^p(\widehat{\beta}(\tau)+\epsilon e_j,\tau)$和$S_j^p(\widehat{\beta}(\tau)-\epsilon e_j,\tau)$的符号由$n^{1/2}q_{\lambda_n}(\epsilon)$和$-n^{1/2}q_{\lambda_n}(\epsilon)$分别决定。因此，它们在$\epsilon\to 0$时有相反的符号。因此，$\widehat{\beta}(\tau)$是一个渐近零交点，即

$$\lim_{n\to\infty}\lim_{\epsilon\to 0}S_j^p(\widehat{\beta}(\tau)+\epsilon e_j)S_j^p(\widehat{\beta}(\tau)-\epsilon e_j)\leqslant 0,\quad j=1, \cdots, p\text{。}$$

定理 4.1 得证。

定理 4.2 假设对于$\tau\in[\tau_L, \tau_U]$，模型(4-1)成立。定义非零系数个数为 s。那么在条件(C1)~(C5)下，

(1)(稀疏性)对于任何$\sqrt{n}$-相合的$S_n^p(\beta(\tau),\tau)$的渐近零交点，记为$\widehat{\beta}(\tau)=(\widehat{\beta}_1(\tau), \cdots, \widehat{\beta}_d(\tau))^{\top}$，

$$\lim_{n\to\infty}\mathrm{P}(\widehat{\beta}_j(\tau)=0\text{，对于 } j>s)=1$$

(2)如果记

$$\widehat{\beta}_1(\tau)=(\widehat{\beta}_1(\tau), \cdots, \widehat{\beta}_s(\tau))^{\top}$$
$$\beta_{01}(\tau)=(\beta_{01}(\tau), \cdots, \beta_{0s}(\tau))^{\top}$$

那么

$$n^{1/2}[\mathbf{A}_{11}(\beta_0(\tau))+\Sigma_{11}]\{\widehat{\beta}_1(\tau)-\beta_{01}(\tau)+[\mathbf{A}_{11}(\beta_0(\tau),\tau)+\Sigma_{11}]^{-1}b_n\}\xrightarrow{d}N(0,\mathbf{V}_{11})$$

其中$\mathbf{A}_{11}$，Σ_{11}和$\mathbf{V}_{11}$分别为$\mathbf{A}$，$\mathrm{diag}\{-q'_{\lambda_n}(|\beta_0(\tau)|)\mathrm{sgn}(\beta_0(\tau))\}$和$\mathbf{V}$的前$s\times s$阶子矩阵，

$$b_n=-[q_{\lambda_n}(\beta_{01}(\tau))\mathrm{sgn}(\beta_{01}(\tau)), \cdots, q_{\lambda_n}(\beta_{0s}(\tau))\mathrm{sgn}(\beta_{0s}(\tau))]^{\mathrm{T}}$$

证明：对于稀疏性的证明，我们考虑$C_j=\{\widehat{\beta}_j(\tau)\neq 0\}$，$j=s+1, \cdots, p$。只要证明对于任意的$\epsilon>0$，当$n$足够大时，$\mathrm{P}(C_j)<\epsilon$即可。因为$\widehat{\beta}(\tau)=\beta_0(\tau)+O_p(n^{-1/2})$，那么对于$j=s+1, \cdots, p$，

$$\widehat{\beta}_j(\tau)=O_p(n^{-1/2})$$

即

$$\left|\frac{\widehat{\beta}_j(\tau)}{n^{-1/2}}\right|=O_p(1)$$

给定$O_p(1)$的定义（Boos和Stefanski，2013），$\forall\epsilon/2$，存在常数M，使

$$\mathrm{P}(\widehat{\beta}_j(\tau)\geqslant Mn^{-1/2})<\epsilon/2$$

那么

$$\begin{aligned}\mathrm{P}(C_j)&=P[\widehat{\beta}_j(\tau)\neq 0, \widehat{\beta}_j(\tau)\geqslant Mn^{-1/2}]+\mathrm{P}[\widehat{\beta}_j(\tau)\neq 0, \widehat{\beta}_j(\tau)<Mn^{-1/2}]\\&<\epsilon/2+\mathrm{P}[\widehat{\beta}_j(\tau)\neq 0, \widehat{\beta}_j(\tau)<Mn^{-1/2}]\end{aligned}$$

因为$\widehat{\beta}_j(\tau)$为$S_j^p(\beta(\tau), \tau)$的$\sqrt{n}$相合的渐近零交点，那么在$\widehat{\beta}_j(\tau)\neq 0$，$\widehat{\beta}_j(\tau)<Mn^{-1/2}$上，$S_j^p(\widehat{\beta}(\tau), \tau)^2=o_p(1)$，即

$$\begin{aligned}o_p(1)&=[S_j^p(\widehat{\beta}(\tau), \tau)]^2\\&=[S_j^G(\widehat{\beta}(\tau), \tau)+o_p(1)+n^{1/2}q_{\lambda_n}(\widehat{\beta}_j(\tau))\mathrm{sgn}(\widehat{\beta}_j(\tau))]^2\\&=\{\mu(\beta_0(\tau))+n^{1/2}A_j[\widehat{\beta}(\tau)-\beta_0(\tau)]+o_p(1)+n^{1/2}q_{\lambda_n}(\widehat{\beta}_j(\tau))\mathrm{sgn}(\widehat{\beta}_j(\tau))\}^2\end{aligned}$$

因此

$$n^{1/2}q_{\lambda_n}(\widehat{\beta}_j(\tau))\mathrm{sgn}(\widehat{\beta}_j(\tau))=O_p(1)$$

即存在M'，使以概率1，

$$|n^{1/2}q_{\lambda_n}(\widehat{\beta}_j(\tau))\mathrm{sgn}(\widehat{\beta}_j(\tau))|\leqslant M'$$

换句话说，对于所有的$\epsilon/2$，对于足够大的n，

$$\mathrm{P}[|n^{1/2}q_{\lambda_n}(\widehat{\beta}_j(\tau))\mathrm{sgn}(\widehat{\beta}_j(\tau))|\leqslant M']>1-\epsilon/2$$

由条件(C5)(b)，对于任何M'，$\widehat{\beta}_j(\tau)\neq 0$，$|\widehat{\beta}_j(\tau)|\leqslant Mn^{-1/2}$推出$|n^{1/2}q_{\lambda_n}(\widehat{\beta}_j(\tau))|>M'$，对于足够大的$n$。那么

$$\begin{aligned}&\mathrm{P}[\widehat{\beta}_j(\tau)\neq 0, |\widehat{\beta}_j(\tau)|\leqslant Mn^{-1/2}]\\&=\mathrm{P}[\widehat{\beta}_j(\tau)\neq 0, |\widehat{\beta}_j(\tau)|\leqslant Mn^{-1/2}, n^{1/2}q_{\lambda_n}(\widehat{\beta}_j(\tau))>M']\\&<\mathrm{P}[|n^{1/2}q_{\lambda_n}(\widehat{\beta}_j(\tau))\mathrm{sgn}(\widehat{\beta}_j(\tau))|>M']<\epsilon/2\end{aligned}$$

因此

$$\mathrm{P}(C_j)<\epsilon/2+\epsilon/2=\epsilon$$

稀疏性得证。

因为

$$S_n^p(\widehat{\beta}(\tau),\ \tau)\approx 0$$

且由式(4-21)，我们有

$$o_p(1)=S_n(\beta_0(\tau))+[\mathbf{A}(\beta_0(\tau))+\epsilon_n]\cdot n^{1/2}[\widehat{\beta}(\tau)-\beta_0(\tau)]+ n^{1/2}q_{\lambda_n}(\widehat{\beta}_1(\tau))\mathrm{sgn}(\widehat{\beta}_1(\tau))$$

由泰勒展开，我们有

$$\begin{aligned}S_{n,1}(\beta_0(\tau),\ \tau)+o_p(1)&=[\mathbf{A}_{11}(\beta_0(\tau))+\epsilon_n]\cdot n^{1/2}[\widehat{\beta}_1(\tau)-\beta_{01}(\tau)]+\\&\quad n^{1/2}\boldsymbol{b}_n(\tau)+\Sigma_{11}[\widehat{\beta}_1(\tau)-\beta_{01}(\tau)]\\&=n^{1/2}[\mathbf{A}_{11}(\beta_0(\tau))+\Sigma_{11}]\\&\quad[\widehat{\beta}_1(\tau)-\beta_{01}(\tau)+(\mathbf{A}_{11}+\Sigma_{11})^{-1}b_n]\to N(0,\ \mathbf{V}_{11})\end{aligned}$$

定理4.2得证。

第四节　模拟研究

本节通过蒙特卡罗模拟来评估所提出的方法来表现。考虑两种数据生成方式：一种模拟设定可以参考Peng和Fine(2009)，但增加变量维数；另一种数据生成方式可以参考Fine和Gray(1999)。具体而言，我们设定预测变量维度为8，样本数量为200和400，$\rho=0$，0.25，0.5，0.75。

第一种情况：我们产生的$(T,\ \iota)$满足

$$\mathrm{P}(\iota=1\mid\mathbf{Z})=p_0I(Z_2=0)+p_1I(Z_2=1)$$
$$\mathrm{P}(T\leqslant t\mid\iota=1,\ \mathbf{Z})=\Phi(\log t-\gamma_0^{\top}\mathbf{Z})$$
$$\mathrm{P}(T\leqslant t\mid\iota=2,\ \mathbf{Z})=\Phi(\log t-\alpha_0^{\top}\mathbf{Z})$$

其中$\Phi(\cdot)$表示标准正态分布的累积分布函数，$p_0=0.8$，$p_1=0.6$。对于γ_0设定两个选择：$\gamma_1=(-3.5,\ -3.2,\ 0,\ \cdots,\ 0)$，$\gamma_2=(-2,\ -2.5,\ 0,\ \cdots,\ 0)$，设定$\alpha_0=(0,\ -0.5,\ 0,\ \cdots,\ 0)$。此外，我们也对$P(T\leqslant t\mid\iota=1,\ \mathbf{Z})$模拟了高斯分布之外的两种厚尾分布：$t(3)$和$t(5)$。设定协向量$\mathbf{Z}=(Z_1,\ Z_2,\ \cdots,\ Z_8)^{\top}$，$Z_1\sim\mathrm{Unif}(0,\ 1)$，$Z_2\sim\mathrm{Bernoulli}(0.5)$，$Z_i\sim N(0,\ \Sigma_Z)$，$i=3,\ \cdots,\ 8$；

第二种情况：数据$(T_i,\ \iota_i)$由如下分布产生，

$$\mathrm{P}(T_i \leqslant t,\ \iota_i = 1 \mid \mathbf{Z}_i) = 1 - \{1 - \pi[1 - \exp(-t)]\}^{\mathbf{Z}_i^\top \gamma_0} \tag{4-23}$$

其中 $\mathrm{P}(T_i \leqslant t \mid \iota_i = 2,\ \mathbf{Z}_i)$ 服从均值为 $\exp(\mathbf{Z}_i^\top \alpha_0)$ 的指数分布。在这种模拟情形中，考虑 $\pi = 0.6$，$\alpha_0 = (0,\ -2,\ 0,\ \cdots,\ 0)$。我们同样为 γ_0 模拟两种选择：$\gamma_1 = (-1,\ 3,\ 0,\ \cdots,\ 0)$，$\gamma_2 = (1,\ 2,\ 0,\ \cdots,\ 0)$。协向量 $\mathbf{Z} = (Z_1,\ Z_2,\ \cdots,\ Z_8)^\top \sim N(0,\ \Sigma_Z)$。

对于以上两种模拟情形，我们模拟两种协方差结构：$\Sigma_Z = (\sigma_{ij})$，$\sigma_{ij} = \rho$ 和 $\sigma_{ij} = |\rho|^{i-j}$，$\rho = 0,\ 0.25,\ 0.5,\ 0.75$。删失指示变量 C 的分布为 $\mathrm{Unif}(0,\ \mathrm{med}(T) * 5)$，其中 med(·)表示中位数函数。产生的删失率大约为 40%。

在两种模拟情形中，我们使用 ALASSO 惩罚、SCAD 惩罚和 LASSO 惩罚。变量选择方法的表现通过正确选择的零系数（CP）的数量和正确选择的非零系数（CN）的数量来进行评估，这两个指标分别表现了方法选择重要变量和压缩不重要变量的能力。我们对模拟进行了 100 次重复。选取其中部分结果放在表 4-1～表 4-4 中，小括号内是标准差。

从模拟结果上来看，总体而言，所有的惩罚对协变量之间的相关系数 ρ 的变化都不敏感；同样，我们也没有发现样本量不同时方法的表现有显著差异。表 4-1～表 4-2 显示出我们的方法在使用 ALASSO 惩罚时，对于重尾分布（如 t(5)分布）的效果也非常好。从表 4-1～表 4-3 中，我们可以看到，无论是从识别重要变量还是不重要变量的准确性上，ALASSO 惩罚的表现在所有模拟中均胜过其他两种惩罚。并且，其变量选择的表现对于所有的 τ 和 Σ 都相当好。需要注意的是，在模拟中发现，SCAD 惩罚第一种情况中倾向于在将不重要的变量错误地选为非零变量。为了探讨这种结果出现的原因，我们还进行了一个简单的模拟：

$$Y = Z^\top \gamma_0 + \epsilon$$

协变量 Z 的产生机制则以两种模拟情形来设定。在 SCAD 惩罚下，使用差分凸算法进行分位数回归变量选择。我们发现，如果 Z 如第一种模拟情形中产生，SCAD 惩罚也无法完全剔除一些无关的变量，但在另一种模拟情况下表现得却非常好。由此，我们可以推断 ALASSO 惩罚比 SCAD 惩罚更适合于存在离散变量的情况，并且从模拟结果中也可以看到，ALASSO 惩罚对于所有 τ 和 Σ_Z 的设定，变量选择的表现相当好。

从表 4-4 中，我们可以看到，在第二种模拟情况下，SCAD 惩罚的变量选择效果比在第一种模拟情形下好一些，而 ALASSO 惩罚往往随着 τ 的增大表现逐渐变差。这可能是因为当 τ 取较大值时，分位数回归的估计变得不再准确。同时，协变量之间若有较大相关性也会影响变量选择的表现，但影响并没有很大。总而言之，在大多数情况下，ALASSO 惩罚的变量选择结果都是较为不错的。

表 4-1　第一种模拟情形，正态分布，γ_1，Σ_1

			ALASSO		SCAD		LASSO	
n	ρ	τ	CP(2)	CN(6)	CP(2)	CN(6)	CP(2)	CN(6)
200	0	0.1	2.00(0.00)	5.78(0.05)	2.00(0.00)	2.22(0.14)	2.00(0.00)	2.59(0.14)
		0.2	2.00(0.00)	5.86(0.04)	2.00(0.00)	2.10(0.13)	2.00(0.00)	2.84(0.14)
		0.3	2.00(0.00)	5.74(0.06)	2.00(0.00)	2.06(0.15)	2.00(0.00)	2.87(0.14)
		0.4	2.00(0.00)	5.65(0.07)	2.00(0.00)	2.53(0.14)	2.00(0.00)	2.62(0.15)
	0.25	0.1	2.00(0.00)	5.83(0.04)	2.00(0.00)	2.07(0.14)	2.00(0.00)	3.19(0.15)
		0.2	2.00(0.00)	5.80(0.06)	2.00(0.00)	2.41(0.14)	2.00(0.00)	2.85(0.15)
		0.3	2.00(0.00)	5.81(0.05)	2.00(0.00)	2.41(0.16)	2.00(0.00)	3.12(0.15)
		0.4	2.00(0.00)	5.66(0.06)	2.00(0.00)	2.37(0.16)	2.00(0.00)	2.73(0.15)
	0.5	0.1	2.00(0.00)	5.78(0.05)	2.00(0.00)	2.88(0.14)	2.00(0.00)	3.04(0.15)
		0.2	2.00(0.00)	5.82(0.05)	2.00(0.00)	2.66(0.14)	2.00(0.00)	3.51(0.15)
		0.3	2.00(0.00)	5.86(0.06)	2.00(0.00)	2.55(0.15)	2.00(0.00)	3.46(0.14)
		0.4	2.00(0.00)	5.70(0.06)	2.00(0.00)	2.58(0.15)	2.00(0.00)	3.17(0.15)
	0.75	0.1	2.00(0.00)	5.76(0.06)	2.00(0.00)	3.35(0.13)	2.00(0.00)	4.07(0.12)
		0.2	2.00(0.00)	5.77(0.06)	2.00(0.00)	3.22(0.14)	2.00(0.00)	3.85(0.14)
		0.3	2.00(0.00)	5.85(0.05)	2.00(0.00)	3.39(0.14)	2.00(0.00)	4.24(0.12)
		0.4	2.00(0.00)	5.76(0.05)	2.00(0.00)	3.30(0.14)	2.00(0.00)	3.97(0.13)
400	0	0.1	2.00(0.00)	5.94(0.02)	2.00(0.00)	2.54(0.15)	2.00(0.00)	2.90(0.15)
		0.2	2.00(0.00)	5.91(0.03)	2.00(0.00)	2.38(0.15)	2.00(0.00)	2.96(0.15)
		0.3	2.00(0.00)	5.92(0.03)	2.00(0.00)	2.52(0.14)	2.00(0.00)	3.12(0.16)
		0.4	2.00(0.00)	5.85(0.04)	2.00(0.00)	2.25(0.13)	2.00(0.00)	2.99(0.14)
	0.25	0.1	2.00(0.00)	5.87(0.04)	2.00(0.00)	2.69(0.15)	2.00(0.00)	2.90(0.15)
		0.2	2.00(0.00)	5.91(0.03)	2.00(0.00)	2.60(0.15)	2.00(0.00)	3.18(0.15)
		0.3	2.00(0.00)	5.90(0.04)	2.00(0.00)	2.65(0.16)	2.00(0.00)	3.20(0.14)
		0.4	2.00(0.00)	5.87(0.04)	2.00(0.00)	2.50(0.13)	2.00(0.00)	2.99(0.14)
	0.5	0.1	2.00(0.00)	5.89(0.03)	2.00(0.00)	2.80(0.14)	2.00(0.00)	3.33(0.17)
		0.2	2.00(0.00)	5.90(0.03)	2.00(0.00)	2.95(0.14)	2.00(0.00)	3.91(0.13)
		0.3	2.00(0.00)	5.92(0.03)	2.00(0.00)	2.81(0.16)	2.00(0.00)	3.74(0.15)
		0.4	2.00(0.00)	5.88(0.04)	2.00(0.00)	2.76(0.13)	2.00(0.00)	3.50(0.14)
	0.75	0.1	2.00(0.00)	5.92(0.03)	2.00(0.00)	3.45(0.13)	2.00(0.00)	4.11(0.14)
		0.2	2.00(0.00)	5.87(0.4)	2.00(0.00)	3.59(0.12)	2.00(0.00)	4.21(0.13)
		0.3	2.00(0.00)	5.91(0.04)	2.00(0.00)	3.63(0.13)	2.00(0.00)	4.47(0.12)
		0.4	2.00(0.00)	5.87(0.03)	2.00(0.00)	3.64(0.12)	2.00(0.00)	4.01(0.13)

表 4-2　第一种模拟情形，$t(5)$ 分布，γ_1，Σ_1

			ALASSO		SCAD		LASSO	
n	ρ	τ	CP(2)	CN(6)	CP(2)	CN(6)	CP(2)	CN(6)
200	0	0.1	2.00(0.00)	5.74(0.06)	2.00(0.00)	1.88(0.13)	1.99(0.01)	2.37(0.15)
		0.2	2.00(0.00)	5.76(0.06)	2.00(0.00)	2.26(0.13)	2.00(0.00)	3.05(0.15)
		0.3	2.00(0.00)	5.84(0.05)	2.00(0.00)	2.18(0.14)	2.00(0.00)	3.13(0.15)
		0.4	2.00(0.00)	5.51(0.10)	2.00(0.00)	2.18(0.15)	2.00(0.00)	2.61(0.15)
	0.25	0.1	2.00(0.00)	5.62(0.07)	1.99(0.01)	2.47(0.14)	1.99(0.01)	2.58(0.15)
		0.2	2.00(0.00)	5.76(0.06)	2.00(0.00)	2.66(0.16)	2.00(0.00)	3.16(0.16)
		0.3	2.00(0.00)	5.86(0.04)	2.00(0.00)	2.14(0.12)	2.00(0.00)	3.19(0.13)
		0.4	2.00(0.00)	5.48(0.09)	1.99(0.00)	2.63(0.14)	2.00(0.00)	2.92(0.15)
	0.5	0.1	2.00(0.00)	5.70(0.06)	2.00(0.00)	2.43(0.14)	1.97(0.02)	3.19(0.15)
		0.2	2.00(0.00)	5.77(0.05)	2.00(0.00)	2.81(0.13)	2.00(0.00)	3.49(0.16)
		0.3	2.00(0.00)	5.86(0.05)	2.00(0.00)	2.86(0.16)	2.00(0.00)	3.71(0.15)
		0.4	1.99(0.00)	5.67(0.08)	2.00(0.00)	2.82(0.14)	1.98(0.02)	3.62(0.14)
	0.75	0.1	2.00(0.00)	5.61(0.07)	2.00(0.00)	3.45(0.14)	1.99(0.01)	3.57(0.14)
		0.2	2.00(0.00)	5.87(0.05)	2.00(0.00)	3.13(0.14)	2.00(0.00)	4.10(0.12)
		0.3	2.00(0.00)	5.77(0.05)	1.99(0.01)	3.37(0.13)	2.00(0.00)	4.04(0.13)
		0.4	1.99(0.01)	5.57(0.07)	2.00(0.00)	3.43(0.14)	2.00(0.00)	3.76(0.12)
400	0	0.1	2.00(0.00)	5.74(0.06)	2.00(0.00)	2.31(0.14)	2.00(0.00)	2.42(0.15)
		0.2	2.00(0.00)	5.90(0.03)	2.00(0.00)	2.47(0.15)	2.00(0.00)	3.34(0.15)
		0.3	2.00(0.00)	5.96(0.02)	2.00(0.00)	2.15(0.16)	2.00(0.00)	3.12(0.14)
		0.4	2.00(0.00)	5.86(0.04)	2.00(0.00)	2.34(0.15)	2.00(0.00)	2.91(0.15)
	0.25	0.1	2.00(0.00)	5.82(0.04)	2.00(0.00)	2.44(0.14)	2.00(0.00)	2.28(0.13)
		0.2	2.00(0.00)	5.81(0.05)	2.00(0.00)	2.69(0.15)	2.00(0.00)	3.34(0.15)
		0.3	2.00(0.00)	5.97(0.02)	2.00(0.00)	2.88(0.15)	2.00(0.00)	3.63(0.14)
		0.4	2.00(0.00)	5.82(0.05)	2.00(0.00)	2.54(0.15)	2.00(0.00)	3.11(0.15)
	0.5	0.1	2.00(0.00)	5.80(0.05)	2.00(0.00)	2.87(0.15)	2.00(0.00)	3.28(0.15)
		0.2	2.00(0.00)	5.90(0.04)	2.00(0.00)	3.04(0.14)	2.00(0.00)	3.57(0.14)
		0.3	2.00(0.00)	5.95(0.02)	2.00(0.00)	2.88(0.14)	2.00(0.00)	4.19(0.12)
		0.4	2.00(0.00)	5.83(0.05)	2.00(0.00)	3.00(0.15)	2.00(0.00)	3.2(0.14)
	0.75	0.1	2.00(0.00)	5.79(0.05)	2.00(0.00)	3.43(0.12)	2.00(0.00)	3.76(0.13)
		0.2	2.00(0.00)	5.89(0.04)	2.00(0.00)	3.61(0.12)	2.00(0.00)	4.34(0.13)
		0.3	2.00(0.00)	5.95(0.02)	2.00(0.00)	3.70(0.13)	2.00(0.00)	4.62(0.11)
		0.4	2.00(0.00)	5.78(0.05)	2.00(0.00)	3.63(0.12)	2.00(0.00)	3.85(0.14)

表 4-3　第一种模拟情形，正态分布，γ_1，Σ_2

			ALASSO		SCAD		LASSO	
n	ρ	τ	CP(2)	CN(6)	CP(2)	CN(6)	CP(2)	CN(6)
200	0	0.1	2.00(0.00)	5.76(0.05)	2.00(0.00)	2.45(0.14)	1.99(0.01)	2.71(0.13)
		0.2	2.00(0.00)	5.84(0.05)	2.00(0.00)	2.12(0.14)	2.00(0.00)	3.12(0.14)
		0.3	2.00(0.00)	5.81(0.05)	2.00(0.00)	1.94(0.15)	2.00(0.00)	2.79(0.14)
		0.4	2.00(0.00)	5.73(0.07)	2.00(0.00)	2.29(0.13)	2.00(0.00)	2.67(0.14)
	0.25	0.1	2.00(0.00)	5.71(0.07)	1.99(0.01)	2.19(0.14)	2.00(0.00)	2.81(0.15)
		0.2	2.00(0.00)	5.80(0.06)	2.00(0.00)	2.19(0.15)	2.00(0.00)	2.98(0.14)
		0.3	2.00(0.00)	5.74(0.05)	2.00(0.00)	2.25(0.13)	2.00(0.00)	3.00(0.15)
		0.4	2.00(0.00)	5.53(0.09)	2.00(0.00)	2.00(0.13)	2.00(0.00)	2.52(0.15)
	0.5	0.1	2.00(0.00)	5.84(0.04)	2.00(0.00)	2.46(0.13)	2.00(0.00)	3.13(0.14)
		0.2	2.00(0.00)	5.87(0.04)	2.00(0.00)	2.53(0.14)	2.00(0.00)	3.41(0.14)
		0.3	2.00(0.00)	5.80(0.06)	2.00(0.00)	2.55(0.14)	2.00(0.00)	3.54(0.13)
		0.4	1.99(0.01)	5.69(0.08)	2.00(0.00)	2.48(0.16)	2.00(0.00)	3.03(0.15)
	0.75	0.1	2.00(0.00)	5.68(0.07)	2.00(0.00)	2.97(0.14)	2.00(0.00)	3.60(0.14)
		0.2	2.00(0.00)	5.74(0.07)	2.00(0.00)	2.87(0.13)	2.00(0.00)	3.91(0.12)
		0.3	2.00(0.00)	5.75(0.05)	2.00(0.00)	3.29(0.13)	2.00(0.00)	4.03(0.13)
		0.4	2.00(0.00)	5.64(0.08)	2.00(0.00)	2.93(0.14)	2.00(0.00)	3.59(0.14)
400	0	0.1	2.00(0.00)	5.88(0.04)	2.00(0.00)	2.40(0.15)	2.00(0.00)	2.93(0.14)
		0.2	2.00(0.00)	5.90(0.03)	2.00(0.00)	2.65(0.15)	2.00(0.00)	3.31(0.15)
		0.3	2.00(0.00)	5.88(0.04)	2.00(0.00)	2.33(0.15)	2.00(0.00)	3.00(0.15)
		0.4	2.00(0.00)	5.83(0.05)	2.00(0.00)	2.26(0.14)	2.00(0.00)	2.89(0.15)
	0.25	0.1	2.00(0.00)	5.87(0.04)	2.00(0.00)	2.76(0.14)	2.00(0.00)	2.78(0.12)
		0.2	2.00(0.00)	5.92(0.03)	2.00(0.00)	2.51(0.13)	2.00(0.00)	3.33(0.16)
		0.3	2.00(0.00)	5.82(0.05)	2.00(0.00)	2.53(0.16)	2.00(0.00)	3.31(0.16)
		0.4	2.00(0.00)	5.89(0.04)	2.00(0.00)	2.37(0.13)	2.00(0.00)	2.87(0.14)
	0.5	0.1	2.00(0.00)	5.91(0.03)	2.00(0.00)	2.66(0.14)	2.00(0.00)	3.13(0.16)
		0.2	2.00(0.00)	5.95(0.02)	2.00(0.00)	2.45(0.13)	2.00(0.00)	3.46(0.12)
		0.3	2.00(0.00)	5.93(0.03)	2.00(0.00)	2.71(0.13)	2.00(0.00)	3.70(0.14)
		0.4	2.00(0.00)	5.89(0.04)	2.00(0.00)	2.69(0.14)	2.00(0.00)	3.17(0.15)
	0.75	0.1	2.00(0.00)	5.85(0.04)	2.00(0.00)	3.29(0.13)	2.00(0.00)	3.80(0.13)
		0.2	2.00(0.00)	5.96(0.02)	2.00(0.00)	3.21(0.13)	2.00(0.00)	3.90(0.13)
		0.3	2.00(0.00)	5.89(0.05)	2.00(0.00)	3.30(0.12)	2.00(0.00)	4.03(0.13)
		0.4	2.00(0.00)	5.84(0.05)	2.00(0.00)	3.35(0.12)	2.00(0.00)	3.82(0.14)

表 4-4　第二种模拟情形，正态分布，γ_1，$\boldsymbol{\Sigma}_1$

			ALASSO		SCAD		LASSO	
n	ρ	τ	CP(2)	CN(6)	CP(2)	CN(6)	CP(2)	CN(6)
200	0	0.1	1.93(0.03)	5.82(0.05)	2.00(0.00)	4.03(0.15)	1.96(0.02)	5.47(0.08)
		0.2	2.00(0.00)	5.45(0.16)	1.99(0.01)	4.30(0.13)	1.99(0.01)	5.86(0.04)
		0.3	1.99(0.01)	2.52(0.27)	2.00(0.00)	3.96(0.15)	2.00(0.00)	5.92(0.03)
		0.4	2.00(0.00)	1.01(0.17)	1.97(0.02)	3.94(0.17)	1.97(0.02)	5.78(0.05)
	0.25	0.1	1.94(0.02)	5.73(0.07)	1.99(0.01)	4.00(0.13)	1.90(0.03)	5.34(0.11)
		0.2	1.99(0.01)	5.50(0.15)	1.99(0.01)	4.08(0.15)	1.95(0.02)	5.68(0.07)
		0.3	1.99(0.01)	3.28(0.27)	1.99(0.01)	3.68(0.14)	1.97(0.02)	5.88(0.04)
		0.4	2.00(0.00)	1.25(0.21)	1.97(0.02)	4.40(0.14)	1.97(0.02)	5.87(0.03)
	0.5	0.1	1.72(0.05)	5.80(0.05)	1.98(0.01)	4.13(0.14)	1.74(0.04)	5.32(0.10)
		0.2	1.95(0.02)	5.73(0.11)	1.99(0.01)	4.27(0.13)	1.75(0.04)	5.87(0.04)
		0.3	1.99(0.01)	4.37(0.24)	1.98(0.01)	4.28(0.14)	1.80(0.04)	5.90(0.03)
		0.4	1.95(0.02)	1.83(0.22)	1.97(0.02)	4.37(0.14)	1.76(0.04)	5.85(0.05)
	0.75	0.1	1.54(0.05)	5.68(0.07)	1.85(0.04)	4.60(0.14)	1.33(0.05)	5.54(0.10)
		0.2	1.72(0.05)	5.84(0.04)	1.83(0.04)	4.54(0.14)	1.35(0.05)	5.77(0.07)
		0.3	1.81(0.04)	5.37(0.16)	1.74(0.04)	4.68(0.14)	1.14(0.03)	5.93(0.03)
		0.4	1.90(0.03)	2.72(0.27)	1.78(0.04)	4.52(0.16)	1.13(0.03)	5.89(0.04)
400	0	0.1	1.99(0.01)	5.86(0.06)	2.00(0.00)	4.27(0.14)	2.00(0.00)	5.85(0.05)
		0.2	2.00(0.00)	5.82(0.10)	2.00(0.00)	4.45(0.14)	2.00(0.00)	5.99(0.01)
		0.3	2.00(0.00)	3.98(0.26)	2.00(0.00)	4.30(0.13)	2.00(0.00)	5.95(0.02)
		0.4	1.99(0.01)	1.38(0.16)	2.00(0.00)	4.17(0.14)	2.00(0.00)	5.90(0.04)
	0.25	0.1	1.93(0.03)	5.91(0.04)	2.00(0.00)	4.32(0.13)	1.95(0.02)	5.67(0.07)
		0.2	2.00(0.00)	5.93(0.06)	2.00(0.00)	4.27(0.14)	2.00(0.00)	5.93(0.03)
		0.3	2.00(0.00)	4.81(0.21)	2.00(0.00)	4.53(0.13)	2.00(0.00)	5.98(0.01)
		0.4	2.00(0.00)	1.46(0.18)	2.00(0.00)	4.30(0.15)	1.99(0.01)	5.94(0.03)
	0.5	0.1	1.87(0.03)	5.82(0.05)	2.00(0.00)	4.25(0.14)	1.83(0.04)	5.44(0.09)
		0.2	1.99(0.01)	5.96(0.02)	2.00(0.00)	4.21(0.14)	1.91(0.03)	5.89(0.03)
		0.3	2.00(0.00)	5.29(0.17)	2.00(0.00)	4.08(0.15)	1.97(0.02)	5.93(0.03)
		0.4	1.99(0.01)	2.61(0.24)	2.00(0.00)	4.21(0.14)	1.98(0.01)	5.94(0.03)
	0.75	0.1	1.71(0.05)	5.87(0.04)	1.95(0.02)	4.34(0.14)	1.54(0.05)	5.45(0.09)
		0.2	1.84(0.04)	5.95(0.02)	1.94(0.02)	4.55(0.14)	1.57(0.05)	5.77(0.06)
		0.3	1.97(0.02)	5.84(0.06)	1.96(0.02)	4.49(0.13)	1.37(0.05)	5.92(0.03)
		0.4	1.97(0.02)	3.50(0.26)	2.00(0.00)	4.50(0.13)	1.28(0.05)	5.98(0.01)

第五节　实际数据分析

我们进行数据分析的例子是来自 Scrucca 等(2010)用到的骨髓移植(Bone Marrow Transplant，BMT)数据。数据集中包含 177 位接受干细胞移植治疗的急性白血病患者的数据。失效的事件包括疾病复发(Relapse，REL)和与移植相关的死亡。影响疾病复发的预测变量和协变量包括性别、疾病(成淋巴细胞性白血病或髓细胞性白血病)、移植期(复发，CR1，CR2，CR3)、干细胞来源(骨髓和外周血、编码为 BM+PB，或外周血、编码为 PB)和年龄。Scrucca 等(2010)给出了这些变量的描述性统计，使用比例子分布风险模型拟合了该数据集。假定链接函数 $g(\cdot)$为指数分布，我们运用本章提出的竞争风险分位回归变量选择方法对这一数据集进行分析。

图 4-1~图 4-9 分别刻画了基于 ALASSO、SCAD、LASSO 三种惩罚方法的分位数估计方程选择的重要变量的数量，以及各个协变量对应的回归系数随 τ 变化的趋势，其中 τ 的范围是 0~0.4。具体而言，图 4-1 显示了在考虑竞争风险(与移植相关的死亡)的情况下，疾病复发的累积发病率函数首次超过预设概率 τ 时影响失效事件的协变量的数目。图 4-2~图 4-9 中的 β_0，β_{AGE}，…，$\beta_{Source;PB}$ 分别表示了截距项，年龄，……，干细胞来源(PB)对应的系数。

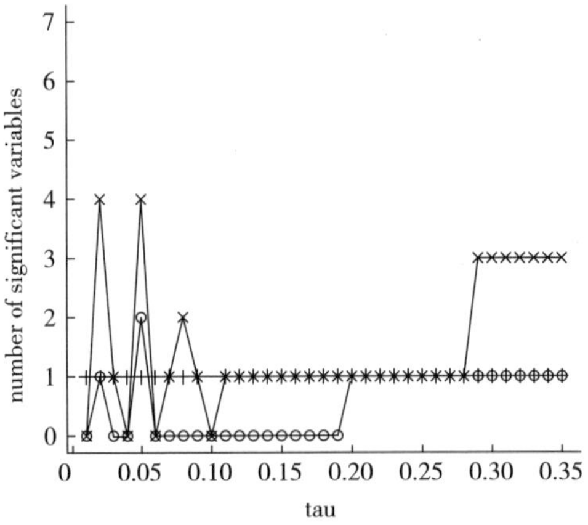

注：—o— 表示ALASSO惩罚；—*— 表示SCAD惩罚；—×— 表示LASSO惩罚。

图 4-1　三种惩罚选择变量结果

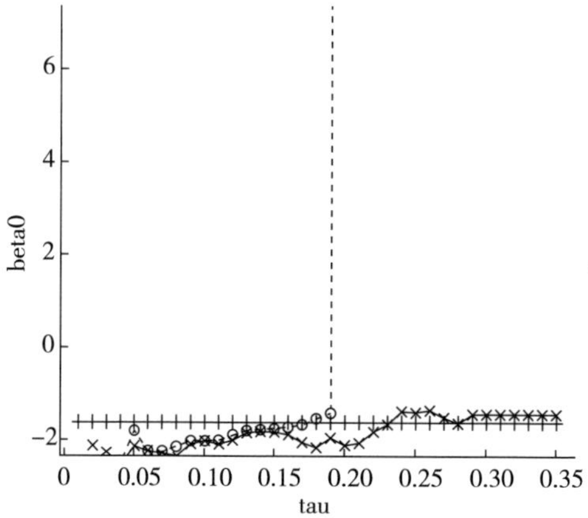

图 4-2　$\boldsymbol{\beta}_0$ 随 $\boldsymbol{\tau}$ 变化

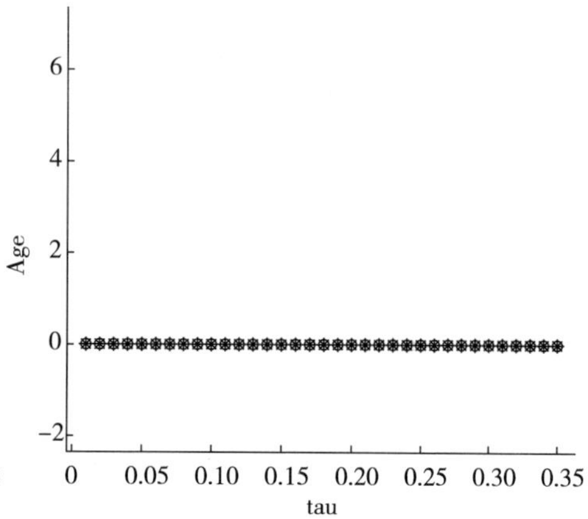

图 4-3　$\boldsymbol{\beta}_{AGE}$ 随 $\boldsymbol{\tau}$ 变化

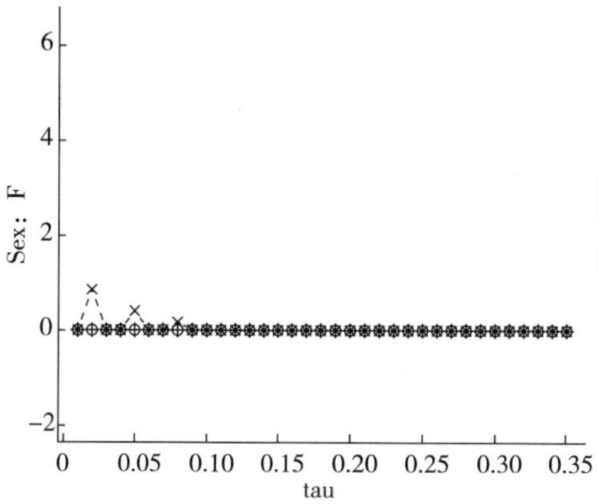

图 4-4　$\boldsymbol{\beta}_{Sex}$：F 随 $\boldsymbol{\tau}$ 变化

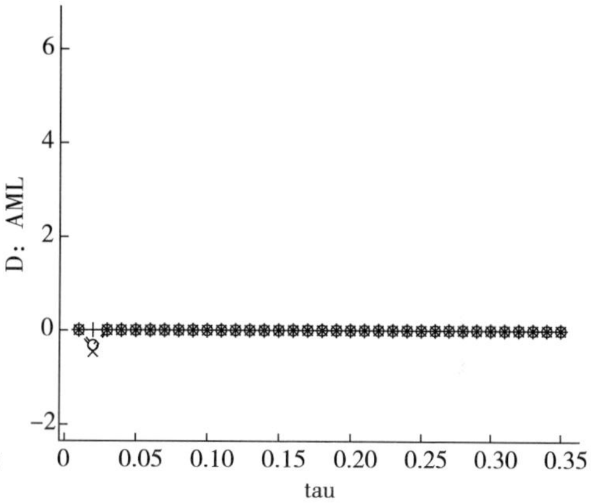

图 4-5　$\boldsymbol{\beta}_{D:AML}$ 随 $\boldsymbol{\tau}$ 变化

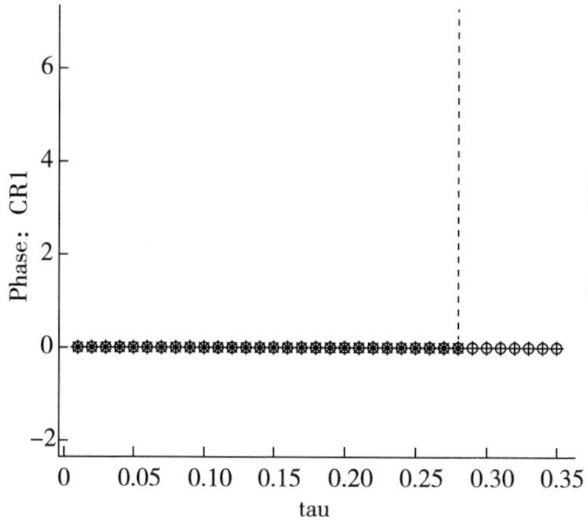

图 4-6　$\boldsymbol{\beta}_{Phase:CR1}$ 随 $\boldsymbol{\tau}$ 变化

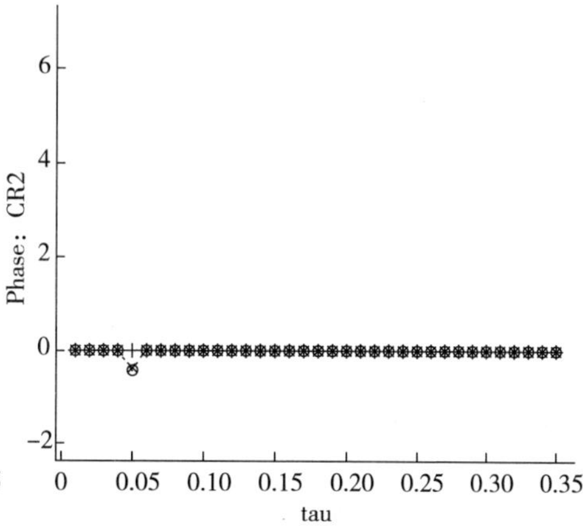

图 4-7　$\boldsymbol{\beta}_{Phase:CR2}$ 随 $\boldsymbol{\tau}$ 变化

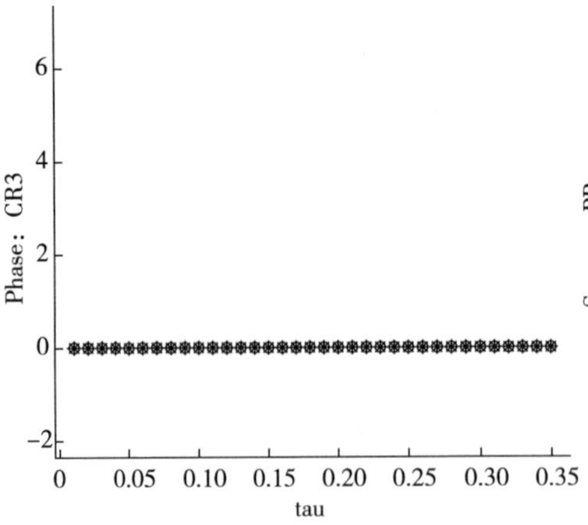

图 4-8　$\beta_{Phase:CR3}$随 τ 变化

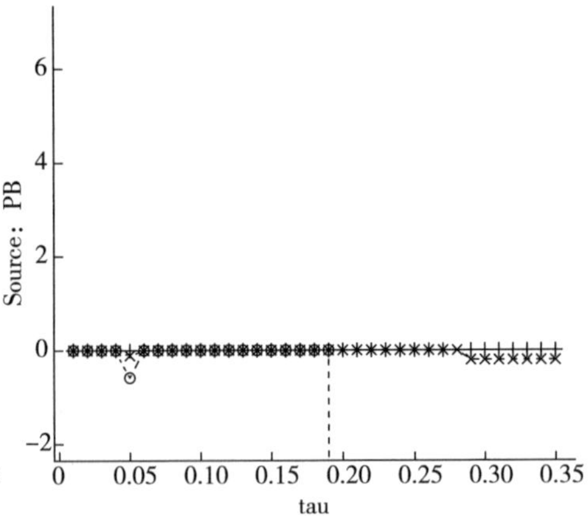

图 4-9　$\beta_{Source:PB}$随 τ 变化

对于 ALASSO 惩罚，在低分位数($\tau<0.06$)处，选出的重要变量的数量为零。在中间的分位数($\tau\in[0.06,\ 0.16]$)处，有两个变量（“阶段：CR1”和“阶段：CR2”）是显著的，而其他的不显著。这个结果与 Scrucca 等(2010)的回归结果是一致的。此外，随着概率 τ 增加，两个显著变量的系数都增加，而变量“阶段：CR2”的系数增加得更快。在较高分位数($\tau\in[0.16,\ 0.21]$)时，也没有识别出显著的变量。当 $\tau\geqslant0.21$ 时，系数变得非常大，这可能是因为 τ 的值超过了 $P(\iota=1|Z)>\tau$ 在某些 Z 处的值。SCAD 惩罚对所有的 τ 额外选出了年龄变量。LASSO 惩罚对 $\tau=0.01$ 选择了零个变量，而为 $\tau=0.06$ 选出了 5 个变量（除了“阶段：CR3”），对 $\tau\in[0.11,\ 0.16]$ 选出了 1 个变量，对于 $\tau=0.21$ 选出了 3 个变量（年龄，“阶段：CR1”，“阶段：CR2”）。总之，在低分位数，如 0.01 或较高的分位数，可能无法识别出重要变量。当变量可识别时，不同变量的影响可能会根据不同的 τ 而有所不同。此外，分析结果表明，ALASSO 惩罚倾向于选出离散变量，而 SCAD 惩罚选择更适用于连续变量，这与模拟的结果一致。

第五章

加权分位回归方法

第一节　引　言

在生存分析中，有时事件会因为某个特定的原因或其他一些原因或竞争风险而失败。以 Scrucca 等(2010)的骨髓移植(Bone Marrow Transplant，BMT)数据集为例，该数据集包括 177 例因急性白血病接受干细胞移植的患者。在这个数据集中，56 名患者复发(relapsed，REL)，被认为是感兴趣的事件，75 名患者死于与移植有关(移植相关死亡率，Transplant Related Mortality，TRM)的原因，被认为是竞争风险，因为它阻碍了白血病复发。其余 46 例患者因研究结束而被视为删失。在分析这样的数据集时，将竞争风险(TRM)视为删失情况，使用通常的 Cox 模型可能是不准确的，因为竞争风险可能受到协变量的影响。

为了处理这种相互竞争的风险数据，Fine 和 Gray(1999)提出了一种新的基于子分布的半参数比例风险模型(PSH 模型)，该模型直接分析协变量对边际概率函数或累积发生率函数(Cumulative Incidence Function，CIF)的影响。

竞争风险数据常出现在含有大量协变量的临床试验中，其中只有少数协变量对响应有显著或本质的影响，从而产生变量选择问题，如 Fu 等(2017)提出的一般惩罚对数偏似然方法。

众所周知，由 Koenker 和 Bassett(1978)引入的分位数回归可以更全面地描述响应变量在协变量上的条件分布。现有关于竞争风险分位数回归的工作包括 Peng 和 Fine(2009)，它首先将竞争风险分位数回归模型转换为加速失效模型，并使用估计方程程序进行估计。此外，Sun 等(2012)讨论了缺失失效原因的竞争风险数据的分位数回归问题。Ahn 和 Kim(2018)、Li 等(2019)分别提出了基于具有组结构的无偏估计方程和惩罚方法的变量选择程序，用于竞争风险分位数回归模型。

在本章中，除了估计方程方法外，我们还提出了一种更一般的竞争风险分位数回归方法，并通过考虑 PSH 模型的再分配方法来扩展加权过程（Wang 和 Wang，2009）。通过转换响应变量，我们可以将竞争风险分位数公式改写为一般的分位数回归目标函数，然后应用所构造的权重。通过证明该加权目标函数的次梯度在真实累积发生率函数和系数处的无偏性，在正则性条件下建立了无惩罚估计量的相合性和渐近正态性。为了实现变量选择，将 Tibshirani（1996）提出的最小绝对收缩和选择算子（LASSO）与 Zou（2006）提出的自适应 LASSO（ALASSO）等惩罚方法应用到加权目标函数中，可以方便地与 R 包结合使用。我们还建立了变量选择过程的相合性，并进行了 MonteCarlo 模拟来说明我们所提出的过程的效率和稳定性。利用我们的方法对骨髓移植的真实数据进行了分析。

本章的结构安排如下：我们提出的加权竞争风险分位数回归模型及其惩罚方法在第二节中进行构造，渐近性质在第三节中得到了证明。模拟研究以及在 BMT 数据上的应用在第四节中进行，以说明所提出方法的性能。

第二节　加权分位回归

我们采用 Peng 和 Fine（2009）中的竞争风险分位数回归的形式。在竞争风险模型设定中，假设存在 K 个失效原因，用一个可观测指标 $\epsilon \in \{1, \cdots, K\}$ 表示，其含义与 Fine 和 Gray（1999）中的符号相同。不失一般性，我们可以设置 $K=2$。令 T 和 C 分别表示失效时间和删失时间，我们观察 $X=\min(T, C)$，以及删失或风险指标 $\delta=I(T\leqslant C)$，其中 $I(\cdot)$ 为示性函数。记一个 $p\times 1$ 维有界的时间独立协向量为 $\widetilde{Z}$ 和 $Z=(1, \widetilde{Z}^{\top})^{\top}$。假设 $[X_i, \delta_i \epsilon_i, \mathbf{Z}_i)$，$i=1, \cdots, n$ 是独立同分布的观测样本。

Fine 和 Gray（1999）在协变量的条件下对失效原因 1 的累积发生函数（CIF）进行了建模 $F_1(t|Z)=P(T\leqslant t, \epsilon=1|\mathbf{Z})$。他们在子分布风险公式的基础上提出了 PSH 模型，子分布风险在 Gray（1988）中被定义为：

$$\lambda_1(t|Z)=\lim_{\Delta\to 0}^{\Delta t}P[t<T\leqslant t+\Delta t, \epsilon=1|(T\geqslant t)\cup(T\leqslant t\cap\epsilon\neq 1), \mathbf{Z}]$$
$$=\frac{dF_1(t|\mathbf{Z})/\mathrm{d}t}{1-F_1(t|\mathbf{Z})}$$

类似于分位数的定义，我们将条件分位数定义为 $Q_k(\tau|Z)=\inf\{t: F_k(t|Z)\geqslant\tau\}$，$k=1, \cdots, K$，其中 $F_k(t|Z)=P(T\leqslant t, \epsilon=k)$ 是原因 k 的 CIF；更详细地，参见 Peng 和 Fine（2009）。

对于 $\tau\in[\tau_L, \tau_U]$，考虑将 $Q_1(\tau|Z)$ 建模为：

$$Q_1(\tau|Z)=g(Z^{\top}\beta_0(\tau)) \tag{5-1}$$

其中$\beta_0(\tau)$是$(p+1)\times 1$维系数向量，$g(\cdot)$是已知的单调递增且连续可微的有界连接函数。$0<\tau_L\leqslant\tau_U<1$。如果我们记$T_1^*=I(\epsilon=1)\times T+[1-I(\epsilon=1)]\times\infty$，那么$T_1^*$的分布函数等于$F_1(t|Z)$。当$t<\infty$时，并且在$t=\infty$处有一个质量$P(T^*=\infty|Z)=P(T<\infty,\ \epsilon\neq 1)=1-F_1(\infty|Z)$。那么，在式(5-1)的设定下，在$\tau<F_1(\infty|Z)$时，$T_1^*$的$\tau$-分位等于$F_1^{-1}(\tau|Z)=Q_1(\tau|Z)=g(Z^{\top}\beta_0(\tau))$。

注：式(5-1)根据T_1^*的构造，我们可以看到当$\tau\geqslant F_1(\infty;\ \mathbf{Z})$，$T_1^*$的$\tau$-分位会变成$\infty$，这很显然，当我们回顾定义$F_1(t;\ \mathbf{Z})=P(T\leqslant t,\ \epsilon=1|Z)\leqslant P(T\leqslant\infty,\ \epsilon=1|Z)=F_1(\infty;\ \mathbf{Z})$以及$g(\cdot)$为单调递增。这一事实给出了选择$\tau_U$时的一个思考。

参考 Koenker(2005)，对于适当的τ，假设$\beta_0(\tau)$是下面关于$\beta(\tau)$的期望损失函数的最小值：

$$\beta_0(\tau)=\arg\min_{\beta(\tau)}\mathrm{E}\rho_\tau[g^{-1}(T_1^*)-Z^{\top}\beta(\tau)] \tag{5-2}$$

其中 E 为期望符号，$\rho_\tau(u)=u[\tau-I(u\leqslant 0)]$被称为检验函数。

从样本的角度，可以通过最小化如下的目标函数得到$\beta_0(\tau)$的估计量$\widehat{\beta}(\tau)$：

$$\min_{\beta(\tau)}\sum_{i=1}^{n}\rho_\tau[g^{-1}(T_{1,i}^*)-Z_i^{\top}\beta(\tau)] \tag{5-3}$$

考虑没有任何删失数据的情况。那么，$X=T$，$\delta=1$，$\delta\epsilon=\epsilon$。如前文所说，可以通过最小化问题(5-3)估计$\beta_0(\tau)$。因为$T_{1,i}^*$并未被观测到，我们修正式(5-3)为：

$$\sum_{i=1}^{n}I(\epsilon_i=1)\rho_\tau[g^{-1}(X_i)-Z_i^{\top}\beta(\tau)]+I(\epsilon_i\neq 1)\rho_\tau[g^{-1}(X^{\infty})-Z_i^{\top}\beta(\tau)] \tag{5-4}$$

其中X^{∞}为任何足够大的值，超过所有的$Z_i^{\top}\beta(\tau)$。那么，不难推导出式(5-4)相对于$\beta(\tau)$的负的次梯度。

对于删失的情况，我们的目的是构造以下的加权分位目标函数来估计$\beta_0(\tau)$：

$$\begin{aligned}Q(\beta(\tau),\ w_0)=\sum_{i=1}^{n}\{&w_{0i}\rho_\tau[g^{-1}(X_i)-Z_i^{\top}\beta(\tau)]+(1-w_{0i})\\&\rho_\tau[g^{-1}(X^{+\infty})-Z_i^{\top}\beta(\tau)]\}\end{aligned} \tag{5-5}$$

类似 Wang 等(2013)重新基于竞争风险模型构造权重函数如下：

$$w_{0i}=\begin{cases}1 & \delta_i\epsilon_i=1\\ 0 & \delta_i\epsilon_i\neq 1,\ F_1(C_i|Z_i)>\tau\\ \dfrac{\tau-F_1(C_i|Z_i)}{1-F_1(C_i|Z_i)} & \delta_i\epsilon_i\neq 1,\ F_1(C_i|Z_i)\leqslant\tau\end{cases} \tag{5-6}$$

注：式(5-2)在竞争风险分位回归的情况下，每个点只通过$g^{-1}(T_{1,i}^*)-Z_i^\top\beta_0(\tau)$对次梯度条件做贡献。对于$\delta_i\epsilon_i=1$的数据，我们知道$X_i=T_i\leqslant C_i$，$\epsilon_i=1$，*i. e.*，$X_i=T_{1,i}^*$，并且$I[g^{-1}(T_{1,i}^*)-Z_i^\top\beta_0(\tau)<0]$可以被观测到，所以我们对这种情况分配权重1。对于$\delta_i\epsilon_i\neq 1$和$F_1(C_i|Z_i)>\tau$的数据，$T_i>C_i$，$F_1(C_i|Z_i)>\tau$或者$T_i\leqslant C_i$，$\epsilon_i=2$，$F_1(C_i|Z_i)>\tau$；第一种情况，$T_{1,i}^*\geqslant T_i\geqslant X_i=C_i>g(Z_i^\top\beta_0(\tau))$，$I[g^{-1}(T_{1,i}^*)-Z_i^\top\beta_0(\tau)<0]=0$；第二种情况，$T_i\leqslant C_i$，$\epsilon=2$，$I[g^{-1}(T_{1,i}^*)-Z_i^\top\beta_0(\tau)<0]=0$，其中我们分配权重为0。比较模糊的情况是$\delta_i\epsilon_i\neq 1$和$F_1(C_i|Z_i)<\tau$，即$C_i\leqslant F_1^{-1}(\tau|Z_i)=g(Z_i^\top\beta_0(\tau))$。如果$\delta_i=1$，$\epsilon_i=2$，$X_i=T_i<C_i<g(Z_i^\top\beta_0(\tau))$，或者$I[g^{-1}(X_i)-Z_i^\top\beta_0(\tau)<0]=1$；如果$\delta_i=0$，$X_i=C_i<Z_i^\top\beta_0(\tau)$，即$I[g^{-1}(X_i)-Z_i^\top\beta_0(\tau)<0]=1$。然而，$I[T_{1,i}^*-g(Z_i^\top\beta_0(\tau))<0]$不能被观测到。因此我们为这种情况分配权重$w_i(F_0)=\dfrac{\tau-F_1(C_i|Z_i)}{1-F_1(C_i|Z_i)}$，其中给定$(Z_i, C_i)$，

$$
\begin{aligned}
&\mathrm{E}\{I[g^{-1}(T_{1,i}^*)-Z_i^\top\beta_0(\tau)<0]\mid\delta_i\epsilon_i\neq 1,\ Z_i\}\\
&=\frac{P[\epsilon_i=1,\ T_i<g(Z_i^\top\beta_0(\tau))|Z_i]-P(\epsilon_i=1,\ T_i<C_i)}{1-P(T_i\leqslant C_i,\ \epsilon_i=1|Z_i)}\\
&=\frac{\tau-F_1(C_i|Z_i)}{1-F_1(C_i|Z_i)}
\end{aligned}
\tag{5-7}
$$

我们可以证明，加权分位目标函数(5-5)相对于$\beta(\tau)$的次梯度

$$
M_n(\beta(\tau),\ w_0)=\sum_{i=1}^{n}Z_i\{\tau-w_{0i}I[g^{-1}(X_i)<Z_i^\top\beta(\tau)]\}
\tag{5-8}
$$

是$\beta_0(\tau)$的一个无偏估计方程：

$$
\begin{aligned}
&\mathrm{E}\{w_{0i}I[g^{-1}(X_i)<Z_i^\top\beta_0(\tau)]|Z_i\}\\
=&\mathrm{E}\{I(\delta_i\epsilon_i=1)w_{0i}I[g^{-1}(X_i)<Z_i^\top\beta_0(\tau)]|Z_i\}+\\
&\mathrm{E}\{I[\delta_i\epsilon_i\neq 1,\ F_1(C_i)>Z_i^\top\beta_0(\tau)]w_{0i}I[g^{-1}(X_i)<Z_i^\top\beta_0(\tau)]|Z_i\}+\\
&\mathrm{E}\{I[\delta_i\epsilon_i\neq 1,\ F_1(C_i)\leqslant Z_i^\top\beta_0(\tau)]w_{0i}I[g^{-1}(X_i)<Z_i^\top\beta_0(\tau)]|Z_i\}\\
=&P[\epsilon_i=1,\ g^{-1}(T_i)<Z_i^\top\beta_0(\tau)|Z_i]=\tau
\end{aligned}
$$

尽管式(5-8)的无偏性已经得到了证明，但是这是在w_{0i}中存在$F_1(C_i|Z_i)$的情况下。在实际中潜在分布$F_1(t|Z)$也就是w_{0i}是未知的。这里我们使用Peng和Fine(2009)提出的IPCW(Robins和Rotnitzky，1992)估计量来估计$F_1(t|Z)$，

$$
\widehat{F}_1(x|Z)=\frac{1}{n}\sum_{i=1}^{n}\left[\frac{I(X_i\leqslant x,\ \delta_i\epsilon_i=1)}{1-\widehat{G}(X_i|Z_i)}\right]
\tag{5-9}
$$

其中$1-G(t|Z)=1-P(C>t|Z)$为给定Z，C的生存函数，可以通过半参数或者非

参数的方法来估计。这里为了简单，类似 Fine 和 Gray(1999)，我们假设了 C 和 (T, ϵ, Z) 之间的独立性，那么可以使用 Kaplan 和 Meier(1958)中的 Kaplan-Meier 估计量。这一计算友好的估计量式(5-9)在模拟结果中被证实表现很好，当然如果结合 $F_1(t|Z)$ 的更加有效的估计量有可能会进一步改善最终估计的效果。

通过在 w_{0i} 的表达中插入式(5-9)，我们可以得到估计的权重 $w_i(\widehat{F_1})$，

$$w_i(\widehat{F_1})=\begin{cases}1 & \delta_i\epsilon_i=1\\ 0 & \delta_i\epsilon_i\neq 1,\ \widehat{F_1}(C_i|Z_i)>\tau\\ \dfrac{\tau-\widehat{F_1}(C_i|Z_i)}{1-\widehat{F_1}(C_i|Z_i)} & \delta_i\epsilon_i\neq 1,\ \widehat{F_1}(C_i|Z_i)\leqslant\tau\end{cases} \tag{5-10}$$

其中 $\widehat{F_1}$ 为式(5-9)或者可以被替换为其他相合估计量。那么我们可以通过最小化如下加权目标函数来得到加权的删失分位回归估计量 $\widehat{\beta}(\tau)$，

$$Q(\beta(\tau),\ \widehat{F_1})=\sum_{i=1}^{n}\{w_i(\widehat{F_1})\rho_\tau[g^{-1}(X_i)-Z_i^{\top}\beta(\tau)]+(1-w_i(\widehat{F_1}))\rho_\tau[g^{-1}(X^{+\infty})-Z_i^{\top}\beta(\tau)]\} \tag{5-11}$$

为了选出重要变量，在加权目标函数式(5-11)中加入惩罚函数来得到惩罚估计量 $\widetilde{\beta}(\tau)$：

$$Q_p[\beta(\tau),\ w_i(\widehat{F_1})]=\sum_{i=1}^{n}w_i\{\widehat{F_1})\rho_\tau[g^{-1}(X_i)-Z_i^{\top}\beta(\tau)]+[1-w_i(\widehat{F_1})]\rho_\tau[g^{-1}(X^{+\infty})-Z_i^{\top}\beta(\tau)]\}+\sum_{j=1}^{p}p_\lambda(|\beta_j(\tau)|) \tag{5-12}$$

其中 $p_\lambda(\cdot)$ 可以是 LASSO、自适应 LASSO(ALASSO)等惩罚函数。

对于 LASSO 和 ALASSO 惩罚，我们可以很容易地写成 $p_\lambda(|\beta_j|)=\lambda_n|\widehat{\beta}_j|^{-\gamma}$ 的形式，其中 $|\widehat{\beta}_j|$ 为初始的相合非惩罚估计量的第 j 个元素。当 $\gamma=0$ 时就是 LASSO，而 $\gamma=1$ 就是 ALASSO。式(5-12)和式(5-11)的最小化可以直接通过 R 包 quantreg 来求解，不需要进行线性规划，这使我们的方法成为非常方便应用的工具。

第三节　渐近性质

为了构建渐近性质，我们需要以下的假设：

(A5.1)协变量 Z 依概率有界。存在常数 K_Z 使 $E\|Z\|^3\leqslant K_Z$，以及 $E(ZZ^{\top})$ 是一个正定的 $(p+1)\times(p+1)$ 矩阵。

(A5.2)函数 $F_1(t|Z)$ 和 $G(t)$ 相对于 t 有一阶导数，记为 $f_1(t|Z)$ 和 $g_0(t)$，并且一致有界不为无穷。另外，$F_1(t|Z)$ 和 $G(t)$ 有(对 t 一致)有界的相对于 Z 的二阶偏导数。

(A5.3)对于 $\beta_0(\tau)$ 邻域中的 β，$E[ZZ^{\top}g'(Z^{\top}\beta)f_1(g(Z^{\top}\beta)|Z]\{1-G[g(Z^{\top}\beta)]\}$ 并且 $E\{ZZ^{\top}g'(Z^{\top}\beta)g_0[g(Z^{\top}\beta)]\}$ 为正定的。

假设(A5.1)说明了分位回归的关于协变量 Z 的一些尾部和矩条件，假设(A5.2)是局部 Kaplan-Meier 估计量所需要的条件。它使我们可以得到 $F_1(t|Z)$ 和 $G(t)$ 在 $Z^{\top}\beta_0(\tau)$ 的邻域中的局部估计量，从而可以得到 $\widehat{F_1}(t|Z)$ 的一致相合性和线性展开。假设(A5.3)确保了估计函数的期望 $\mathrm{E}[M_n(\beta, F_1)]$ 在 $\beta_0(\tau)$ 有唯一的零点，这对于构建 $\widehat{\beta}(\tau)$ 的渐近分布是需要的。

(C5.1)存在 $\nu>0$ 使 $P(C=\nu)>0$ 及 $P(C>\nu)=0$。

(C5.2) $\beta_0(\tau)$ 对于 $\tau\in[\tau_L, \tau_U]$ 是 Lipschitz 连续的。

(C5.3) $P(\epsilon=1|Z)<1 a.s.$。

假设(C5.1)和假设(C5.2)为竞争风险分位回归的正则条件。假设(C5.3)对于竞争风险是容易满足的。否则就会变成一个标准的 Cox 模型。

定理 5.1 假设三元组 $\{Z_i, X_i, \delta_i\epsilon_i\}$，$i=1, \cdots, n$ 组成一个独立同分布多元随机样本，并且在给定协变量 Z_i 条件下，删失变量 C_i 独立于 T_i。在模型(5-1)和假设(A5.1)~(A5.3)、假设(C5.1)~(C5.3)下，依概率 $\widehat{\beta}(\tau)\to\beta_0(\tau)$，当 $n\to\infty$ 时。

定理 5.2 使用定理 5.1 的假设，并且假设 $r<14$，我们有

$$n^{1/2}[\widehat{\beta}(\tau)-\beta_0(\tau)]\xrightarrow{D}\mathrm{N}(0, \Gamma^{-1}V\Gamma^{-1}) \quad (5-13)$$

其中

$$\Gamma^{-1}=E\{ZZ^{\top}g'[Z^{\top}\beta_0(\tau)][1-G(g(Z^{\top}\beta_0(\tau)))]f_1(g(Z^{\top}\beta_0(\tau))|Z)\} \quad (5-14)$$

并且

$$V=\mathrm{Cov}[m_i(\beta_0, F_1)+(1-\tau)\phi_i] \quad (5-15)$$

其中 $m_i(\beta_0, F_1)=Z_i\{\tau-w_i(F_1)I[X_i<g(Z_i^{\top}\beta_0(\tau))]\}$，$\phi_i$ 在式(5-25)中定义。

定理 5.1 和定理 5.2 构建了无惩罚估计量 $\widehat{\beta}(\tau)$ 的相合性和渐近正态性。我们接下来构建所提出的惩罚估计量 $\widetilde{\beta}(\tau)$ 的变量选择的相合性。令 $\mathcal{A}(\tau)=\{j: \beta_{0j}\neq 0\}$ 且 $\mathcal{A}^c(\tau)=\{j: \beta_{0j}(\tau)=0\}$。

定理 5.3 如果假设(A5.1)~(A5.3)、假设(C5.1)~(C5.3)成立，并且如果 $n^{-1/2}\lambda_n\to 0$ 以及 $n^{(\gamma-1)/2}\lambda_n\to\infty$，那么

$$P(\{[j: \widetilde{\beta}_j(\tau)\neq 0\}=\mathcal{A}(\tau))\to 1 \quad 当\ n\to\infty\ 时$$

定理 5.3 说明了所提出的方法能够以趋近于 1 的概率选择出正确的模型。由 Wang 等(2013)中的定理 2，所提的方法满足 Oracle 性质。

为了简化记号，我们省略如$\beta(\tau)$表达式中的τ。因为权重 w_i 依赖于 F_1^*，我们将 w_i 表示为 $w_i(F_1^*)$。另外，我们定义

$$M_n(\beta, F_1^*)=n^{-1}\sum_{i=1}^{n} m_i(\beta, F_1^*) \tag{5-16}$$

为加权分位目标函数(5-11)的次梯度，其中

$$\begin{aligned}
m_i(\beta, F_1^*)=&Z_i\{\tau-w_i(F_1^*)I[g^{-1}(X_i)\leqslant Z_i^{\top}\beta]\}\\
=&Z_i(\tau-I[\epsilon_i=1, T_i\leqslant C_i, C_i\leqslant g(Z_i^{\top}\beta)]-\\
&I[\epsilon_i=1, T_i\leqslant C_i, g^{-1}(T_i)\leqslant Z_i^{\top}\beta, C_i>g(Z_i^{\top}\beta)]-\\
&\frac{\tau-F_1^*(C_i)}{1-F_1^*(C_i)}\{I[F_1^*(C_i)\leqslant\tau, C_i\leqslant g(Z_i^{\top}\beta)][1-I(T_i\leqslant C_i, \epsilon_i=1)]\}-\\
&\frac{\tau-F_1^*(C_i)}{1-F_1^*(C_i)}I[\epsilon_i=2, F_1^*(C_i|Z_i)\leqslant\tau, T_i\leqslant g(Z_i^{\top}\beta), C_i>g(Z_i^{\top}\beta)])
\end{aligned}$$

令 $M(\beta, F_1^*)=E[m_n(\beta, F_1^*)]=E\{Z[\tau-H(g(Z^{\top}\beta))-R(\beta, F_1^*)-J(\beta, F_1^*)]\}$，其中

$$H(t|Z)=\int_{-\infty}^{t}F_1(u)g_0(u)\mathrm{d}u+[1-G(t)]F_1(t|Z)$$

$$\begin{aligned}
R(\beta, F_1^*)&=E_{C|Z}\frac{\tau-F_1^*(C)}{1-F_1^*(C)}I[F_1^*(C)\leqslant\tau, C\leqslant g(Z^{\top}\beta)][1-I(T\leqslant C, \epsilon=1)]\\
&=\int_0^{g(Z^{\top}\beta)}g_0(u)I[F_1^*(u)\leqslant\tau][1-F_1(u|Z)]\frac{\tau-F_1^*(u)}{1-F_1^*(u)}\mathrm{d}u
\end{aligned}$$

$$\begin{aligned}
J(\beta, F_1^*)&=E_{C|Z}I[\epsilon=2, F_1^*(C)\leqslant\tau, T\leqslant g(Z^{\top}\beta), C>g(Z^{\top}\beta)]\frac{\tau-F_1^*(C)}{1-F_1^*(C)}\\
&=\{F_0[g(Z^{\top}\beta)|Z]-F_1[g(Z^{\top}\beta)|Z]\}\int_{g(Z^{\top}\beta)}^{\infty}I[F_1^*(u)\leqslant\tau]\frac{\tau-F_1^*(u)}{1-F_1^*(u)}g_0(u)\mathrm{d}u
\end{aligned}$$

其中$g_0(u)$为删失变量 C 在 Z 下的条件密度函数，并且 $F_0(t|Z)=P(T\leqslant t|Z)$。值得注意的是，$J(\beta_0, F_1)\equiv 0$，并且容易推导出 $M(\beta_0, F_1)\equiv 0$。

引理 5.1　假设(A5.1)~(A5.3)、假设(C5.1)~(C5.3)成立，那么

$$\|\widehat{F}_1-F_1\|_{\mathcal{H}}:=\sup_t\sup_Z|\widehat{F}_1(t|Z)-F_1(t|Z)|=o_p(n^{-1/2+r}) \tag{5-17}$$

对于任何的 $r>0$。

注：引理 5.1 直接保证了我们的权重估计 $w_i(\widehat{F}_1)$ 收敛到 $w_i(F_1)$ 的相合性，也即式(5-6)中的 w_{0i}。

证明：由条件(C5.1)和(A5.1)，以及 Pepe(1991)、Peng 和 Fine(2009)已经推导出，对于任何的 $r>0$，$\sup_{t<\nu}|\widehat{G}(t)-G(t)|=o(n^{-1/2+r})$ a.s.。也就是，结合(C5.2)，可以推出

$$\sup_x\left\|n^{-1}\sum_{i=1}^n\left[\frac{I(X_i\leqslant x)I(\delta_i\,\epsilon_i=1)}{1-\widehat{G}(X_i)}\right]-n^{-1}\sum_{i=1}^n\left[\frac{I(X_i\leqslant x)I(\delta_i\,\epsilon_i=1)}{1-G(X_i)}\right]\right\|$$
$$=o(n^{-1/2+r})\,a.s. \tag{5-18}$$

同时，对于 $t<\nu$，$1-G(t)$ 一致有界不为 0，因此由 Chebyshev 不等式，对于任何 $r>0$，

$$P\left\{n^{1/2-r}\left|n^{-1}\sum_{i=1}^n\left[\frac{I(X_i\leqslant x)I(\delta_i\,\epsilon_i=1)}{1-G(X_i)}\right]-n^{-1}\sum_{i=1}^n\mathrm{E}\left(\frac{I(X_i\leqslant x)I(\delta_i\,\epsilon_i=1)}{1-G(X_i)}\middle|Z_i\right)\right|\geqslant\varepsilon\right\}$$
$$\leqslant\frac{n^{-2r}\mathrm{Var}[I(X_i\leqslant x)I(\delta_i\,\epsilon_i=1)\,|\,Z_i]}{\varepsilon^2}\to 0,\ n\to\infty$$

对于任何 x 成立，也即

$$\sup_{x,z}\left\|n^{-1}\sum_{i=1}^n\left[\frac{I(X_i\leqslant x)I(\delta_i\,\epsilon_i=1)}{1-G(X_i)}\right]-F_1(x\,|\,Z_i)\right\|=o_p(n^{-1/2+r}) \tag{5-19}$$

结合式(5-18)和式(5-19)，我们有

$$\sup_{x,z}|\widehat{F}_1(x\,|\,Z)-F_1(x\,|\,Z)|=o_p(n^{-1/2+r})$$

对于 Z 一致成立，也就是

$$|\widehat{F}_1-F_1|_{\mathcal{H}}:=\sup_t\sup_Z|\widehat{F}_1(t\,|\,Z)-F_1(t\,|\,Z)|=o_p(n^{-1/2+r})。$$

引理 5.2 对于任何正值 $\varepsilon_n=o(1)$，我们有

$$\sup_{\|\beta-\beta_0\|\leqslant\varepsilon_n,\ \|F_1^*-F_1\|\leqslant\varepsilon_n}|M_n(\beta,\ F_1^*)-M(\beta,\ F_1^*)-M_n(\beta_0,\ F_1)|=o_p(n^{-1/2}) \tag{5-20}$$

证明：令 Z_{ij} 和 m_{ij} 分别表示 Z_i 和 m_i 的第 j 个坐标。为了记号上的方便，在接下来省略一些表达式如 Z_i，Z_{ij}，T_i，C_i 中的下标 i。令 K_j，$j=1$，…，5 为某些正的常数。注意到，对于 $j=1$，…，p，

$$|m_j(\beta,\ F_1^*)-m_j(\beta',\ F_1^{*'})|^2\leqslant B_1+B_2+B_3+B_4$$

其中

$$B_1=Z_j^2\,|I[\epsilon=1,\ T\leqslant C,\ C\leqslant g(Z^\top\beta)]-I[\epsilon=1,\ T\leqslant C,\ C\leqslant g(Z^\top\beta')]|$$

$$B_2=Z_j^2\,|I[\epsilon=1,\ T\leqslant C,\ T\leqslant g(Z^\top\beta),\ C>g(Z^\top\beta)]-I[\epsilon=1,\ T\leqslant C,\ T\leqslant g(Z^\top\beta'),\ C>g(Z^\top\beta')]|$$

$$B_3=Z_j^2\left|\frac{\tau-F_1^*(C)}{1-F_1^*(C)}\{I[F_1^*(C)\leqslant\tau,\ C\leqslant g(Z^{\mathrm{T}}\beta)][1-I(T\leqslant C,\ \epsilon=1)]\}-\right.$$

$$\left.\frac{\tau-F_1^{*\prime}(C)}{1-F_1^{*\prime}(C)}I[F_1^{*\prime}(C)\leqslant\tau,\ C\leqslant g(Z^{\mathrm{T}}\beta')][1-I(T\leqslant C,\ \epsilon=1)]\right|$$

$$B_4=Z_j^2\left|\frac{\tau-F_1^*(C)}{1-F_1^*(C)}I[\epsilon=2,\ F_1^*(C|Z)\leqslant\tau,\ T\leqslant g(Z^{\mathrm{T}}\beta),\ C>g(Z^{\mathrm{T}}\beta)]-\right.$$

$$\left.\frac{\tau-F_1^{*\prime}(C)}{1-F_1^{*\prime}(C)}I[\epsilon=2,\ F_1^{*\prime}(C)\leqslant\tau,\ T\leqslant g(Z^{\mathrm{T}}\beta'),\ C>g(Z^{\mathrm{T}}\beta')]\right|$$

容易验证，

$$\sup_{\beta':\ \|\beta-\beta'\|\leqslant\varepsilon_n}|I[g(Z^{\mathrm{T}}\beta)<C]-I[g(Z^{\mathrm{T}}\beta')<C]|$$
$$\leqslant\|Z\|\{I[g(Z^{\mathrm{T}}\beta)-\varepsilon_n<C]-I[g(Z^{\mathrm{T}}\beta)+\varepsilon_n<C]\}$$

或者乘以一个常数，由假设(C5.3)可得。因此，通过假设(A5.1)和(A5.2)，

$$\mathrm{E}\left(\sup_{\beta':\ \|\beta-\beta'\|\leqslant\varepsilon_n}B_1\right)$$
$$=\mathrm{E}\left[\sup_{\beta':\ \|\beta-\beta'\|\leqslant\varepsilon_n}Z_j^2|I[C\leqslant g(Z^{\mathrm{T}}\beta)]-I[C\leqslant g(Z^{\mathrm{T}}\beta')]|\right]$$
$$\leqslant\mathrm{E}\|Z\|^3[G(g(Z^{\mathrm{T}}\beta)+\varepsilon_n)-G(g(Z^{\mathrm{T}}\beta)-\varepsilon_n)]\leqslant K_1\varepsilon_n$$

通过类似的推导，我们可以证明

$$\mathrm{E}\left(\sup_{\beta':\ |\beta-\beta'|\leqslant\varepsilon_n}B_2\right)=\mathrm{E}\left[\sup_{\beta':\ \|\beta-\beta'\|\leqslant\varepsilon_n}Z_j^2I(\epsilon_i=1)\times\right.$$
$$\left.|I[T\leqslant g(Z^{\mathrm{T}}\beta),\ C>g(Z^{\mathrm{T}}\beta)]-I[T\leqslant g(Z^{\mathrm{T}}\beta'),\ C>g(Z^{\mathrm{T}}\beta')]|\right]$$
$$\leqslant\mathrm{E}\left[\|Z\|^3\{G[g(Z^{\mathrm{T}}\beta)+\varepsilon_n]-G[g(Z^{\mathrm{T}}\beta)-\varepsilon_n]\}+\right.$$
$$\left.\|Z\|^3\{F_1[g(Z^{\mathrm{T}}\beta)+\varepsilon_n]-F_1[g(Z^{\mathrm{T}}\beta)-\varepsilon_n]\}\right]\leqslant K_2\varepsilon_n$$

注意到

$$B_3\leqslant Z_j^2\left|\left[1-\frac{1-\tau}{1-F_1^*(C)}\right]I[F_1^*(C)\leqslant\tau]-\left[1-\frac{1-\tau}{1-F_1^{*\prime}(C)}\right]I[F_1^{*\prime}(C)\leqslant\tau]\right|+$$
$$Z_j^2|I[C\leqslant g(Z^{\mathrm{T}}\beta)]-I[C\leqslant g(Z^{\mathrm{T}}\beta')]|:=B_{31}+B_{32}$$

和 B_1 类似，容易验证 $\mathrm{E}\left(\sup_{\beta':\ \|\beta-\beta'\|\leqslant\varepsilon_n}B_{32}\right)\leqslant K_1\varepsilon_n$。

那么

$$B_{31}=Z_j^2I[F_1^*(C)<\tau,\ F_1^{*\prime}(C)<\tau]\frac{(1-\tau)[F_1^*(C)-F_1^{*\prime}(C)]}{[1-F_1^*(C)][1-F_1^{*\prime}(C)]}+$$

$$
\begin{aligned}
& Z_j^2 I[F_1^*(C)<\tau<F_1^{*\prime}(C)]\frac{1-\tau}{1-F_1^*(C)}+ \\
& Z_j^2 I[F_1^{*\prime}(C)<\tau<F_1^*(C)]\frac{1-\tau}{1-F_1^{*\prime}(C)} \\
\leqslant & Z_j^2\frac{F_1^*(C)-F_1^{*\prime}(C)}{(1-\tau)}+Z_j^2 I[F_1^*(C)<\tau<F_1^{*\prime}(C)]+ \\
& Z_j^2 I[F_1^{*\prime}(C)<\tau<F_1^*(C)]
\end{aligned}
$$

由于

$$
\begin{aligned}
\mathrm{E}\left\{\sup_{F_1^{*\prime}:\|F_1^*-F^{*\prime}{}_1\|_{\mathcal{H}}} I[F_1^*(C)<\tau<F_1^{*\prime}(C)]\right\} & \leqslant P[F_1^*(C)<\tau<F_1^*(C)+\varepsilon_n] \\
& \leqslant G[F_1^{*-1}(\tau)]-G[F_1^{*-1}(\tau-\tau)]\leqslant K_3\varepsilon_n
\end{aligned}
$$

那么，由假设(A5.1)，我们有 $\mathrm{E}\left(\sup_{\beta':\|\beta-\beta'\|\leqslant\varepsilon_n} B_{31}\right)\leqslant K_4\varepsilon_n$。

因此，$\mathrm{E}\left(\sup_{\beta':\|\beta-\beta'\|\leqslant\varepsilon_n} B_3\right)\leqslant K_5\varepsilon_n$。

类似证明 B_3 的推导过程，通过加上和减去 $\frac{\tau-F_1^{*\prime}(C)}{1-F_1^{*\prime}(C)}I[\epsilon=2,\ F_1^{*\prime}(C)\leqslant\tau,\ T\leqslant g(Z^{\top}\beta),\ C>g(Z^{\top}\beta)]$，可以推出

$$
\begin{aligned}
B_4\leqslant & Z_j^2\left|\frac{\tau-F_1^*(C)}{1-F_1^*(C)}I[F_1^*(C)\leqslant\tau]-\frac{\tau-F_1^{*\prime}(C)}{1-F_1^{*\prime}(C)}I[F_1^{*\prime}(C)\leqslant\tau]\right|+ \\
& Z_j^2\left|I[T\leqslant g(Z^{\top}\beta'),\ C>g(Z^{\top}\beta')]-I[T\leqslant g(Z^{\top}\beta),\ C>g(Z^{\top}\beta)]\right| := B_{41}+B_{42}
\end{aligned}
$$

通过 B_{31} 和 B_2 的证明过程，我们可以很容易地得到 $\mathrm{E}\left(\sup_{\beta':\|\beta-\beta'\|\leqslant\varepsilon_n} B_{41}\right)\leqslant K_4\varepsilon_n$ 以及 $\mathrm{E}\left(\sup_{\beta':\|\beta-\beta'\|\leqslant\varepsilon_n} B_{42}\right)\leqslant K_2\varepsilon_n$。

因此 $\mathrm{E}\left(\sup_{\beta':\|\beta-\beta'\|\leqslant\varepsilon_n} B_4\right)\leqslant K_5\varepsilon_n$。

因此 Chen 等(2003)的条件(3.2)成立，其中 $r=2$，$s_j=1/2$，以及条件(3.3)也因为他们论文中的注 3(ii)而得到满足。因此，通过应用 Chen 等(2003)中的定理 3，引理 5.2 成立。

定理 5.1 的证明。注意到 $F_1(t|Z)<\tau$ 等价于 $t<g(Z^{\top}\beta_0)$ 和 $F_1(g(Z^{\top}\beta_0))=\tau$。因此，当插入真实的 β_0 和 F_1 到 M 中时，我们得到

$$
M(\beta_0,\ F_1)=E(Z\{\tau-H[g(Z^{\top}\beta_0)]-R(\beta_0,\ F_1)-J(\beta_0,\ F_1)\})=0
$$

因为 β_0 是 $M(\beta,\ F_1)$ 的解，其中 $M(\beta,\ F_1)$ 在一个紧致的参数邻域 $\mathcal{B}$ 中是 β 的连续函数。因此，$\widehat{\beta}$ 的相合性是 Chen 等(2003)中定理 1 的直接结论，我们只

需要验证他们论文中的条件(1.1)、条件(1.2)和条件(1.5′)，因为条件(1.3)通常满足，而条件(1.4)可以由引理5.1得到。

条件(1.1)由分位回归(Koenker，2005)的次梯度条件，存在向量 v，其分量 $|v_i|\leqslant 1$ 使

$$|M_n(\widehat{\beta},\ \widehat{w})|=n^{-1}\|(Z_i v_i):\ i\in\Xi\|=o_p(n^{-1/2}) \tag{5-21}$$

由假设(A5.1)得到，其中Ξ表示{1，2，…，n}的一个$(p+1)$个元素的子集。

条件(1.2)对于任何 $\varepsilon>0$ 和 $\beta\in\mathcal{B}$，

$$\inf_{\|\beta-\beta_0\|\geqslant\varepsilon}\|M(\beta,\ F_1)\|$$
$$=\inf_{\|\beta-\beta_0\|\geqslant\varepsilon}|M(\beta,\ F_1)-M(\beta_0,\ F_1)\|$$
$$\geqslant\inf_{\|\beta-\beta_0\|\geqslant\varepsilon}\|\mathrm{E}[ZZ^{\mathrm{T}}(\beta-\beta_0)]g'(\xi^*)[1-G(g(\xi^*)|Z)]f_1[g(\xi^*)|Z]\|,$$

在假设(A5.1)和(A5.3)下严格为正，这里 ξ^* 为在 Z_β^{T} 和 $Z^{\mathrm{T}}\beta_0$ 之间的某个值。

条件(1.5′)令$\{a_n\}$为一列正值，当 $n\to\infty$ 时趋近于0。注意到在假设(A5.1)下 $E\|Z_i w_i I[X_i\leqslant g(Z_i^{\mathrm{T}}\beta)]\|^2\leqslant \mathrm{E}(\|Z_i\|^2)\leqslant K_Z$。那么由 Chebyshev 不等式，可以得到

$$\sup_{\beta\in\mathcal{B},\|F_1^*-F_1\|_{\mathcal{H}}\leqslant a_n}|M_n(\beta,\ F_1^*)-M(\beta,\ F_1^*)|=o_p(1)$$

那么由 Chen 等(2003)的定理1，定理5.1得证。

定理5.2的证明。$\widehat{\beta}$ 的渐近正态性依赖于 Chen 等(2003)的定理2的结论。我们需要证明这篇论文中的条件(2.1)~(2.4)、条件(2.5′)和条件(2.6′)。条件(2.1)、条件(2.4)和条件(2.5′)分别由式(5-21)、引理5.1和引理5.2直接可得。

注意到对于任何 C_i 落在 τ-条件分位 $Z_i^{\mathrm{T}}\beta_0$ 以上，不会影响到分位数拟合。如果我们分配所有的权重给$(Z_i,\ C_i)$或$(Z_i,\ X^{+\infty})$，那么我们可以得到

$$\Gamma_1(\beta_0,\ F_1)=\left.\frac{\partial M(\beta,\ F_1)}{\partial\beta}\right|_{\beta=\beta_0}$$
$$=-\mathrm{E}\{ZZ^{\mathrm{T}}g'(Z^{\mathrm{T}}\beta_0)[1-G(g(Z^{\mathrm{T}}\beta_0)|Z)]f_1[g(Z^{\mathrm{T}}\beta_0)|Z]\},$$

在 β_0 处是连续的，并且因为假设(A5.3)是满秩的。对于所有的 $\beta\in\mathcal{B}$，我们定义 $M(\beta,\ F_1^*)$在 F_1 处，$[F_1^*-F_1]$方向上的泛函导数为：

$$\Gamma_2(\beta,\ F_1)[F_1^*-F_1]$$
$$=\lim_{\varepsilon\to 0}\frac{1}{\varepsilon}\{M[\beta,\ F_1+\varepsilon(F_1^*-F_1)]-M(\beta,\ F_1)\}$$
$$=\lim_{\varepsilon\to 0}\frac{1}{\varepsilon}E[R(\beta,\ F_1)-R(\beta,\ F_{1\varepsilon})+J(\beta,\ F_1)-J(\beta,\ F_{1\varepsilon})]$$

其中 $F_{1\varepsilon}=F_1+\varepsilon(F_1^*-F_1)$。因为

$$\lim_{\varepsilon\to 0}\frac{1}{\varepsilon}\mathrm{E}Z[R(\beta,\ F_1)-R(\beta,\ F_{1\varepsilon})]=\mathrm{E}Z[A_1(\beta)+A_2(\beta)]+(1-\tau)\mathrm{E}Z\int_0^{g(Z^{\mathrm{T}}\beta)}g_0(u)I[F_1(u|Z)\leqslant\tau]\frac{F_1^*(u|Z)-F_1(u|Z)}{1-F_1(u|Z)}\mathrm{d}u$$

其中

$$A_1(\beta)=\lim_{\varepsilon\to 0}\frac{1}{\varepsilon}\int_0^{g(Z^{\mathrm{T}}\beta)}g_0(u)[1-F_1(u)]\{I[F_1(u|Z)\leqslant\tau]-I[F_{1\varepsilon}(u|Z)\leqslant\tau]\}\mathrm{d}u$$

$$A_2(\beta)=\lim_{\varepsilon\to 0}\frac{1}{\varepsilon}\int_0^{g(Z^{\mathrm{T}}\beta)}g_0(u)[1-F_1(u)](1-\tau)\frac{I[F_{1\varepsilon}(u|Z)\leqslant\tau]-I[F_1(u|Z)\leqslant\tau]}{1-F_{1\varepsilon}(u|Z)}\mathrm{d}u$$

类似地，我们可以推导出

$$\lim_{\varepsilon\to 0}\frac{1}{\varepsilon}\mathrm{E}Z[J(\beta,\ F_1)-J(\beta,\ F_{1\varepsilon})]=\mathrm{E}Z[A_3(\beta)+A_4(\beta)]+(1-\tau)\mathrm{E}Z\{F_0[g(Z^{\mathrm{T}}\beta)|Z]-F_1[g(Z^{\mathrm{T}}\beta)|Z]\}\times\int_{g(Z^{\mathrm{T}}\beta)}^{\infty}g_0(u)I[F_1(u|Z)\leqslant\tau]\frac{F_1^*(u|Z)-F_1(u|Z)}{[1-F_1(u|Z)]^2}\mathrm{d}u$$

其中

$$A_3(\beta)=\{F_0[g(Z^{\mathrm{T}}\beta)|Z]-F_1[g(Z^{\mathrm{T}}\beta)|Z]\}\lim_{\varepsilon\to 0}\frac{1}{\varepsilon}\int_{g(Z^{\mathrm{T}}\beta)}^{\infty}g_0(u)I[F_1(u|Z)\leqslant\tau]-I[F_{1\varepsilon}(u|Z)\leqslant\tau]\mathrm{d}u$$

$$A_4(\beta)=\{F_0[g(Z^{\mathrm{T}}\beta)|Z]-F_1[g(Z^{\mathrm{T}}\beta)|Z]\}(1-\tau)\lim_{\varepsilon\to 0}\frac{1}{\varepsilon}\int_{g(Z^{\mathrm{T}}\beta)}^{\infty}g_0(u)\frac{I[F_{1\varepsilon}(u|Z)\leqslant\tau]-I[F_1(u|Z)\leqslant\tau]}{1-F_{1\varepsilon}(u|Z)}\mathrm{d}u$$

对于 β 使 $g(Z^{\mathrm{T}}\beta)<g(Z^{\mathrm{T}}\beta_0)$，$A_1(\beta)=0$，$A_2(\beta)=0$。对于足够小的 ε，$F_{1\varepsilon}^{-1}(\tau)>g(Z^{\mathrm{T}}\beta)$，那么

$$A_3(\beta)=\{F_0[g(Z^{\mathrm{T}}\beta)|Z]-F_1[g(Z^{\mathrm{T}}\beta)|Z]\}\lim_{\varepsilon\to 0}\frac{1}{\varepsilon}\{G[g(Z^{\mathrm{T}}\beta_0))-G(F_{1\varepsilon}^{-1}(\tau|Z)]\}$$

$$A_4(\beta)=(1-\tau)\{F_0[g(Z^{\mathrm{T}}\beta)|Z]-F_1[g(Z^{\mathrm{T}}\beta)|Z]\}\lim_{\varepsilon\to 0}\frac{1}{\varepsilon}\{\widetilde{G}[F_{1\varepsilon}^{-1}(\tau|Z)]-\widetilde{G}[g(Z^{\mathrm{T}}\beta_0|Z)]\}$$

其中 $\frac{\mathrm{d}\widetilde{G}(u|Z)}{du}=\frac{g_0(u)}{1-F_1(u|Z)}$。

对于 β 使 $g(Z^{\top}\beta)>g(Z^{\top}\beta_0)$，$A_3(\beta)=0$，$A_4(\beta)=0$。对于足够小的 ε，$F_{1\varepsilon}^{-1}(\tau)<g(Z^{\top}\beta)$，那么

$$A_1(\beta)=\lim_{\varepsilon\to 0}\frac{1}{\varepsilon}\{\breve{G}[g(Z^{\top}\beta_0|Z)]-\breve{G}[F_{1\varepsilon}^{-1}(\tau|Z)]\}$$

其中$\frac{d\breve{G}(u|Z)}{du}=g_0(u)[1-F_1(u|Z)]$并且

$$A_2(\beta)=(1-\tau)\lim_{\varepsilon\to 0}\frac{1}{\varepsilon}[G(F_{1\varepsilon}^{-1}(\tau|Z))-G(g(Z^{\top}\beta_0))]$$

对于 $\beta=\beta_0$，注意到 $I[F_0(t|Z)<\tau]=1$ 对于 $t\in(0,g(Z^{\top}\beta))$。那么

$$A_1(\beta)=\lim_{\varepsilon\to 0}\frac{1}{\varepsilon}[\breve{G}(g(Z^{\top}\beta_0|Z))-\breve{G}(F_{1\varepsilon}^{-1}(\tau|Z))]$$

$$A_2(\beta)=(1-\tau)\lim_{\varepsilon\to 0}\frac{1}{\varepsilon}[G(F_{1\varepsilon}^{-1}(\tau|Z))-G(g(Z^{\top}\beta_0))]$$

并且 $I[F_0(t|Z)<\tau]=0$ 对于 $t\in(g(Z^{\top}\beta),\infty)$，那么

$$A_3(\beta)=[F_0(g(Z^{\top}\beta)|Z)-F_1(g(Z^{\top}\beta)|Z)]\lim_{\varepsilon\to 0}\frac{1}{\varepsilon}[G(g(Z^{\top}\beta_0))-G(F_{1\varepsilon}^{-1}(\tau|Z))]$$

$$A_4(\beta)=(1-\tau)[F_0(g(Z^{\top}\beta)|Z)-F_1(g(Z^{\top}\beta)|Z)]$$
$$\lim_{\varepsilon\to 0}\frac{1}{\varepsilon}[\widetilde{G}(F_{1\varepsilon}^{-1}(\tau|Z))-\widetilde{G}(g(Z^{\top}\beta_0|Z))]$$

通过将 $\widetilde{G}(F_{1\varepsilon}^{-1}(\tau|Z))$（看成是 ε 的函数）在 $\varepsilon=0$ 处展开，并且因为事实上$\frac{d}{d\varepsilon}F_{1\varepsilon}^{-1}(\tau|Z)|_{\varepsilon=0}=\frac{\tau-F_1^*(g(Z^{\top}\beta_0))}{f_1(g(Z^{\top}\beta_0))}$[vanderVaart(199)中的例 20.5]，我们可以得到

$$G(F_{1\varepsilon}^{-1}(\tau|Z))=G(g(Z^{\top}\beta_0))+g_0(g(Z^{\top}\beta_0))\frac{\tau-F_1^*(g(Z^{\top}\beta_0))}{f_1(g(Z^{\top}\beta_0))}\varepsilon+O(\varepsilon^2)$$

类似地，我们有

$$\breve{G}(F_{1\varepsilon}^{-1}(\tau|Z))=\breve{G}(g(Z^{\top}\beta_0))+$$
$$g_0(g(Z^{\top}\beta_0))[1-F_1(g(Z^{\top}\beta_0))]\frac{\tau-F_1^*(g(Z^{\top}\beta_0))}{f_1(g(Z^{\top}\beta_0))}\varepsilon+O(\varepsilon^2)$$

$$\widetilde{G}(F_{1\varepsilon}^{-1}(\tau|Z))=\widetilde{G}(g(Z^{\top}\beta_0))+\frac{g_0(g(Z^{\top}\beta_0))}{1-F_1(g(Z^{\top}\beta_0))}\frac{\tau-F_1^*(g(Z^{\top}\beta_0))}{f_1(g(Z^{\top}\beta_0))}\varepsilon+O(\varepsilon^2)$$

因此，对于 β 使 $g(Z^{\top}\beta)<g(Z^{\top}\beta_0)$，

$$A_3(\beta)+A_4(\beta)=-[F_0(g(Z^{\top}\beta)|Z)-F_1(g(Z^{\top}\beta)|Z)]$$

$$g_0(g(Z^{\top}\beta_0))\frac{\tau-F_1^*(g(Z^{\top}\beta_0))}{f_1(g(Z^{\top}\beta_0))}\frac{F_1(g(Z^{\top}\beta_0))-\tau}{1-F_1(g(Z^{\top}\beta_0))}\equiv 0$$

$$A_1(\beta)+A_2(\beta)=g_0(g(Z^{\top}\beta_0))[F_1(g(Z^{\top}\beta_0))-\tau]\frac{\tau-F_1^*(g(Z^{\top}\beta_0))}{f_1(g(Z^{\top}\beta_0))}\equiv 0$$

也就是

$$\begin{aligned}\Gamma_2(\beta_0,\ F_1)(F_1^*-F_1)=&(1-\tau)\mathrm{E}Z\int_0^{g(Z^{\top}\beta)}g_0(u)I[F_1(u|Z)\leqslant\tau]\\&\frac{F_1^*(u|Z)-F_1(u|Z)}{1-F_1(u|Z)}\mathrm{d}u+(1-\tau)\\&\mathrm{E}Z[F_0(g(Z^{\top}\beta)|Z)-F_1(g(Z^{\top}\beta)|Z)]\\&\int_{g(Z^{\top}\beta)}^{\infty}g_0(u)I[F_1(u|Z)\leqslant\tau]\frac{F_1^*(u|Z)-F_1(u|Z)}{[1-F_1(u|Z)]^2}\mathrm{d}u\end{aligned}\tag{5-22}$$

通过泰勒展开的过程，在假设(A5.1)和(A5.2)下，我们可以验证 Chen 等(2003)的条件(2.3)。

之后，我们验证条件(2.6)。结合式(5-22)和上面的分析，我们有

$$\Gamma_2(\beta_0,\ F_1)(\widehat{F}_1-F_1)=(1-\tau)\mathrm{E}Z\int_0^{g(Z^{\top}\beta_0)}g_0(u)\frac{\widehat{F}_1(u|Z)-F_1(u|Z)}{1-F_1(u|Z)}\mathrm{d}u\tag{5-23}$$

记

$$F_1^G(t|Z)=\frac{1}{n}\sum_{i=1}^{n}\frac{I(X_i\leqslant t,\ \delta_i\epsilon_i=1)}{1-G(X_i)}$$

$$N_i^G(t)=I(X_i\leqslant t,\ \delta_i\epsilon_i=0)$$

$$Y_i(t)=I(X_i\geqslant t),\ y(t)=P(X\geqslant t)$$

$$\lambda^G(t)=\lim_{\Delta\to 0}P(X\in(t,\ t+\Delta)|X\geqslant t),\ \Lambda^G(t)=\int_0^t\lambda^G(s)\mathrm{d}s$$

$$M_i^G(t)=N_i^G-\int_0^{\infty}Y_i(s)\mathrm{d}\Lambda^G(s)$$

依据 Peng 和 Fine(2009)的证明,

$$\sup_{t\in[0,\nu)}\left\|n^{1/2}[\widehat{G}(t)-G(t)-n^{-1/2}\sum_{i=1}^{n}G(t)\int_0^t y(s)^{-1}\mathrm{d}M_i^G]\right\|\to 0$$

依据 Pepe(1991)，以及

$$n^{-1}\sum_{i=1}^{n}Y_i(t)I(X_i\leqslant x)I(\delta_i\epsilon_i=1)(1-G(X_i))^{-1}$$

一致收敛到 $\pi(x, t)$，在 $x \in R$ 和 $t \in [0, \nu)$ 上，其中

$$\pi(x, t) = \boldsymbol{E} Y_i(t) I(X_i \leqslant x) I(\delta_i \epsilon_i = 1)(1 - G(X_i))^{-1}$$

那么

$$\begin{aligned}
\widehat{F}_1(x|Z) - F_1(x|Z) &= F_1^G(x|Z) - F_1(x|Z) + \widehat{F}_1(x|Z) - F_1^G(x|Z) \\
&= \frac{1}{n}\sum_{i=1}^{n} \xi_{1,i}(x) - \frac{1}{n}\sum_{i=1}^{n} \frac{\widehat{G}(X_i) - G(X_i)}{\widehat{G}(X_i)G(X_i)} I(X_i \leqslant x) I(\delta_i \epsilon_i = 1) \\
&\approx \frac{1}{n}\sum_{i=1}^{n} \xi_{1,i}(x) - \frac{1}{n}\sum_{i=1}^{n} \frac{n^{-1}\sum_{j=1}^{n} Y_i(s) y(s)^{-1} \mathrm{d}M_j^G}{G(X_i)} \\
&\quad I(X_i \leqslant x) I(\delta_i \epsilon_i = 1) \\
&= \frac{1}{n}\sum_{i=1}^{n} \xi_{1,i}(x) - \frac{1}{n}\sum_{i=1}^{n} \\
&\quad \int_0^{\infty} \left[\sum_{j=1}^{n} \frac{Y_j(s) I(X_j \leqslant x) I(\delta_j \epsilon_j = 1)}{nG(X_j)} \right] \frac{\mathrm{d}M_i^G(s)}{y(s)} \\
&\approx \frac{1}{n}\sum_{i=1}^{n} \xi_{1,i}(x) - \frac{1}{n}\sum_{i=1}^{n} \int_0^{\infty} \pi(x, s) \frac{\mathrm{d}M_i^G(s)}{y(s)} \\
&= \frac{1}{n}\sum_{i=1}^{n} [\xi_{1,i}(x) - \xi_{2,i}(x)]
\end{aligned}$$

其中≈表示在 $\tau \in [\tau_L, \tau_U]$ 上一致渐近等价，$\xi_{1,i}(x) = I(X_i \leqslant x) I(\delta_i \epsilon_i = 1) G(X_i)^{-1} - F_1(x|Z)$ 并且 $\xi_{2,i} = \int_0^{\infty} \pi(x, s) y(s)^{-1} \mathrm{d}M_i^G(s)$，$i = 1, \cdots, n$。类似地，如 Peng 和 Fine(2009) 所推导的，$\int_0^{\infty} \pi(x, s) y(s)^{-1} \mathrm{d}M_i^G$ 是关于 x Lipshitz 连续的，$\widehat{F}_1(x|Z) - F_1(x|Z)$ 弱收敛到一个均值为 0 的高斯过程，协方差矩阵为 $\Sigma(x) = \mathrm{E}\{\xi_1(x)'\xi_1(x)\}$。那么由式(5-23)，

$$\begin{aligned}
\Gamma_2(\beta_0, F_1)(\widehat{F}_1 - F_1) &\approx (1-\tau) n^{-1} \sum_{i=1}^{n} \mathrm{E}_Z \left[Z \int_0^{g(Z^{\top}\beta_0)} g_0(u) \frac{\xi_{1,i}(u) - \xi_{2,i}(u)}{1 - F_1(u|Z)} \mathrm{d}u \right] \\
&= (1-\tau) n^{-1} \sum_{i=1}^{n} \phi_i
\end{aligned} \tag{5-24}$$

其中

$$\phi_i = \mathrm{E}_Z Z \int_0^{g(Z^{\top}\beta_0)} g_0(u) \frac{\xi_{1,i}(u) - \xi_{2,i}(u)}{1 - F_1(u|Z)} \mathrm{d}u \tag{5-25}$$

为一个随机向量，均值为 0，以及 $E|\phi_i|^2 < \infty$，由假设(A5.1)~(A5.3)可得。

回忆

$$M_n(\beta_0,\ F_1)=n^{-1}\sum_{i=1}^{n} m_i(\beta_0,\ F_1)$$

为独立的均值为 0 的随机向量。

$$\begin{aligned}m_i(\beta_0,\ F_1)=&Z_i(\tau-I[\epsilon_i=1,\ T_i\leqslant C_i,\ C_i\leqslant g(Z_i^{\top}\beta_0)]-\\&I[\epsilon_i=1,\ T_i\leqslant C_i,\ g^{-1}(T_i)\leqslant Z_i^{\top}\beta_0,\ C_i>g(Z_i^{\top}\beta_0)]-\\&\frac{\tau-F_1(C_i)}{1-F_1(C_i)}\{I[F_1(C_i)\leqslant\tau,\ C_i\leqslant g(Z_i^{\top}\beta_0)][1-I(T_i\leqslant C_i,\ \epsilon_i=1)]\})\\&:=Z_i(\tau-D_1-D_2-D_3)\end{aligned}$$

因为 $\mathrm{E}[m_i(\beta_0,\ F_1)]=0$，并且 $D_iD_j=0$ 对于 $i\neq j$，容易验证

$$\begin{aligned}\mathrm{Cov}[m_i(\beta_0,\ F_1)]=&\mathrm{E}_{Z,C}\mathrm{E}\\&\left[Z_iZ_i^{\top}\left\{\tau(1-\tau)I[C_i>g(Z_i^{\top}\beta_0)]+I[C_i\leqslant g(Z_i^{\top}\beta_0)]\frac{F_1(C_i)(1-\tau)^2}{1-F_1(C_i)}\right\}\right]\\&:=d_1\end{aligned}$$

那么应用中心极限定理可得

$$n^{1/2}\{M_n(\beta_0,\ F_1)+\Gamma_2(\beta_0,\ F_1)[\widehat{F}_1-F_1]\}\xrightarrow{D}N(0,\ V)$$

其中

$$V=\mathrm{Cov}[m_i(\beta_0,\ F_1)+(1-\tau)\phi_i]:=d_1+d_2+d_3$$

$$d_2=(1-\tau)\mathrm{E}[m_i(\beta_0,\ F_1)\phi^{\top}]$$

$$d_3=(1-\tau)^2\mathrm{E}(\phi^{\top}\phi)$$

那么对于式(5-14)的证明通过 Chen 等(2003)的定理 2 来完成。

定理 5.3 的证明。令 $\widehat{\mathcal{A}}_n=\{j:\ \widetilde{\beta}_j\neq 0\}$。我们首先证明，对于任何 $j\neq\mathcal{A}$，$P(j\in\widehat{\mathcal{A}}_n)\to 0$ 当 $n\to\infty$。假设存在一个 $k\in\widehat{\mathcal{A}}^c$ 使 $|\widetilde{\beta}_k|\neq 0$。令 β^* 为通过将 $\widetilde{\beta}$ 中的 $\widetilde{\beta}_k$ 替换为 0 构造出的向量。为了简单，我们写作 $\widehat{w}_i=w_i(\widehat{F}_1)$。注意到 $|\rho_\tau(a)-\rho_\tau(b)|\leqslant|a-b|\max\{\tau,\ 1-\tau\}<|a-b|$。因此，对于足够大的 n，

$$\begin{aligned}Q_p(\widetilde{\beta},\ \widehat{w}_i)-Q_p(\beta^*,\ \widehat{w}_i)=&\sum_{i=1}^{n}\widehat{w}_i\{\rho_\tau[g^{-1}(X_i)-Z_i^{\top}\widetilde{\beta}]-\\&\rho_\tau[g^{-1}(X_i)-Z_i^{\top}\beta^*]\}+\\&\sum_{i=1}^{n}(1-\widehat{w}_i)\{\rho_\tau[g^{-1}(X^{+\infty})-Z_i^{\top}\widetilde{\beta}]-\\&\rho_\tau[g^{-1}(X^{+\infty})-Z_i^{\top}\beta^*]\}+\\&p_{\lambda_n}(|\widetilde{\beta}_k|)\geqslant-2\sum_{i=1}^{n}\|Z_i\|\cdot\|\widehat{\beta}_k\|+\lambda_n|\widehat{\beta}_k|^{-\gamma}|\widetilde{\beta}_k|\end{aligned}$$

由定理 5.1，$\widehat{\beta_k}-\beta_k=O_p(n^{-1/2})$ 及 β_k，因此 $\widehat{\beta_k}=O_p(n^{-1/2})$。因为

$$\sum_{i=1}^{n}\|Z_i\|=O_p(1)$$

及

$$n^{-1}\lambda_n\ |\widehat{\beta_k}|^{-\gamma}\geqslant n^{r/\gamma-1}\lambda_n\to\infty$$

可以推出

$$\begin{aligned}Q_p(\widetilde{\beta},\ \widehat{w_i})-Q_p(\beta^*,\ \widehat{w_i})&\geqslant -2\sum_{i=1}^{n}\|Z_i\|\cdot|\widehat{\beta_k}|+\lambda_n\ |\widehat{\beta_k}|^{-\gamma}|\widetilde{\beta_k}|\\&\geqslant|\widetilde{\beta_k}|n[-O_p(1)+n^{-1}\lambda_n\ |\widehat{\beta_k}|^{-\gamma}]\\&\geqslant c^*n^{\gamma/2-1/2}\lambda_n>0,\text{随着 } n\to\infty\end{aligned}\tag{5-26}$$

其中 c^* 为任何正的常数。这就与事实 $Q_p(\widetilde{\beta},\ \widehat{w_i})\leqslant Q_p(\beta^*,\ \widehat{w_i})$ 相悖。

我们接下来证明对于任何 $j\in\mathcal{A}$，$P(j\notin\widehat{\mathcal{A}}_n)\to 0$。我们记 $b_{\mathcal{A}}=(b_j,\ j\in\mathcal{A})$ 对于任何向量 $b\in R^p$，和 $B_{\mathcal{A}\mathcal{A}}$ 为一个 $(p+1)\times(p+1)$ 维矩阵 B 的子矩阵，行列的指标在 $\mathcal{A}$ 中。那么由泰勒展开，

$$M_n(\beta_{\mathcal{A}},\ F_1^*)=M_n(\beta_{0\mathcal{A}},\ F_1)+\Gamma_{1\mathcal{A}\mathcal{A}}(\beta_{\mathcal{A}}-\beta_{0\mathcal{A}})+\Gamma_{2\mathcal{A}\mathcal{A}}(\beta_{0\mathcal{A}},\ F_1)[F_1^*-F_1]+o_p(n^{-1/2})\tag{5-27}$$

在 $\beta_{\mathcal{A}}$ 上一致，F_1 使 $\|\beta_{\mathcal{A}}-\beta_{0\mathcal{A}}\|=O(n^{-1/2})$ 且 $\|F_1^*-F_{1\mathcal{H}}\|=o(n^{-1/2+r})$。

令 $\beta_{\mathcal{A}}-\beta_{0\mathcal{A}}=n^{-1/2}u$，我们有

$$nu^{\top}M_n(\beta_{\mathcal{A}},\ \widehat{F_1})=nu^{\top}[M_n(\beta_{0\mathcal{A}},\ F_1)+\Gamma_{2\mathcal{A}\mathcal{A}}]+n^{1/2}u^{\top}\ \Gamma_{1\mathcal{A}\mathcal{A}}u+o_p(n^{1/2})\tag{5-28}$$

其中 $\Gamma_{2\mathcal{A}\mathcal{A}}=\Gamma_{2\mathcal{A}\mathcal{A}}(\beta_{0\mathcal{A}},\ F_1)[\widehat{F_1}-F_1]$。因此，以概率趋近于 1，

$$-nu^{\top}M_n(\beta_{\mathcal{A}},\ \widehat{F_1})\geqslant -nu^{\top}\{M_n(\beta_{0\mathcal{A}},\ F_1)+\Gamma_2\}-n^{1/2}u^{\top}\ \Gamma_{1\mathcal{A}\mathcal{A}}u+o(n^{1/2})\geqslant k_0n^{1/2+r}\tag{5-29}$$

对于某个正的 k_0 和 $r>0$。但是，次梯度条件(5-21)要求

$$\|nu^{\top}M_n(\beta_{\mathcal{A}},\ \widehat{F_1})\|+\lambda_n\sum_{j\in\mathcal{A}}|\widehat{\beta_j}|^{-r}\,|\tau-I(\widetilde{\beta_j}<0)|\leqslant O_p(\max_i\|Z_i\|)\tag{5-30}$$

当 $\lambda_n=o(n^{1/2})$ 和假设(A5.1)成立时，式(5-29)和式(5-30)表示次梯度条件不可能成立，如果 $\|\widetilde{\beta_{\mathcal{A}}}-\beta_{0\mathcal{A}}\|=Kn^{-1/2}$ 对于某个正的 K。

使用 Jurěcková(1977)中的单调性证明，我们可以证明次梯度条件也不能成立，如果 $\|\widetilde{\beta_{\mathcal{A}}}-\beta_{0\mathcal{A}}\|>Kn^{-1/2}$。因此，$\|\widetilde{\beta_{\mathcal{A}}}-\beta_{0\mathcal{A}}\|\leqslant Kn^{-1/2}$ 以趋近于 1 的概率成立。等价地说，对于所有的 $j\in\mathcal{A}$，$P(j\in\widehat{\mathcal{A}}_n)\to 1$ 或者 $P(j\notin\widehat{\mathcal{A}}_n)\to 0$。

定理 5.3 的证明完成。

第四节 模拟研究

我们进行了蒙特卡罗模拟来评估所提出方法的性能，并考虑 Peng 和 Fine (2009)中的数据生成方式，但在协变量维度更大的情况下。

我们生成(T, ϵ)，满足

$$P(\epsilon=1 \mid Z)=p_0 I(Z_2=0)+p_1 I(Z_2=1), \quad P(T\leqslant t \mid \epsilon=1, Z)=\Phi(\log t-\gamma_0^{\top} Z)$$

和

$$P(T\leqslant t \mid \epsilon=2, Z)=\Phi(\log t-\alpha_0^{\top} Z)$$

其中$\Phi(\cdot)$表示标准正态分布函数，$p_0=0.8$，$p_1=0.6$，γ_0 和 α_0 为上述模型的真实参数值。设置 $\gamma_0=(-2, -2.5, 2, -2.4, 0, \cdots, 0)$并且 $\alpha_0=-\gamma_0$。那么

$$\log Q_1(\tau \mid Z)=\Phi^{-1}\left(\frac{\tau}{p_0}\right)+\gamma_0^{(1)} Z_1+\left[\gamma_0^{(2)}+\Phi^{-1}\left(\frac{\tau}{p_1}\right)-\Phi^{-1}\left(\frac{\tau}{p_0}\right)\right] Z_2+\gamma_0^{(3)} Z_3+\gamma_0^{(4)} Z_4$$

其中 Z_j 为协变量 Z 的第 j 个分量，$\gamma_0^{(j)}$ 为 γ_0 的第 j 个分量。那么模型(5-1)中估计的系数为：

$$\beta_0(\tau)=\left[\Phi^{-1}\left(\frac{\tau}{p_0}\right), \gamma_0^{(1)}, \gamma_0^{(2)}+\Phi^{-1}\left(\frac{\tau}{p_1}\right)-\Phi^{-1}\left(\frac{\tau}{p_0}\right), \gamma_0^{(3)}, \gamma_0^{(4)}, 0, \cdots, 0\right]。$$

因此，对于 $\tau\neq 0.4$，非零系数的真实值为 5，而对于 $\tau=0.4$ 非零系数的真实值为 4，因为$\Phi^{-1}\left(\frac{0.4}{p_0}\right)=0$。

在模拟中，我们设定无关协变量的值为 $s=\#\{j: \beta_{0j}\neq 0\}=30$，样本量为 $n=200$。对于协变量协方差的结构，我们考虑$\Sigma_{1,ij}=\rho$，其中 $\rho=0, 0.25, 0.5, 0.75$。

我们如下生成协向量 $\mathbf{Z}=(Z_1, Z_2, Z_3, \cdots, Z_p)^{\top}$：$Z_1 \sim \mathrm{Unif}(0, 1)$，$Z_2 \sim \mathrm{Bernoulli}(0.5)$，$Z_j \sim N(0, \Sigma)$，$j=3, \cdots, p$。

对于每种情况，模拟重复 500 次。平均删失率为 36%。

我们使用如下准则来评估模拟的表现：正确选出的相关变量数和真实相关变量数的比例(TPr)，定义为 $\mathrm{TPr}=\frac{\#\{\{j: |\widehat{\beta}_j(\tau)|\neq 0\}\cap[j: |\beta_{0j}(\tau)|\neq 0\}\}}{\#\{j: |\beta_{0j}(\tau)|\neq 0\}}$，错误选出的无关变量数和真实无关变量数的比例(FPr)，定义为 $\mathrm{FPr}=\frac{\#\{\{j: \widehat{\beta}_j(\tau)\neq 0\}\cap\{j: |\beta_{0j}|=0\}\}}{\#\{j: |\beta_{0j}|=0\}}$，绝对误差

$$P_1 = \sum_{j=1}^{p} \left| \widehat{\beta}_j(\tau) - \beta_{0j}(\tau) \right|$$

和平方误差

$$P_2 = \sum_{j=1}^{p} \left| \widehat{\beta}_j(\tau) - \beta_{0j}(\tau) \right|^2$$

TPr 越接近于 1，FPr 越接近于 0，说明方法表现越好。TPr 和 FPr 的取值都是从 0 到 1，因此我们将其共同呈现在图 5-1 中以作对比。

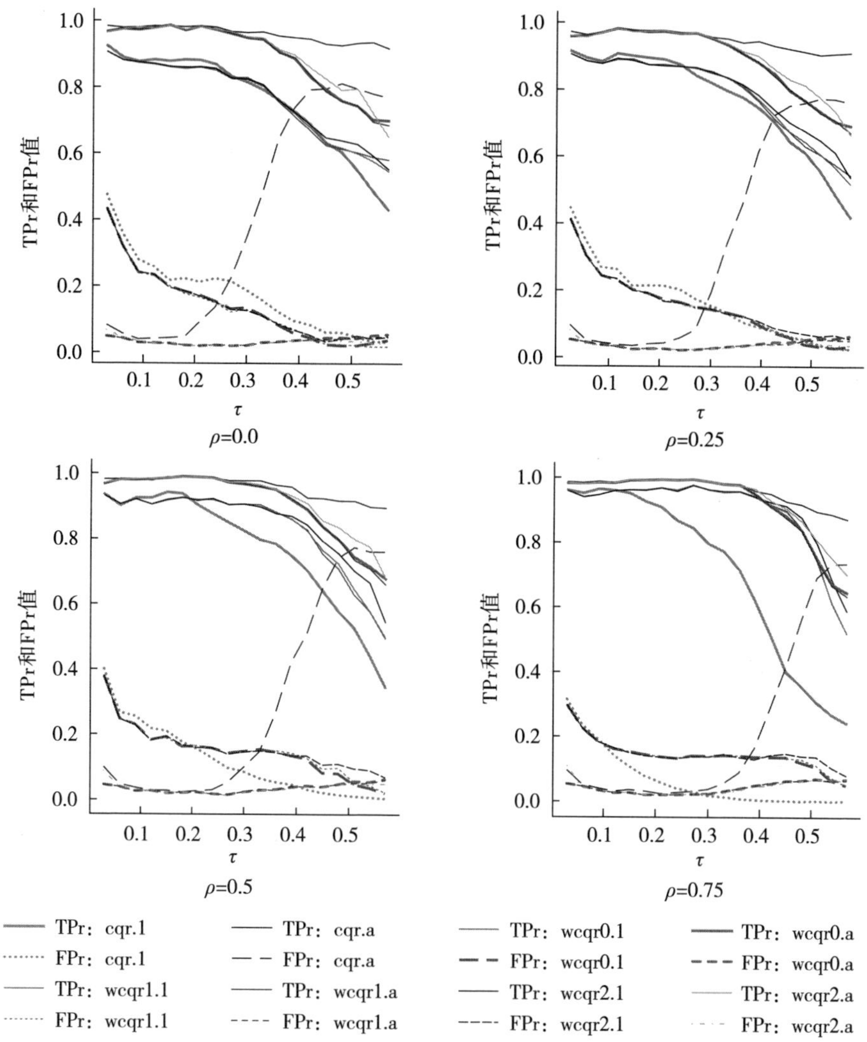

图 5-1 $n=200$，$s=30$，$p_0=0.8$，$p_1=0.6$ 的情形下不同方法效果比较

图 5-1 对比了四种 ρ 水平的 TPr 和 FPr。每个子图中，Y 轴报告了不同的 τ 处的 TPr 和 FPr。

我们将所提出的加权方法与 Li 等(2019)提出的竞争风险分位回归估计量进行比较，并分别记为 wcqr 和 cqr，表示是否应用了加权的方法。

在模拟表格中，我们使用 cqr. l 和 cqr. a 分别表示使用 LASSO 和 ALASSO 的 cqr 估计量。类似地，我们的估计量则分别记为 wcqr*i*. l 和 wcqr*i*. a，$i=0$，1 分别代表管理性删失(administrative censoring)和随机右删失，其中在权重中，前者 C 为已知的，后者用 X 替换 C；wcqr2 则使用了一个不同的权重：

$$w_i(F_1)=\begin{cases}1 & \delta_i\epsilon_i=1\\ \dfrac{\tau-\widehat{F}_1(C_i)}{1-\widehat{F}_1(C_i)-\widehat{F}_2(C_i)} & \delta_i=0,\ \widehat{F}_1(C_i)<\tau\\ 0 & 其他\end{cases}$$

当如上的权重涉及 $F_2(t\mid Z)=P(T\leqslant t,\ \epsilon=2\mid Z)$ 的估计时，在实际应用中可能会比较复杂，我们仅在模拟中进行比较。这里的 wcqr2，我们使用估计 F_1 的方法类似地估计 F_2。

尽管我们的理论结果并未基于两种 w_i 的估计量，大部分的模拟结果验证了 wcqr0 和 wcqr1 非常接近，因为权重只在 $\delta=1$ 时不一样，因此在删失比例较大时估计结果会表现得很好。

在模拟变量选择方法之前，我们还对非惩罚的估计量进行了模拟。在这种情况下，我们使用 $\gamma_0=(1,\ -1.5,\ -0.5)$，$p_0=0.8$，$p_1=0.6$，以及 $\rho=0$。我们重复模拟 1000 次，并且比较了经验偏差(EmpiricalBias，EmpBias)和基于经验方差计算出的 95%置信区间的平均覆盖率。结果总结在表 5-1 中。

表 5-1　偏差和经验覆盖率；$n=300$，$\rho=0$，$p_0=0.8$，$p_1=0.6$

τ	方法	偏差				经验覆盖率			
		β_1	β_2	β_3	β_4	β_1	β_2	β_3	β_4
0. 1	cqr	−0. 012	−0. 003	0. 003	0. 003	0. 952	0. 953	0. 953	0. 958
	wcqr1	−0. 027	−0. 026	0. 031	0. 014	0. 95	0. 952	0. 95	0. 949
	wcqr2	−0. 027	−0. 032	0. 036	0. 018	0. 948	0. 952	0. 946	0. 95
0. 2	cqr	0	−0. 015	−0. 007	0. 008	0. 946	0. 95	0. 943	0. 952
	wcqr1	−0. 024	−0. 061	0. 042	0. 032	0. 948	0. 944	0. 949	0. 943
	wcqr2	−0. 019	−0. 081	0. 055	0. 04	0. 949	0. 94	0. 952	0. 94

续表

τ	方法	偏差				经验覆盖率			
		β_1	β_2	β_3	β_4	β_1	β_2	β_3	β_4
0.3	cqr	-0.01	-0.023	0.008	0.014	0.947	0.949	0.956	0.953
	wcqr1	-0.042	-0.108	0.095	0.055	0.938	0.952	0.944	0.943
	wcqr2	-0.027	-0.131	0.104	0.065	0.939	0.949	0.934	0.941
0.4	cqr	0.219	-1.244	0.069	0.316	0.999	0.999	0.999	0.999
	wcqr1	-0.065	-0.203	0.168	0.121	0.947	0.943	0.931	0.937
	wcqr2	0.007	-0.153	0.111	0.095	0.949	0.939	0.941	0.922
0.5	cqr	-5.878	-25.526	-12.526	10.139	0.975	0.957	0.967	0.953
	wcqr1	-0.313	-0.632	-0.594	0.28	0.965	0.943	0.963	0.914
	wcqr2	0.144	0.034	0.041	-0.007	0.913	0.955	0.952	0.953

资料来源：笔者根据程序模拟结果。

结果显示，在低分位下，cqr 方法表现非常优秀，然而在高分位下，则表现出了某种不稳定性。而对于加权方法，尽管在低分位下表现略逊于 cqr 方法，在大部分模拟情况中仍然表现很不错，尤其是 wcqr1 和 wcqr2。平均覆盖率也表现类似：cqr 的表现很好，直到 $\tau<0.4$。而在相对较高的分位下，例如 $\tau=0.5$，wcqr2 对大部分系数来说表现最佳。

对于协变量维度中等的情况（$s=30$），图 5-1 展现了对于 $n=200$，$\tau\in(0, 0.6)$ 和 Σ_1 下的四种 ρ，所有方法的 TPr 和 FPr 的取值。总体来看，我们可以观测到所有的选择方法都随着 τ 的增加而变差，也就是具有更低的 TPr，LASSO 方法的 FPr 大幅降低，ALASSO 方法的 FPr 具有微小的先减少后增加的趋势。但是整体来看，ALASSO 惩罚方法都比 LASSO 方法要好。具体来看，在分位数低于 0.4 时，使用 ALASSO 惩罚的 cqr 和 wcqr 估计量都有很好地识别重要变量的表现，也就是 TPr 接近 1。和 ALASSO 方法比起来，LASSO 方法普遍具有较高的 FPr 值，也就是更倾向于选出更多无关的变量。

在图 5-1 中，当 $\tau\in(0, 0.35)$ 位于中等分位区间时，wcqr 方法与 cqr 表现相当。在高分位下，尽管在 TPr 上稍微不如 cqr，wcqr 估计量仍然具有很低的 FPr 值，而 cqr 估计量的 FPr 则有一个快速的增加。这就意味着，wcqr 估计量具有很强的去除无关变量的能力，同时也能很好地筛选出正确的变量，即使 cqr 估计量几乎在高分位下失效。我们必须声明一点，在所有的模拟结果中，wcqr 估计量都表现得相当稳定，无论是在高分位还是高协变量维度。

这些方法在高分位 τ 水平下表现变差，则可以解释为当 τ 很大时，它可能更

接近于 $P(\epsilon=1|Z)$，那么这会导致更高的偏差。此外，需要注意的是，TPr 在 ρ 增加时有一个非常小的减少，除了 cqr.l 有一个很大的降低。这是因为当协变量的相关性增加时，会增大识别重要变量的难度。然而，即使在 $\rho=0.75$ 时，使用 ALASSO 惩罚 wcqr 的估计量的模拟表现仍然是非常好的。

图 5-2 展示了 8 种方法的 P1 和 P2 的表现，cqr 估计量的这两个值变得太大，而无法在图中表现出来。对比起来，wcqr 估计量则稳定地展现了 0.1~2.0 和 0.3~0.6 的增加。可以解释为，在低分位，只用到少量的模糊情形，那么这些信息不足的情况会更少地用到。然而，在高分位上，有更多模糊情况的观测被加权，那么权重的准确性就会影响到估计的表现。那么对于 w_{0i} 估计的改善可以在未来有更多探究。

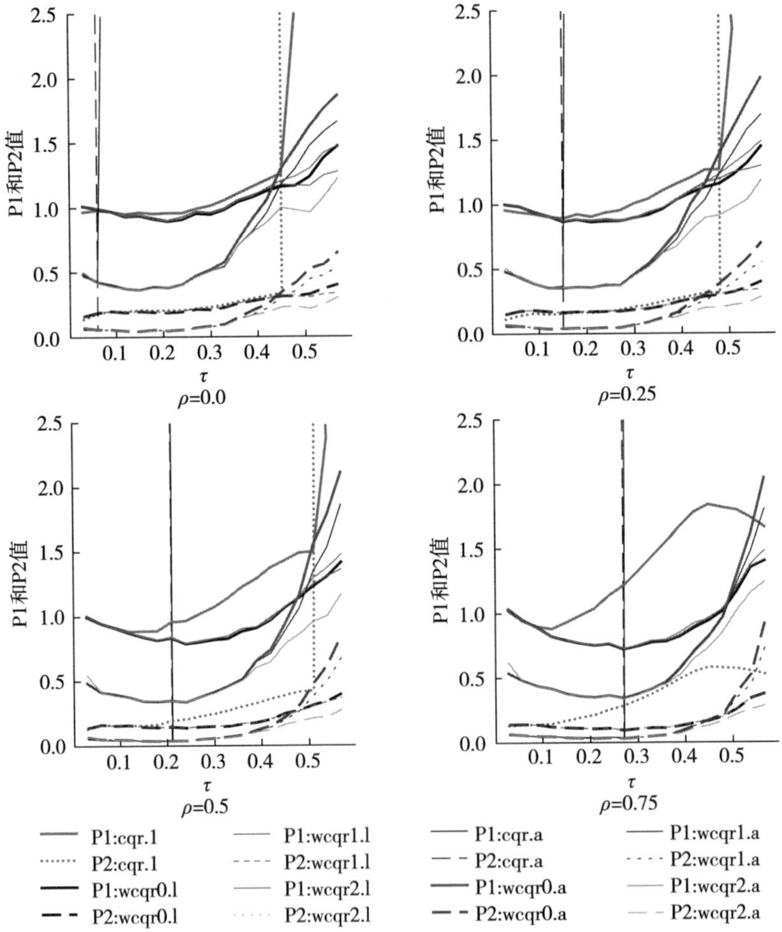

图 5-2　$n=200$，$s=30$，$p_0=0.8$，$p_1=0.6$ 的情形下不同方法效果比较

图 5-2 为 P1 和 P2 对于 ρ 的四种水平的比较。在每个子图中，Y 轴记录了不同 τ 值对应的 P1 和 P2 的值。

图 5-3 报告了不同分位 τ 下的 TPr、FPr、P_1 和 P_2。

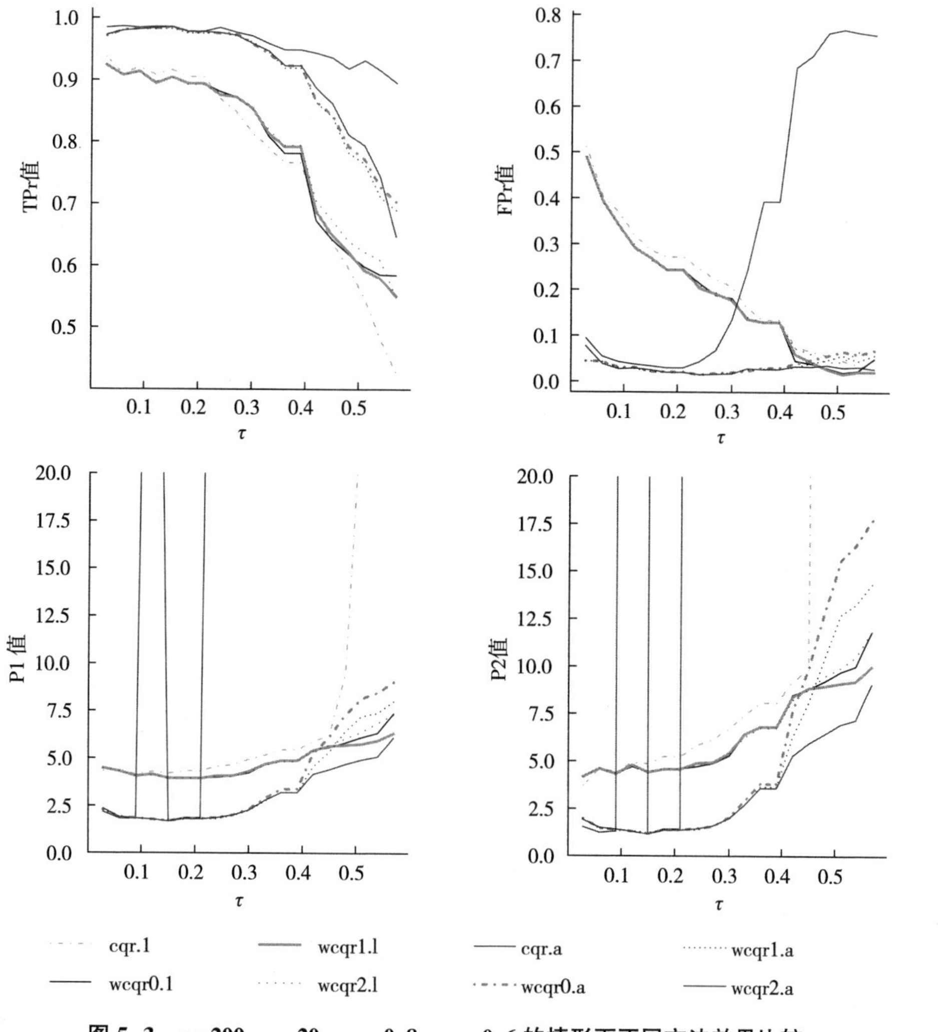

图 5-3　$n=200$，$s=20$，$p_0=0.8$，$p_1=0.6$ 的情形下不同方法效果比较

图 5-4 报告了不同分位 τ 下的 TPr、FPr、P1 和 P2。

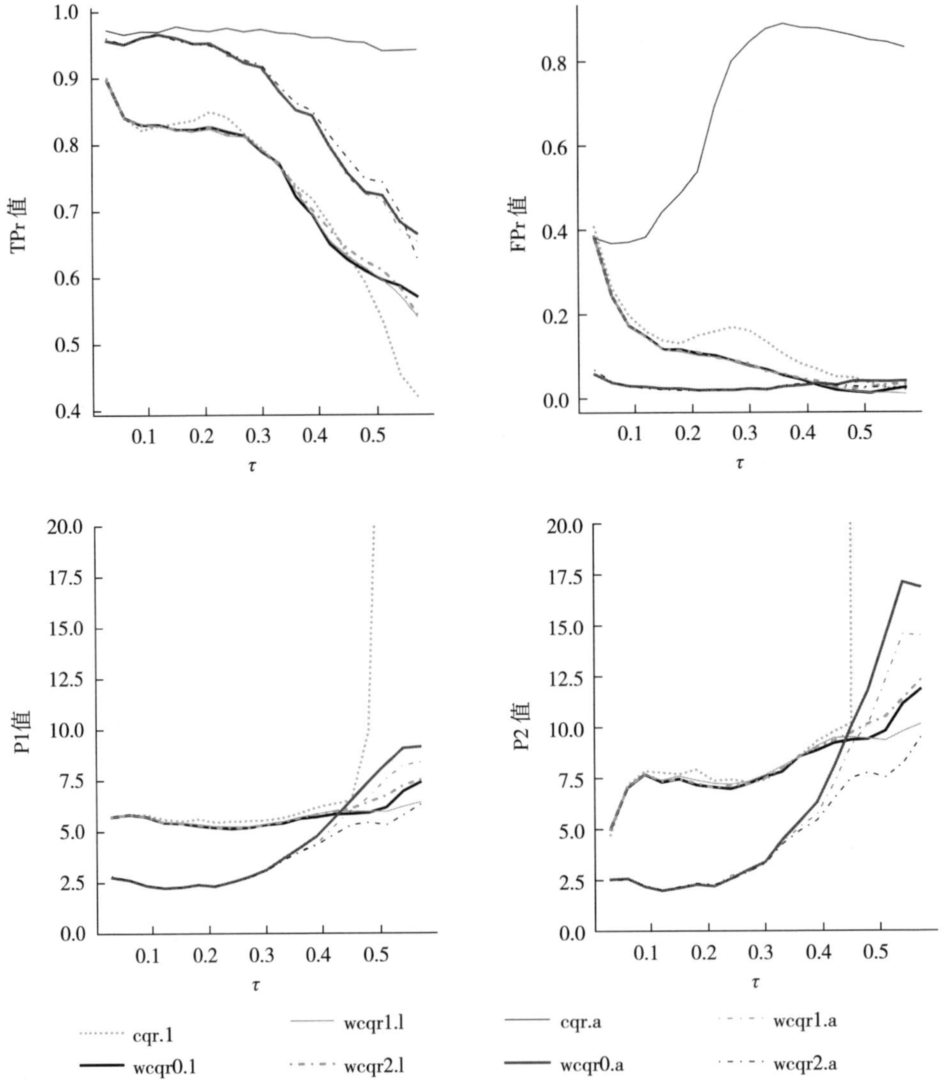

图 5-4　$n=200$，$s=50$，$p_0=0.8$，$p_1=0.6$ 的情形下不同方法效果比较

图 5-5 报告了不同分位 τ 下的 TPr、FPr、P1 和 P2。

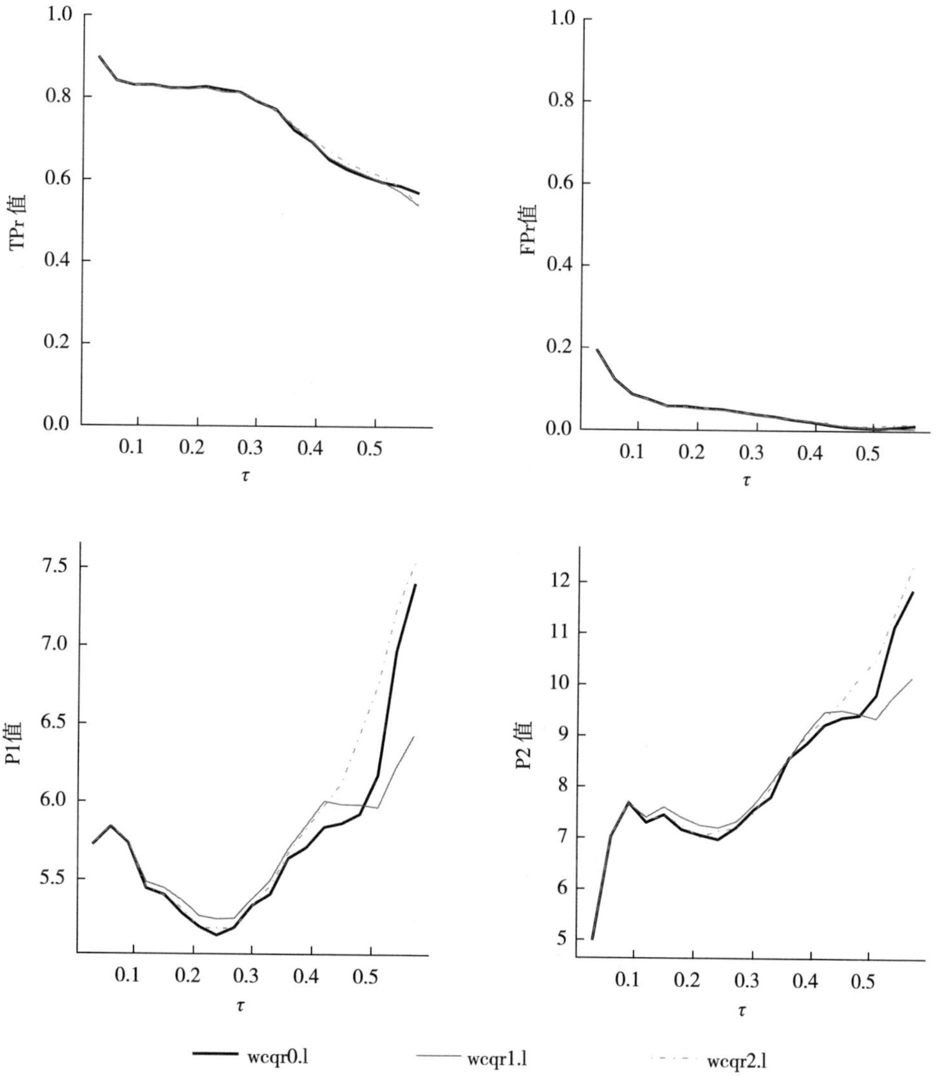

图 5-5　$n=100$，$s=100$，$p_0=0.8$，$p_1=0.6$ 的情形下不同方法效果比较

图 5-6 为 TP 和 FP 对于四个不同水平的 ρ 的对比。在每个子图中，Y 轴报告了不同的 τ 下的 TP 值。

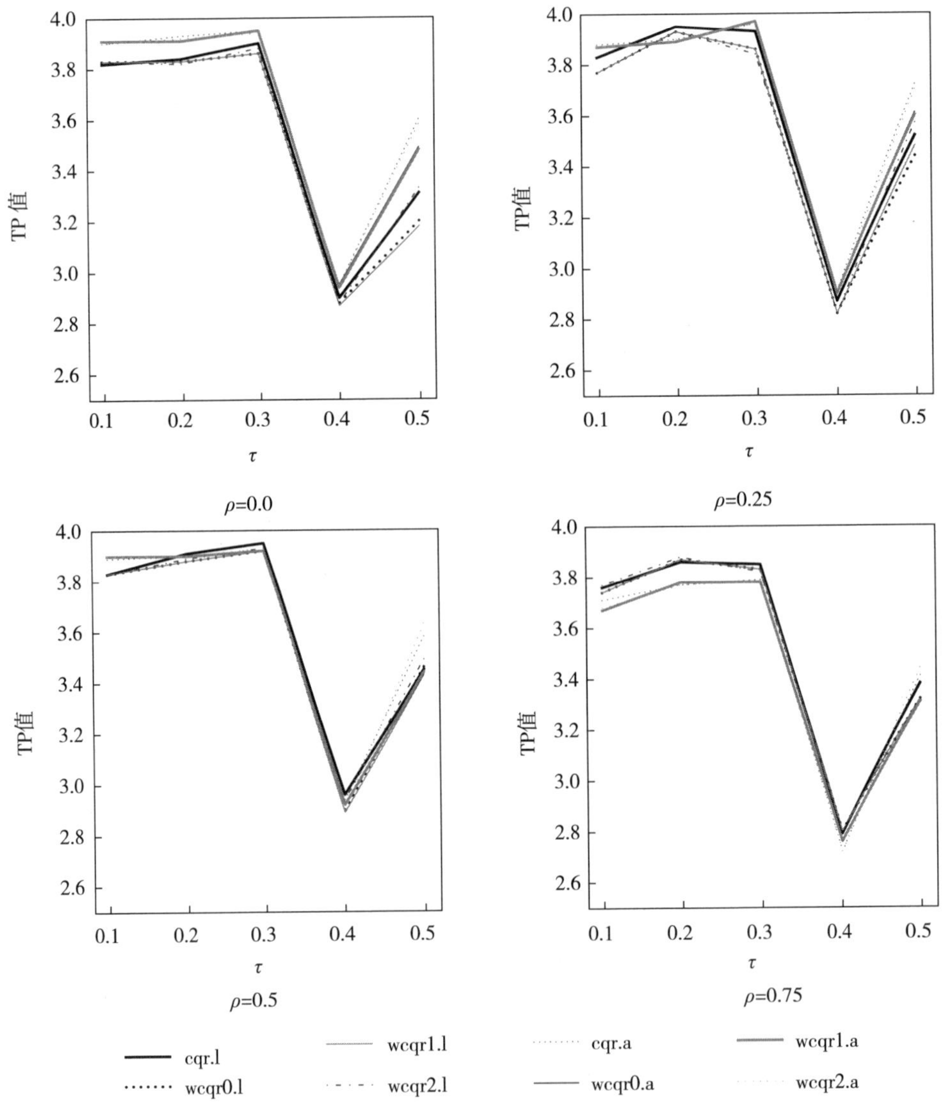

图 5-6　$n=200$，$p_0=0.8$，$p_1=0.6$ 的情形下不同方法效果比较

图 5-7 为四种不同 ρ 对应的 FP 的图像。在每个子图中，Y 轴报告了不同的 τ 分位下的 FP 值。

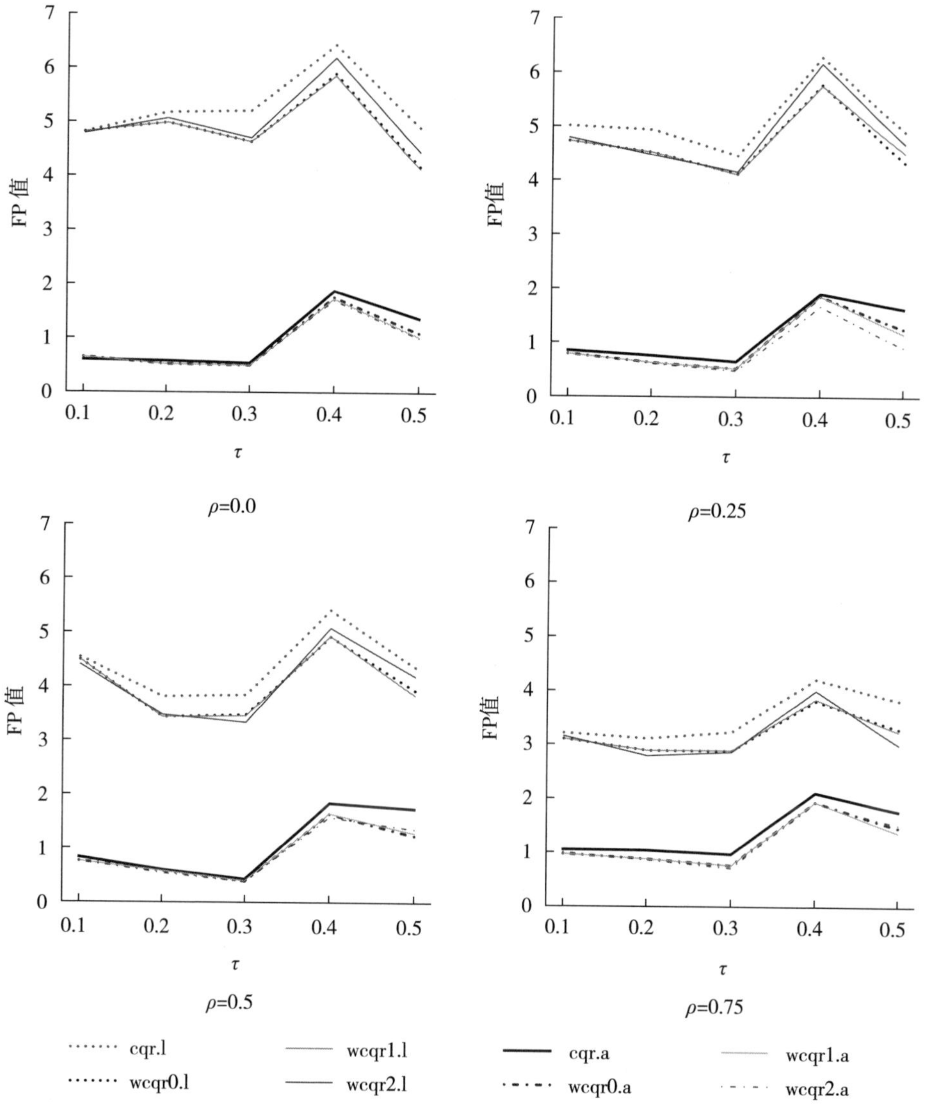

图 5-7　$n=200$，$p_0=0.8$，$p_1=0.6$ 的情形下不同方法效果比较

图 5-8 为四种不同ρ对应的 $P1$ 的图像。在每个子图中，Y 轴报告了不同的τ分位下的 $P1$ 值。

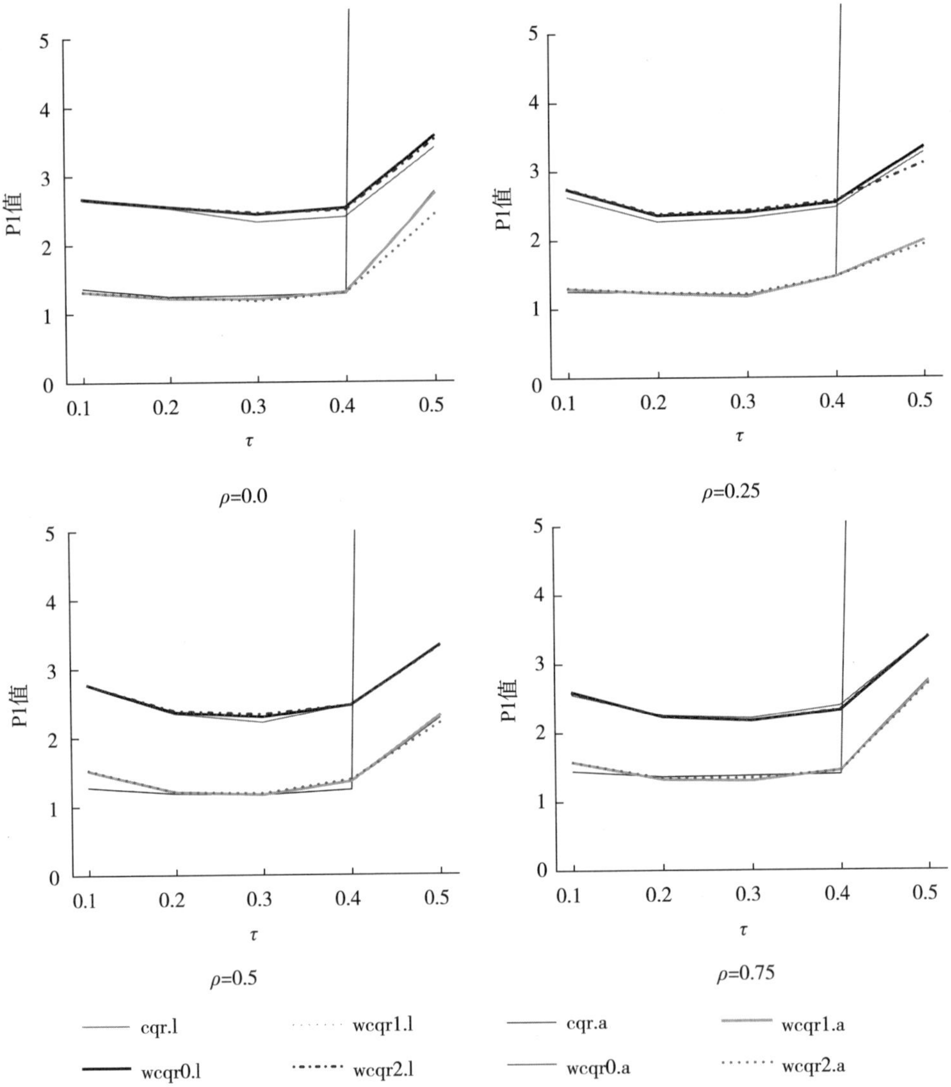

图 5-8　$n=200$，$p_0=0.8$，$p_1=0.6$ 的情形下不同方法效果比较

图 5-9 为四种不同 ρ 对应的 $P2$ 的图像。在每个子图中，Y 轴报告了不同的 τ 分位下的 $P2$ 值。

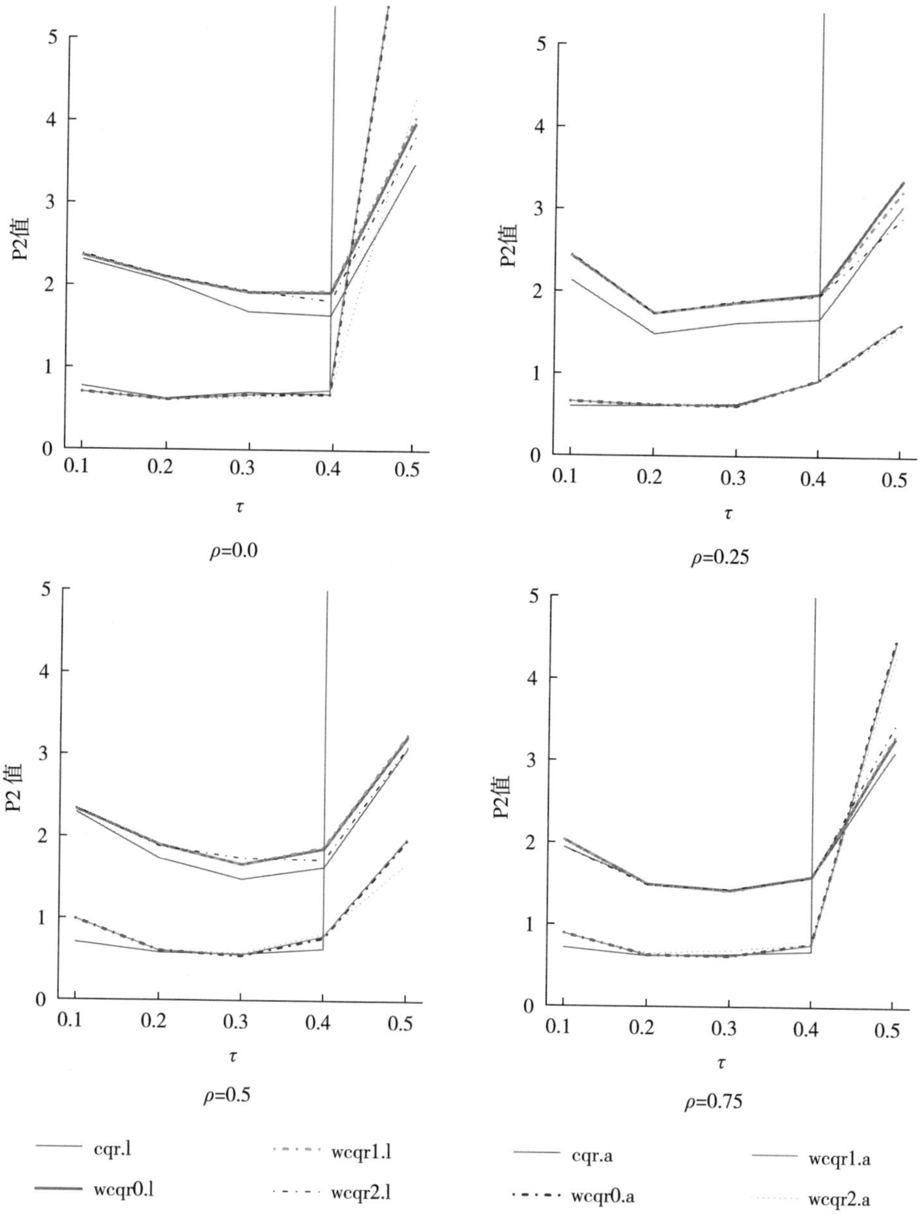

图 5-9　$n=200$，$p_0=0.8$，$p_1=0.6$ 的情形下不同方法效果比较

图 5-10 报告了不同分位 τ 下的 TPr、FPr、$P1$ 和 $P2$。

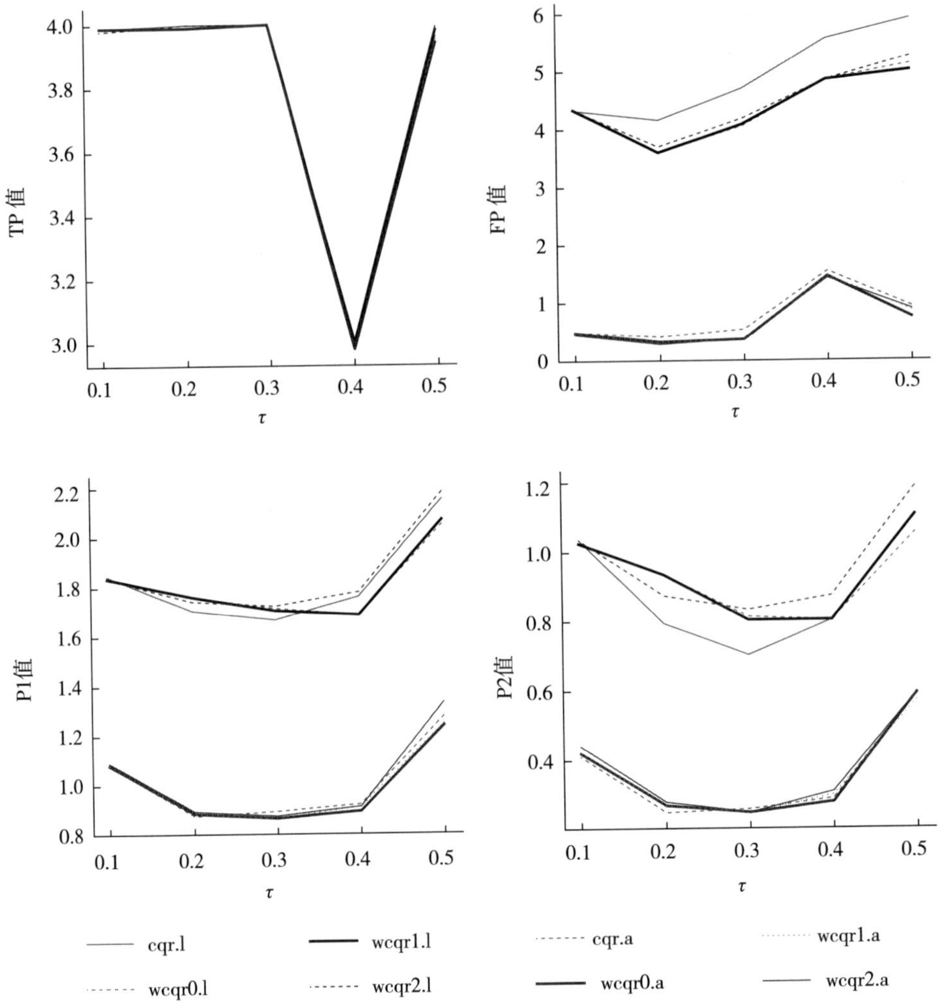

图 5-10　$n=400$，$\rho=0.5$，$p_0=0.8$，$p_1=0.6$ 的情形下不同方法效果比较

图 5-11 报告了不同分位 τ 下的 TPr、FPr、P1 和 P2。

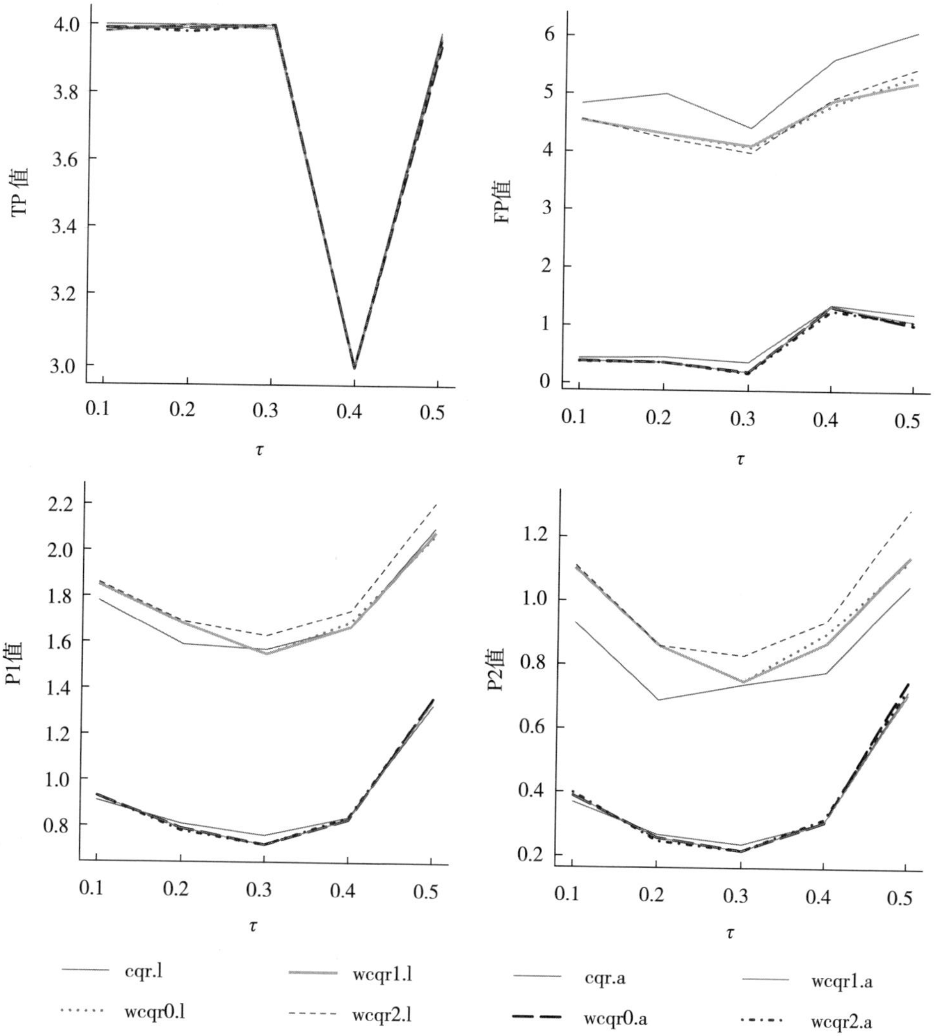

图 5-11　$n=400$，$\rho=0.5$，$p_0=0.8$，$p_1=0.6$，Σ_2 的情形下不同方法效果比较

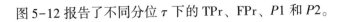

图 5-12 报告了不同分位 τ 下的 TPr、FPr、$P1$ 和 $P2$。

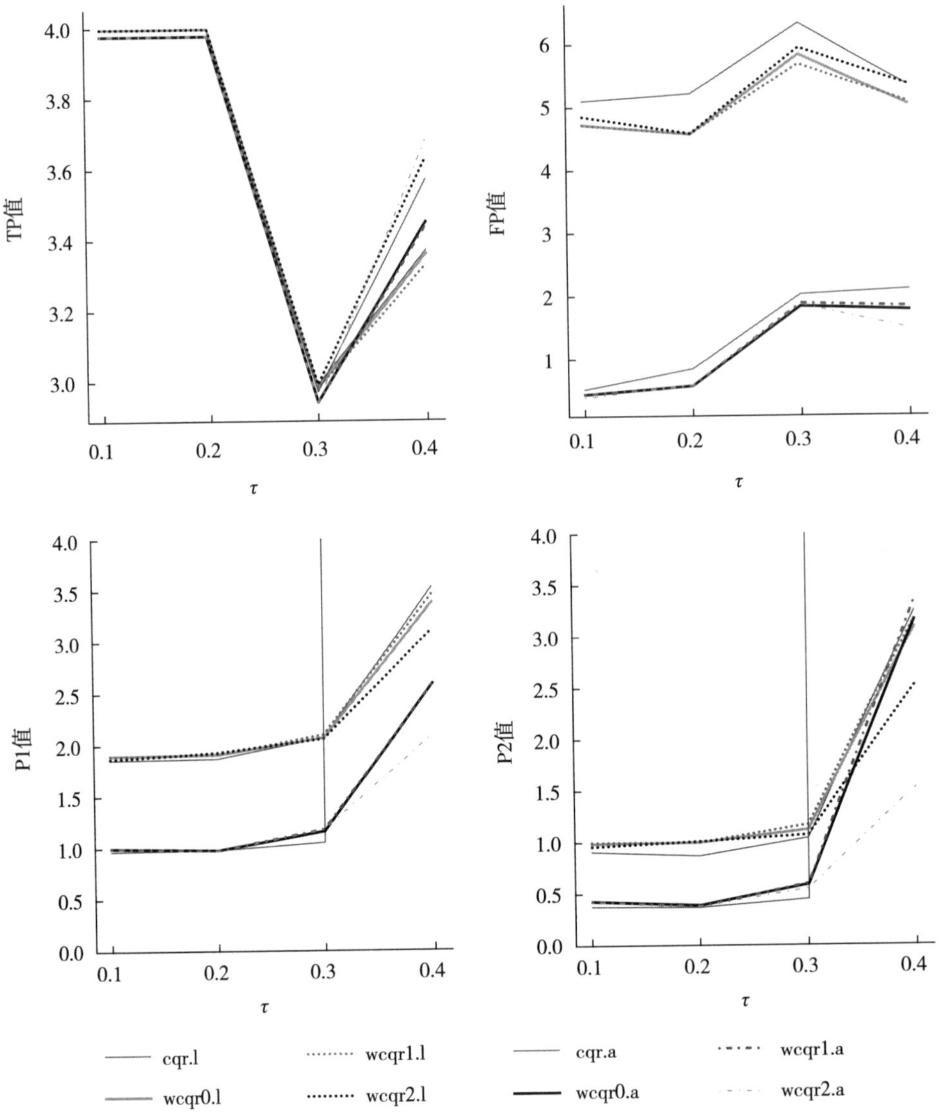

图 5-12　$n=400$，$\rho=0.5$，$p_0=0.6$，$p_1=0.45$，Σ_1 的情形下不同方法效果比较

图 5-13 报告了不同分位 τ 下的 TPr、FPr、$P1$ 和 $P2$。

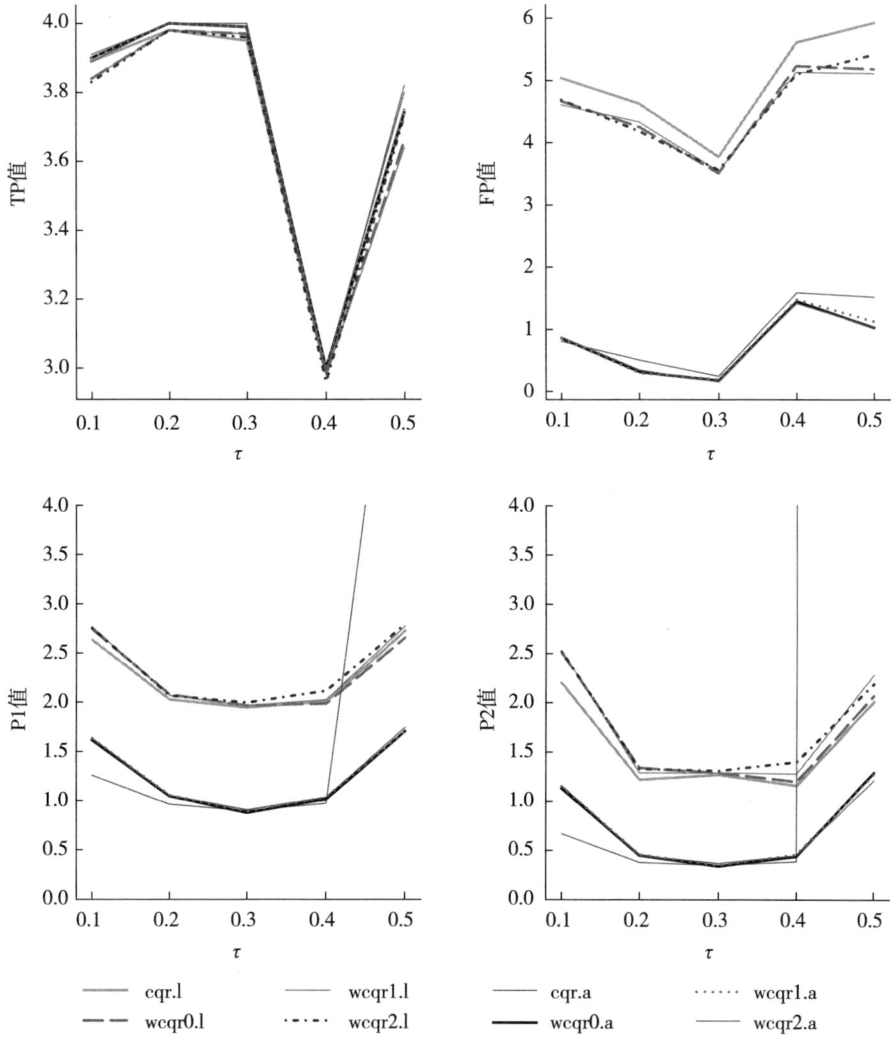

图 5-13　$n=400$，$\rho=0.5$，$p_0=0.8$，$p_1=0.6$，Σ_2，$t(3)$ 的情形下不同方法效果比较

对于其他的模拟情形也是类似的。图 5-3 和图 5-4 分别展现了对于 $s=20$ 和 50 的 TPr、FPr、P1 和 P2。我们可以观察到，在图 5-3 除了极高分位点上，使用 ALASSO 惩罚的 wcqr 估计量的 TPr 都高于 0.9，并且更低的 FPr 展现出了相对于 cqr 估计量而言更强的稳定性。在图 5-4 中，趋势依旧，但是选择的表现更差一些，尽管 TPr 仍然保持高于 0.8，即使在 $\tau=0.4$ 的情况下。我们同时对 $s=100$，$n=100$ 也做了模拟，此时预测变量的个数超过了样本量。在这种情况下，cqr 估计量因为设计矩阵的奇异性而失效，在 ALASSO 惩罚下也是如此。然而，我们惊喜地发现，图 5-5 所表现的 wcqr 估计量仍然有效，并且表现良好。

对于 $s=10$ 和 $\gamma_0=(-2, -2.5, 0.5, 0, \cdots, 0)$ 的数据研究如图 5-6～图 5-13 所示。对于协方差矩阵的结构，我们考虑了另外一种设定：$\Sigma_{2,ij}=\rho^{|i-j|}$。我们也考虑了对于 p_0 和 p_1 取值分别为 0.6 和 0.45 的情况，来检测在不同的概率 $P(\epsilon_i=1)$ 下方法的表现。另外，我们也用厚尾分布 $t(3)$ 来替换 $P(T\leqslant t \mid \epsilon=1, Z)$ 的高斯分布。

图 5-6～图 5-7 展示了 ALASSO 惩罚对于两个估计量来说都能够显著减少 FP，可以体现 ALASSO 的优势。在大部分情形下，我们的估计量表现相当接近 cqr 估计量。尽管我们的方法的 TP 稍微有一点劣势，但是 FP 则表现出了相对较好的优势。不仅 wcqr 估计量的系数估计的标准误差更小，它还体现出了极大的稳定性，尤其是带 ALASSO 惩罚的估计量，例如，在较高分位点 $\tau=0.5$ 处。这就体现了我们估计量在高分位点处的重要应用价值。图 5-10 展现了 $n=400$ 的情形，所有准则的表现都得到了极大的提升。图 5-11 展现了在 Σ_2 情形下的表现，比 Σ_1 的情形下表现略微好一些。图 5-12 是对于不同的 $(p_0, p_1)=(0.6, 0.45)$ 来进行的，此时我们的 τ 取值范围为 0～0.4，同时 $\tau=0.3$ 时，非零系数个数为 3，和我们的模拟结果一致。图 5-13 模拟了 $t(3)$ 分布，而不是标准正态分布，表现了我们的估计量对于厚尾分布也非常好。

综合而言，wcqr 估计量和 cqr 估计量表现相当，TP 表现略弱但是 FP 表现更强。令人感兴趣的是，对于高相关性和高分位点，以及厚尾分布，wcqr 估计量的优越表现说明它对于更复杂的数据和更高的分位点具有很大的潜在应用价值。

第五节　实际数据分析

在这一节，我们使用 Scrucca 等(2010)的 BMT 数据集作为实际应用。如模拟中显示，wcqr 估计量比现有的 cqr 估计量对于数据的复杂性和高分位点展示出更好的稳定性，这就激励着我们使用我们的方法来进行数据分析。

在这个数据集中，一共有 177 位患者接受了干细胞移植治疗急性白血病。失败事件(REL，56 例)为复发，相关的原因导致的死亡(移植相关死亡，TRM，75 例)为竞争风险。对 46 例患者进行了删失，删失率为 26%。影响 REL 和 TRM 的协变量包括性别、疾病(淋巴母细胞或髓母细胞性白血病)、移植时相(复发,CR1,CR2,CR3)、干细胞来源(骨髓和外周血,记为 BM+PB,或外周血,记为 PB)和年龄。链接函数被假设为指数形式。

图 5-14~图 5-16 报告了被选出的变量个数,以及通过我们的方法得到的系数估计,并与 Li 等(2019)提出的加权分位估计方程方法和无惩罚方法进行了对比,τ 的取值区间为 0~0.4。从图中我们可以看到,在低分位点处,我们的估计量选出的变量个数和 cqr 估计量类似,但是在高分位点处,wcqr 估计落在 cqr-LASSO 和 cqr-ALASSO 之间。对于截距,在低分位处,五个估计量表现得互相一致,尽管 cqr-ALASSO 估计量有一些不稳定,然而 wcqr 估计量表现稳定。对于年龄变量,所有的估计量将这一变量视为不重要的变量,除了两个 LASSO 估计量有可能过高估计这一变量的重要性。对于性别变量 sex:F,几乎所有变量将这个变量系数收缩到 0。ALASSO 估计量倾向于将 D:AML 识别为不重要的变量,除了在 0.1 分位。对于 phase:CR1 和 phase:CR2 两个变量,所有的估计量都倾向于在低分位将它们选为重要变量,但是 wcqr 倾向于在大于 0.21 的高分位上选出 phase:CR1,但是在 0.22~0.27 分位则倾向于忽略 phase:CR2。对于 phase:CR3,所有的估计量都表现类似,除了微小的波动。对于 source:PB,wcqr 估计量在所有分位点上都表现得比 cqr 更稳定。基于五种方法估计的 F_1 放在图 5-17 中。

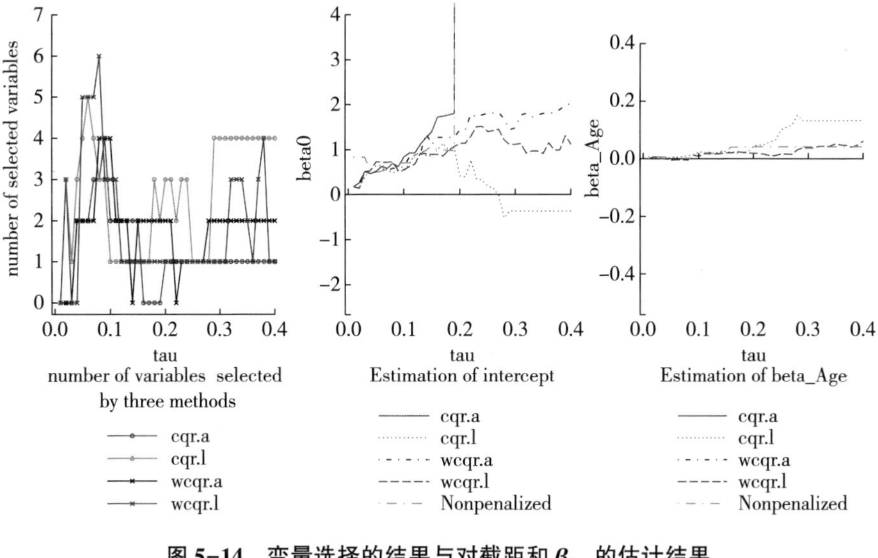

图 5-14 变量选择的结果与对截距和 $\boldsymbol{\beta}_{\text{Age}}$ 的估计结果

注:Y 轴报告了在不同的 τ 处的系数值。

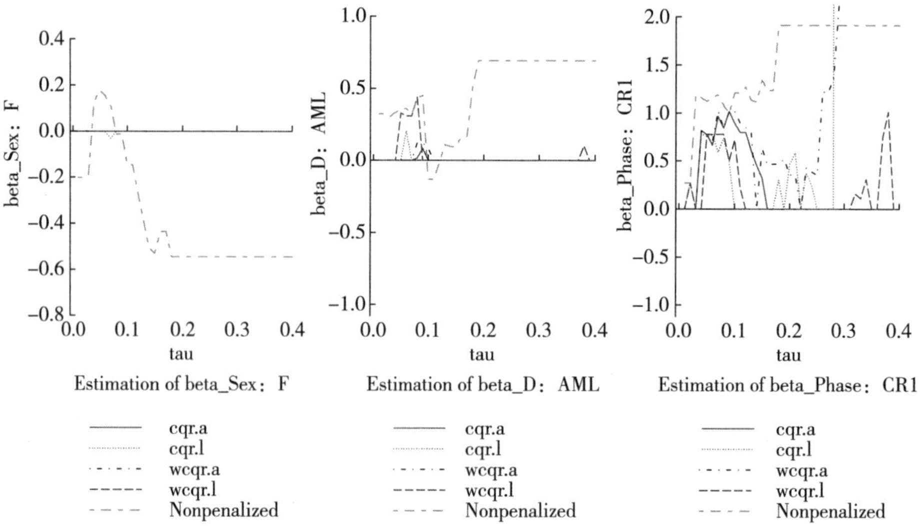

图 5-15　对 $\boldsymbol{\beta}_{Sex:F}$，$\boldsymbol{\beta}_{D:AML}$ 和 $\boldsymbol{\beta}_{Phase:CR1}$ 的估计结果

注：Y 轴报告了在不同的 τ 处的系数值。

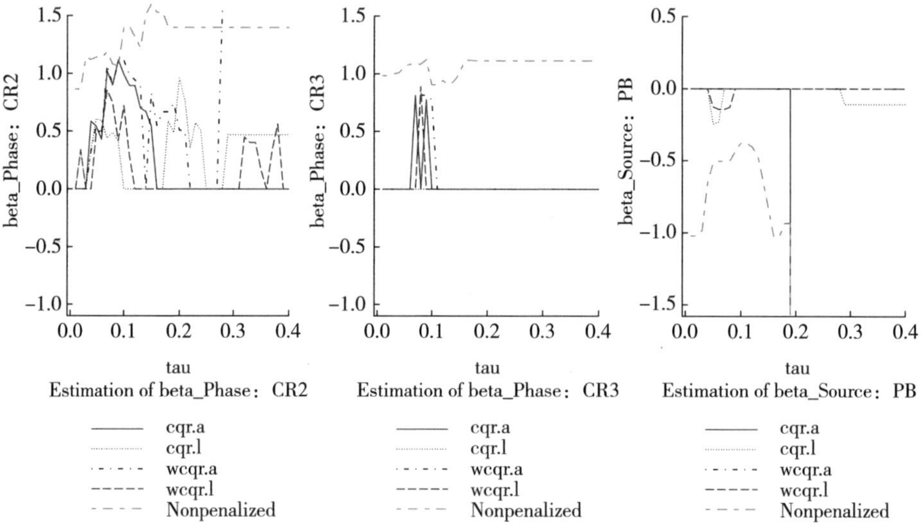

图 5-16　对 $\boldsymbol{\beta}_{Phase:CR2}$，$\boldsymbol{\beta}_{Phase:CR3}$ 和 $\boldsymbol{\beta}_{Source:PB}$ 的估计结果

注：Y 轴报告了在不同的 τ 处的系数值。

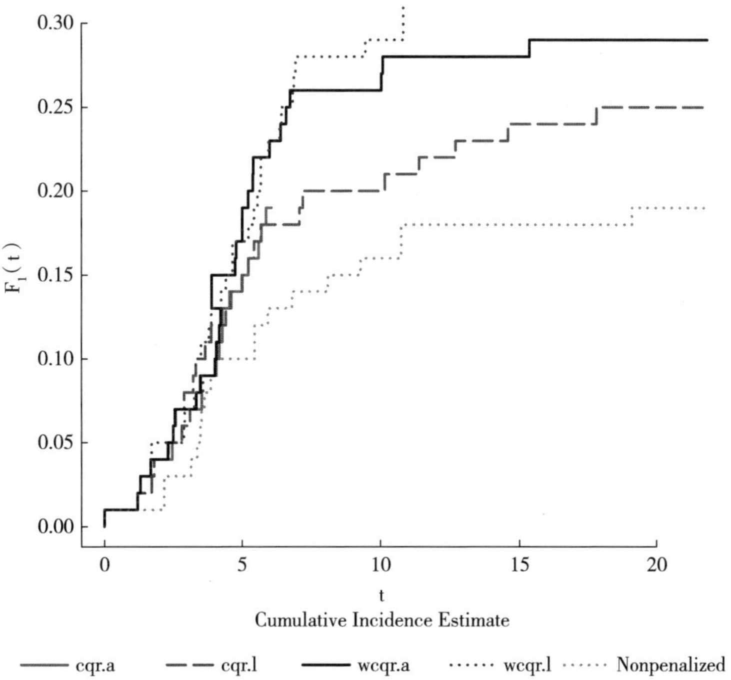

图 5-17　对 F_1 的估计结果

注：Y 轴报告了在不同的 τ 处的 F_1 值。

综上所述，我们的 wcqr 估计量表现出类似于 cqr 估计量的表现，但是展现了更多的稳定性。更重要的是，我们的加权方法提供了一个相对更加一般化的目标函数，使研究者可以直接应用 R 包来应用。

参考文献

[1]陈平．相依竞争风险场合下生存函数的广义自相合估计[J]．系统科学与数学，1989，9(3)：260-273.

[2]陈平．竞争风险场合 PL 型估计的弱一致收敛性[J]．应用数学，2002，20(3)：89-94.

[3]陈征，NakamuraTsuyoshi. 基于竞争风险理论和概要型数据的病死率估计模型[J]．中国卫生统计，2010，27(3)：249-252.

[4]樊亚莉．分位数回归模型中的两步变量选择[J]．上海师范大学学报(自然科学版)，2015，44(3)：270-283.

[5]胡涛，崔恒建，宋立新．竞争风险混合模型的参数估计与检验[J]．应用数学学报，2007，30(4)：577-591.

[6]江一涛，胡海兰，魏巧玲，等．竞争风险模型的发展与应用[J]．中国卫生统计，2009，26(4)：445-447.

[7]李子强，田茂再，罗幼喜．面板数据的自适应 Lasso 分位回归方法研究[J]．统计与信息论坛，2014(7)：3-10.

[8]林昆．经验价值和竞争风险理论在价值损失年数的应用[J]．中国卫生统计，2001，18(2)：93-94.

[9]刘玉涛，刘鹏，周勇．竞争风险下剩余寿命分位数的光滑非参数估计[J]．应用数学学报，2015，38(1)：109-124.

[10]卢一强，李锋，胡斌．单指标分位数回归的变量选择[J]．应用概率统计，2015，31(1)：20-34.

[11]卢梓航，周立志，韩栋，等．竞争风险型数据的统计处理及应用[J]．现代预防医学，2013，40(5)：804-807.

[12]罗幼喜，李翰芳，田茂再，等．基于双惩罚分位回归的面板数据模型理论与实证研究[J]．武汉科技大学学报(自然科学版)，2016，39(6)：462-467.

[13]聂志强，欧艳秋，曲艳吉，等．临床生存数据新视角：竞争风险模型[J]．中华流行病学杂志，2017，38(8)：1127-1131.

[14]戚晴，王洪源，任倩，等．竞争风险模型在2型糖尿病治疗临床试验中的应用[J]．中华临床医师杂志(电子版)，2012，6(12)：245-249.

[15]孙倩倩，宋艳龙，孔盼盼，等．基于竞争风险模型的老年人轻度认知损害转归研究[J]．中华流行病学杂志，2015，36(3)：241-244.

[16]田玉柱，李二倩，田茂再，等．删失混合效应模型的分位回归及变量选择[J]．数学学报(中文版)，2017(2)：315-334.

[17]徐淑一，王宁宁．竞争风险下我国住房抵押贷款风险的实证研究[J]．统计研究，2011，28(2)：45-52.

[18]徐淑一，王宁宁，王美今．竞争风险下纵列持续数据随机效应模型的估计与模拟研究[J]．数理统计与管理，2009，28(6)：1013-1023.

[19]许永龙，胡天彤．竞争风险模型在住房抵押贷款证券定价中的应用研究[J]．天津师范大学学报(自然版)，2006，26(4)：54-57.

[20]Ahn K W, Kim S. Variable Selection with Group Structure in Competing Risks Quantile Regression[J]. Statistics in Medicine, 2018(37): 1577-1586.

[21]Alhamzawi R, Yu K. Variable Selection in Quantile Regression Via Gibbs Sampling[J]. Journal of Applied Statistics, 2012, 39(4): 799-813.

[22]Alhamzawi R, Yu K. Conjugate Priors and Variable Selection for Bayesian Quantile Regression [J]. Computational Statistics & Data Analysis, 2013 (64): 209-219.

[23]Alexander K S. Probability Inequalities for Empirical Processes and A Law of the Iterated Logarithm[J]. Annals of Probability, 2003, 12(4): 1041-1067.

[24]Amin M, Song L, Thorlie M A, et al. SCAD-penalized Quantile Regression for High-dimensional Data Analysis and Variable Selection[J]. Statistica Neerlandica, 2015, 69(3): 212-235.

[25]Andersen P K, Gill R D. Cox's Regression Model for Counting Processes: A Large Sample Study[J]. Annals of Statistics, 1982, 10(4): 1100-1120.

[26]Andersen P K, Klein J P, Rosthøj S. Generalised Linear Models for Correlated Pseudo-observations, with Applications to Multi-state Models[J]. Biometrika, 2003, 90(1): 15-27.

[27]Aue A, Cheung R C Y, Lee T C M, et al. Segmented Model Selection in Quantile Regression Using the Minimum Description Length Principle[J]. Journal of the American Statistical Association, 2014, 109(507): 1241-1256.

[28]Azuma K. Weighted Sums of Certain Dependent Random Variables[C]// To-

hoku Math. J. 1967, 19(3): 357-367.

[29] Barut E, Fan J, Verhasselt A. Conditional Sure Independence Screening [J]. Journal of the American Statistical Association, 2016, 111(515): 1266-1277.

[30] Behl P, Claeskens G, Dette H. Focussed Model Selection in Quantile Regression[J]. Statistica Sinica, 2014, 24(2): 601-624.

[31] Binder H, Allignol A, Schumacher M, et al. Boosting for High-dimensional Time-to-event Data with Competing Risks[J]. Bioinformatics, 2009, 25(7): 890-896.

[32] Bondell H D, Krishna A, Ghosh S K. Joint Variable Selection for Fixed and Random Effects in Linear Mixed-Effects Models[J]. Biometrics, 2010, 66(4): 1069-1077.

[33] Boos D D, Stefanski L A. Essential Statistical Inference: Theory and Methods [M]. New York: Springer Science+Business Media, 2013.

[34] Buchinsky M, Hahn J. An Alternative Estimator for the Censored Quantile Regression Model[J]. Econometrica, 1998, 66(3): 653-671.

[35] Bradic J, Fan J, Wang W. Penalized Composite Quasi-likelihood for Ultrahigh Dimensional Variable Selection[J]. Journal of the Royal Statistical Society: Series B(Statistical Methodology), 2011, 73(3): 325-349.

[36] Cai Z, Xiao Z. Semiparametric Quantile Regression Estimation in Dynamic Models with Partially Varying Coefficients[J]. Journal of Econometrics, 2012, 167 (2): 413-425.

[37] Chang J, Tang C Y, Wu Y. Marginal Empirical Likelihood and Sure Independence Feature Screening[J]. Annals of Statistics, 2013, 41(4): 2123-2148.

[38] Chen X, Linton O, Van Keilegom I. Estimation of Semiparametric Models When The Criterion Function Is Not Smooth[J]. Econometrica, 2003(71): 1591-1608.

[39] Chiang T C, Li J. Stock Returns and Risk: Evidence From Quantile[J]. Journal of Risk & Financial Management, 2012, 5(1): 20-58.

[40] Cho H, Fryzlewicz P. High Dimensional Variable Selection Via Tilting[J]. Journal of the Royal Statistical Society: Series B(statistical methodology), 2012, 74 (3): 593-622.

[41] Ciuperca G. Adaptive LASSO Model Selection in A Multiphase Quantile Regression[J]. Statistics, 2016, 50(5): 1100-1131.

[42] Ciuperca G. Adaptive Group LASSO Selection in Quantile Models[J]. Statistical Papers, 2016: 1-25.

[43] Dong Y, Kai B, Yu Z. Dimension Reduction Via Local Rank Regression [J]. Journal of Statistical Computation and Simulation, 2017, 87(2): 239-249.

[44] Dünder E, Gümüstekin S, Murat N, et al. Subset Selection in Quantile Regression Analysis Via Alternative Bayesian Information Criteria and Heuristic Optimization [J]. Communications in Statistics-Theory and Methods, 2017, 46(22): 11091-11098.

[45] Dyrskjøt L, Zieger K, Real F X, et al. Gene Expression Signatures Predict Outcome in Non-muscle-lnvasive Bladder Carcinoma: A Multicenter Validation Study [J]. Clinical Cancer Research, 2007, 13(12): 3545-3551

[46] Fan J, Feng Y, Song R. Nonparametric Independence Screening in Sparse Ultra-high-dimensional Additive Models[J]. Journal of the American Statistical Association, 2011, 106(494): 544-557.

[47] Fan J, Feng Y, Wu Y. High-Dimensional Variable Selection for Cox's Proportional Hazards Model[J]. Statistics, 2010, 105(489): 205-217.

[48] Fan J, Li R. Variable Selection Via Nonconvave Penalized Likelihood and Its Oracle Properties[J]. Publications of the American Statistical Association, 2001, 96 (456): 1348-1360.

[49] Fan J, Lv J. Sure Independence Screening for Ultrahigh Dimensional Feature Space[J]. Journal of the Royal Statistical Society, 2008, 70(5): 849-911.

[50] Fan J, Samworth R, Wu Y. Ultrahigh Dimensional Feature Selection: Beyond the Linear Model[J]. Journal of Machine Learning Research, 2009, 10(5): 2013-2038.

[51] Fan J, Song R. Sure Independence Screening in Generalized Linear Models with NP-Dimensionality[J]. Annals of Statistics, 2010, 38(6): 3567-3604.

[52] Fan Y. Two-step Variable Selection in Quantile Regression Models[J]. Journal of Shanghai Normal University, 2015, 44(3): 270-283.

[53] Fan Y, Li R. Variable Selection in Linear Mixed Effects Models[J]. Annals of Statistics, 2012, 40(4): 2043-2068.

[54] Fan Y, Qin G, Zhu Z Y. Robust Variable Selection in Linear Mixed Models [J]. Communications in Statistics -Theory and Methods, 2014, 43(21): 4566-4581.

[55] Fan Y, Tang Y, Zhu Z. Variable Selection in Censored Quantile Regression with High Dimensional Data[J]. Science China Mathematics, 2018, 61(4): 641-658.

[56] Faraggi D, Simon R. Bayesian Variable Selection Method for Censored Survival Data[J]. Biometrics, 1998, 54(4): 1475-1485.

[57] Fine J, Gray R. A Proportional Hazards Model for the Subdistribution of A Competing Risk[J]. Publications of the American Statistical Association, 1999, 94 (446): 496-509.

[58] Fitzenberger B. A Guide to Censored Quantile Regressions[J]. Handbook of Statistics, 1997, 15(97): 405-437.

[59] Fu Z, Parikh C R, Zhou B. Penalized Variable Selection in Competing Risks Regression[J]. Lifetime Data Analysis, 2017(23): 353-376.

[60] Fürstová J, Valenta Z. Statistical Analysis of Competing Risks: Overall Survival in A Group of Chronic Myeloid Leukemia Patients[J]. Ejbi, 2011, 1(7): 2-10.

[61] Gooley T A, Leisenring W, Crowley J, et al. Estimation of Failure Probabilities in the Presence of Competing Risks: New Representations of Old Estimators[J]. Statistics in Medicine, 1999, 18(6): 695-706.

[62] Gorst-Rasmussen A, Scheike T. Independent Screening for Single-index Hazard Rate Models with Ultrahigh Dimensional Features[J]. Journal of the Royal Statistical Society: Series B(Statistical Methodology), 2013, 75(2): 217-245.

[63] Gray R J. A Class of *K*-sample Tests for Comparing the Cumulative Incidence of A Competing Risk[J]. Annals of Statistics, 1988, 16(3): 1141-1154.

[64] Groll A, Tutz G. Variable Selection in Discrete Survival Models Including Heterogeneity[J]. Lifetime Data Analysis, 2016, 23(2): 305-338.

[65] Guo C, Yang H, Lv J. Robust Variable Selection in High-dimensional Varying Coefficient Models Based on Weighted Composite Quantile Regression[J]. Statistical Papers, 2015, 58(4): 1009-1033.

[66] Ha I D, Lee M, Oh S, et al. Variable Selection in Subdistribution Hazard Frailty Models with Competing Risks Data[J]. Statistics in Medicine, 2015, 33(26): 4590-4604.

[67] Harun N, Cai B. Bayesian Random Effects Selection in Mixed Accelerated Failure Time Model for Interval-censored Data[J]. Statistics in Medicine, 2014, 33 (6): 971-984.

[68] He Z, Tu W, Wang S, et al. Simultaneous Variable Selection for Joint Models of Longitudinal and Survival Outcomes[J]. Biometrics, 2015, 71(1): 178-187.

[69] Huang Y. Quantile Calculus and Censored Regression[J]. Annals of Statistics, 2010, 38(3): 1607-1637.

[70]Hui F K C, Müller S, Welsh A H. Joint Selection in Mixed Models Using Regularized PQL[J]. Journal of the American Statistical Association, 2017, 112(519): 1323-1333.

[71]Ji Y, Lin N, Zhang B. Model Selection in Binary and Tobit Quantile Regression Using the Gibbs Sampler[J]. Computational Statistics & Data Analysis, 2012, 56(4): 827-839.

[72]Jiang L, Bondell H D, Wang H J. Interquantile Shrinkage and Variable Selection in Quantile Regression[J]. Computational Statistics & Data Analysis, 2014(69): 208-219.

[73]Jiang X, Jiang J, Song X. Oracle Model Selection for Nonlinear Models Based on Weighted Composite Quantile Regression[J]. Statistica Sinica, 2012, 22(4): 1479-1506.

[74]Jiang R, Qian W, Zhou Z. Variable Selection and Coefficient Estimation Via Composite Quantile Regression with Randomly Censored Data[J]. Statistics & Probability Letters, 2012, 82(2): 308-317.

[75]Johnson B A, Lin D Y, Zeng D. Penalized Estimating Functions and Variable Selection in Semiparametric Regression Models[J]. Journal of the American Statistical Association, 2008, 103(482): 672-680.

[76]Jurěcková J. Asymptotic Relations of M-Estimates and R-Estimates in Linear Regression[J]. The Annals of Statistics, 1977(5): 464-472.

[77]Kalbfleisch J D, Prentice R L. The Statistical Analysis of Failure Time Data[M]. New York: John Wiley & Sons, 2002.

[78]Kaplan E L, Meier P. Nonparametric Estimation From Incomplete Observations Nonparametric Estimation From Incomplete Observations[J]. Journal of the American Statistical Association, 1958(53): 457-481.

[79]Kim H T. Cumulative Incidence in Competing Risks Data and Competing Risks Regression Analysis[J]. Clinical Cancer Research, 2007, 13(1): 559-565.

[80]Kim M O. Quantile Regression with Varying Coefficients[J]. Annals of Statistics, 2007, 35(1): 92-108.

[81]Klein J P, Moeschberger M L. Survival Analysis: Techniques for Censored and Truncated Data[M]. New York: Springer, 2003.

[82]Klein J P, Zhang M J. Survival Analysis[J]. Handbook of Statistics, 2007, 27(27): 281-320.

[83] Koenker R. Quantile Regression [M]. New York: Cambridge University Press, 2005.

[84] Koenker R, Bassett G. Regression Quantiles[J]. Econometrica, 1978, 46(1): 33-50.

[85] Kock A B. Oracle Inequalities, Variable Selection and Uniform Inference in High-Dimensional Correlated Random Effects Panel Data Models[J]. Journal of Econometrics, 2016, 195(1): 71-85.

[86] Kuk D, Varadhan R. Model Selection in Competing Risks Regression[J]. Statistics in Medicine, 2013, 32(18): 3077-3088.

[87] Kuruwita C N. Non-Iterative Estimation and Variable Selection in the Single-Index Quantile Regression Model[J]. Communications in Statistics-Simulation and Computation, 2016, 45(10): 3615-3628.

[88] Kwon S, Oh S, Lee Y. The Use of Random-effect Models for High-dimensional Variable Selection Problems[J]. Computational Statistics & Data Analysis, 2016(103): 401-412.

[89] Lai T L, Ying Z. Large Sample Theory of A Modified Buckley-James Estimator for Regression Analysis with Censored Data[J]. Annals of Statistics, 1991, 19(3): 1370-1402.

[90] Lee K E, Kim Y, Xu R. Bayesian Variable Selection under the Proportional Hazards Mixed-effects Model[J]. Computational Statistics & Data Analysis, 2014, 75(7): 53-65.

[91] Lee S, Pawitan Y, Lee Y. A Random-effect Model Approach for Group Variable Selection[J]. Computational Statistics & Data Analysis, 2015, 89(C): 147-157.

[92] Li E, Tian M, Tang M. Variable Selection in Competing Risks Models Based On Quantile Regression[J]. Statistics in Medicine, 2019(38): 4670-4685.

[93] Li L, Li B, Zhu L X. Groupwise Dimension Reduction[J]. Journal of the American Statistical Association, 2010, 105(491): 1188-1201.

[94] Li R, Peng L. Quantile Regression Adjusting for Dependent Censoring from Semi-competing Risks[J]. Journal of the Royal Statistical Society, 2015, 77(1): 107-130.

[95] Li R, Zhong W, Zhu L. Feature Screening Via Distance Correlation Learning [J]. Journal of the American Statistical Association, 2012, 107(499): 1129-1139.

[96] Lim Y, Oh H S. Variable Selection in Quantile Regression When the Models

Have Autoregressive Errors[J]. Journal of the Korean Statistical Society, 2014, 43(4): 513-530.

[97]Lin B, Pang Z, Jiang J. Fixed and Random Effects Selection by REML and Pathwise Coordinate Optimization [J]. Journal of Computational and Graphical Statistics, 2013, 22(2): 341-355.

[98]Liu S, Shen X, Wong W. Computational Development of Learning[C]//In The SIAM 2005 International Data Mining Conf., 2005a: 1-12.

[99]Liu Y, Shen X, Doss H. Multicategory Learning and Support Vector Machine: Computational Tools[J]. J. Comput. Graph. Statist., 2005b(14): 219-236.

[100] Liu H, Yang H. Estimation and Variable Selection in Single - index Composite Quantile Regression[J]. Communications in Statistics-Simulation and Computation, 2017, 46(9): 1-18.

[101]Lo S M S, Wilke R A. A Copula Model for Dependent Competing Risks[J]. Journal of the Royal Statistical Society, 2010, 59(2): 359-376.

[102] Lv Y, Zhang R, Zhao W, et al. Quantile Regression and Variable Selection for the Single-index Model[J]. Journal of Applied Statistics, 2014, 41(7): 1565-1577.

[103]Ma X, Zhang J. Robust Model-free Feature Screening Via Quantile Correlation[J]. Journal of Multivariate Analysis, 2016, 143(C): 472-480.

[104]Martinussen T, Scheike T H. Dynamic Regression Models for Survival Data[J]. Publications of the American Statistical Association, 2006, 102(480): 1474-1474.

[105] Ni X, Zhang D, Zhang H. Variable Selection for Semiparametric Mixed Models in Longitudinal Studies[J]. Biometrics, 2010, 66(1): 79-88.

[106]Oh M S, Choi J, Park E S. Bayesian Variable Selection in Quantile Regression Using the Savage - Dickey Density Ratio[J]. Journal of the Korean Statistical Society, 2016, 45(3): 466-476.

[107]Peng L, Fine J P. Competing Risks Quantile Regression[J]. Journal of the American Statistical Association, 2009, 104(488): 1440-1453.

[108]Peng L, Huang Y. Survival Analysis with Quantile Regression Models[J]. Publications of the American Statistical Association, 2008, 103(482): 637-649.

[109]Pepe M S. Inference for Events with Dependent Risks in Multiple Endpoint Studies[J]. Journal of the American Statistical Association, 1991(86): 770-778.

[110]Pintilie M. Competing Risks: A Practical Perspective[M]. New York: John

Wiley & Sons, 2006.

[111]Porta N, Gómez G, Calle M L. The Role of Survival Functions in Competing Risks[J]. Operations Research, 2008. https://doi.org/10.1016/j.pedex.2017.10.001.

[112]Portnoy S. Censored Regression Quantiles[J]. Publications of the American Statistical Association, 2003, 98(464): 1001-1012.

[113]Powell J L. Least Absolute Deviations Estimation for the Censored Regression Model[J]. Journal of Econometrics, 1984, 25(3): 303-325.

[114]Powell J L. Censored Regression Quantiles[J]. Journal of Econometrics, 1986, 32(1): 143-155.

[115]Putter H, Fiocco M, Geskus R B. Tutorial in Biostatistics: Competing Risks and Multi-state Events[J]. Statistics in Medicine, 2006, 26(11): 2389-2430.

[116] Robins J M, Rotnitzky A. Recovery of Information and Adjustment for Dependent Censoring Using Surrogate Markers[M]// AIDS Epidemiology. New York: Springer Science Business Media, 1992: 297-331.

[117]Satagopan J M, Ben-Porat L, Berwick M, et al. A Note on Competing Risks in Survival Data Analysis[J]. British Journal of Cancer, 2004, 91(7): 1229-1235.

[118]Scheel I, Ferkingstad E, Frigessi A, et al. A Bayesian Hierarchical Model with Spatial Variable Selection: The Effect of Weather on Insurance Claims[J]. Journal of the Royal Statistical Society, 2013, 62(1): 85-100.

[119]Scheike T, Zhang M, Gerds T. Predicting Cumulative Incidence Probability by Direct Binomial Regression[J]. Biometrika, 2008, 95(1): 205-220.

[120]Schelldorfer J, Bühlmann P, DE G et al. Estimation for High-dimensional Linear Mixed-effects Models using ℓ_1-penalization[J]. Scandinavian Journal of Statistics, 2011, 38(2): 197-214.

[121]Scrucca L, Santucci A, Aversa F. Regression Modeling of Competing Risk using R: An in Depth Guide for Clinicians[J]. Bone Marrow Transplant, 2010, 45(9): 1388-1395.

[122]Song Q, Liang F. A Split-and-merge Bayesian Variable Selection Approach for Ultrahigh Dimensional Regression[J]. Journal of the Royal Statistical Society: Series B(Statistical Methodology), 2015, 77(5): 947-972.

[123]Song R, Lu W, Ma S, et al. Censored Rank Independence Screening for High-dimensional Survival Data[J]. Biometrika, 2014, 101(4): 799-814.

[124]Stone C J. Consistent Nonparametric Regression[J]. Annals of Statistics,

1977, 5(4): 595-620.

[125]Sun Y, Wang H J, Gilbert P B. Quantile Regression for Competing Risks Data with Missing Cause of Failure[J]. Statistica Sinica, 2012, 22(2): 703-728.

[126]Tang L, Zhou Z, Wu C. Weighted Composite Quantile Estimation and Variable Selection Method for Censored Regression Model[J]. Statistics & Probability Letters, 2012, 82(3): 653-663.

[127]Tapak L, Saidijam M, Sadeghifar M, et al. Competing Risks Data Analysis with High-dimensional Covariates: An Application in Bladder Cancer[J]. Genomics, Proteomics & Bioinformatics, 2015, 13(3): 169-176.

[128]Thomas H. Scheike, Mei-Jie Zhang, Thomas A. Gerds. Predicting Cumulative Incidence Probability by Direct Binomial Regression[J]. Biometrika, 2008, 95(1): 205-220.

[129]Tibshirani R. Regression Shrinkage and Selection Via the Lasso[J]. Journal of the Royal Statistical Society, 1996, 58(1): 267-288.

[130]Tibshirani R. The Lasso Method for Variable Selection in the Cox Model[J]. Statistics in Medicine, 1997, 16(4): 385-395.

[131]Tsiatis A. A Nonidentifiability Aspect of the Problem of Competing Risks[J]. Proceedings of the National Academy of Sciences of the United States of America, 1975, 72(1): 20-22.

[132]Tüchler R. Bayesian Variable Selection for Logistic Models Using Auxiliary Mixture Sampling[J]. Journal of Computational & Graphical Statistics, 2008, 17(1): 76-94.

[133]Tutz G, Groll A. Likelihood-based Boosting in Binary and Ordinal Random Effects Models[J]. Journal of Computational & Graphical Statistics, 2013, 22(2): 356-378.

[134]van der Vaart A W. Asymptotic Statistics[M]. Cambridge University Press: Cambridge, UK, 1998.

[135]Wang H. Forward Regression for Ultra-high Dimensional Variable Screening[J]. Publications of the American Statistical Association, 2009, 104(488): 1512-1524.

[136]Wang H J, Wang L. Locally Weighted Censored Quantile Regression[J]. Publications of the American Statistical Association, 2009, 104(487): 1117-1128.

[137]Wang H J, Zhou J, Li Y. Variable Selection for Censored Quantile Regression[J]. Statistica Sinica, 2013, 23(1): 145-167.

[138]Wang H J, Zhu Z, Zhou J. Quantile Regression in Partially Linear Varying Coefficient Models[J]. Annals of Statistics, 2009, 37(6B): 3841-3866.

[139]Wang L, Wu Y, Li R. Quantile Regression for Analyzing Heterogeneity in Ultra-high Dimension[J]. Journal of the American Statistical Association, 2012, 107(497): 214-222.

[140]Wang X, Leng C. High Dimensional Ordinary Least Squares Projection for Screening Variables[J]. Journal of the Royal Statistical Society: Series B (Statistical Methodology), 2016, 78(3): 589-611.

[141]Wu P, Luo X, Xu P, et al. New Variable Selection for Linear Mixed-effects Models[J]. Annals of the Institute of Statistical Mathematics, 2017, 69(3): 627-646.

[142]Wu Y, Liu Y. Robust Truncated-hinge-loss Support Vector Machines[J]. Journal of the American Statistical Association, 2007(102): 974-983.

[143]Wu Y, Liu Y. Variable Selection in Quantile Regression[J]. Statistica Sinica, 2009, 19(19): 801-817.

[144]Wu Y, Yin G. Cure Rate Quantile Regression for Censored Data with A Survival Fraction[J]. Journal of the American Statistical Association, 2013, 108(504): 1517-1531.

[145]Xiong W, Tian M. A New Model Selection Procedure Based on Dynamic Quantile Regression[J]. Journal of Applied Statistics, 2014, 41(10): 2240-2256.

[146] Xiong W, Tian M. Simultaneous Variable Selection and Parametric Estimation for Quantile Regression[J]. Journal of the Korean Statistical Society, 2015, 44(1): 134-149.

[147]Xu H X, Chen Z L, Wang J F, et al. Quantile Regression and Variable Selection for Partially Linear Model with Randomly Truncated Data[J]. Statistical Papers, 2017: 1-24.

[148]Yang G, Yu Y, Li R, et al. Feature Screening in Ultrahigh Dimensional Cox's Model[J]. Statistica Sinica, 2016, 26(3): 881-901.

[149]Yang H, Lv J, Guo C. Weighted Composite Quantile Regression Estimation and Variable Selection for Varying Coefficient Models with Heteroscedasticity[J]. Journal of the Korean Statistical Society, 2015, 44(1): 77-94.

[150]Yang S, Xue L. Automatic Variable Selection for Single-index Random Effects Models with Longitudinal Data[J]. Open Journal of Statistics, 2014, 4(3):

230-237.

[151] Ying Z, Jung S H, Wei L J. Survival Analysis with Median Regression Models[J]. Publications of the American Statistical Association, 1995, 90(429): 178-184.

[152] Yu K, Jones M C. Local Linear Quantile Regression[J]. Publications of the American Statistical Association, 1998, 93(441): 228-237.

[153] Yu K, Moyeed R A. Bayesian Quantile Regression[J]. Statistics & Probability Letters, 2001, 54(4): 437-447.

[154] Zeng D, Lin D Y. Maximum Likelihood Estimation in Semiparametric Regression Models with Censored Data[J]. Journal of the Royal Statistical Society: Series B (Statistical Methodology), 2007, 69(4): 507-564.

[155] Zhang C H. Nearly Unbiased Variable Selection under Minimax Concave Penalty[J]. Annals of Statistics, 2010, 38(2): 894-942.

[156] Zhang M J, Zhang X, Scheike T H. Modeling Cumulative Incidence Function for Competing Risks Data[J]. Expert Review of Clinical Pharmacology, 2008, 1(3): 391-400.

[157] Zhang R, Lv Y, Zhao W, et al. Composite Quantile Regression and Variable Selection in Single-index Coefficient Model[J]. Journal of Statistical Planning & Inference, 2016(176): 1-21.

[158] Zhao S D, Li Y. Principled Sure Independence Screening for Cox Models with Ultra-high-dimensional Covariates[J]. Journal of Multivariate Analysis, 2012, 105(1): 397-411.

[159] Zhao P, Tang X. Penalized Empirical Likelihood Based Variable Selection for Partially Linear Quantile Regression Models with Missing Responses[J]. Hacettepe University Bulletin of Natural Sciences and Engineering Series B: Mathematics and Statistics, 2018, 47(3): 721-739.

[160] Zhao W, Lian H. Quantile Index Coefficient Model with Variable Selection [J]. Journal of Multivariate Analysis, 2016(154): 40-58.

[161] Zhong W, Zhu L, Li R, et al. Regularized Quantile Regression and Robust Feature Screening for Single Index Models[J]. Statistica Sinica, 2016, 26(1): 69-95.

[162] Zhou B, Fine J, Latouche A, et al. Competing Risks Regression for Clustered Data[J]. Biostatistics, 2012, 13(3): 371-383.

[163] Zhou L. A Simple Censored Median Regression Estimator[J]. Statistica Sin-

ica, 2006, 16(3): 1043-1058.

[164]Zhu L P, Li L, Li R, et al. Model-free Feature Screening for Ultrahigh-Dimensional Data[J]. Journal of the American Statistical Association, 2011, 106(496): 1464-1475.

[165]Zou H. The Adaptive Lasso and its Oracle Properties[J]. Publications of the American Statistical Association, 2006, 101(476): 1418-1429.

[166]Zou H, Hastie T. Regularization and Variable Selection Via the Elastic Net[J]. Journal of the Royal Statistical Society: Series B(Statistical Methodology), 2005, 67(2): 301-320.

[167] Zou H, Yuan M. Composite Quantile Regression and the Oracle Model Selection Theory[J]. Annals of Statistics, 2008, 36(3): 1108-1126.

后　记

本书基于生存分析中高维变量选择和超高维特征筛选与分位回归模型，对竞争风险模型探讨了超高维特征筛选方法和分位回归框架下的变量选择方法，证明了这些方法的渐近性质，如确定筛选性质、相合性、Oracle 性质。

首先，本书第二章对于生存分析中一种特殊的模型——竞争风险模型，提出在超高维情形下，即协变量维数为样本量的指数阶时的特征筛选方法，主要借鉴一般线性模型和简单生存分析中的超高维特征筛选方法——确定独立筛选和条件确定独立筛选的过程，基于竞争风险模型的最大对数边际部分似然和对数条件部分似然估计量，确定合适的调节参数对估出的系数进行筛选，得到非零系数集合的估计在一定正则条件下满足确定筛选性质，并使用惩罚方法进行第二步变量选择，最终可以证明得到的系数估计满足相合性和 Oracle 性质。

其次，对于超高维竞争风险模型而言，确定独立筛选和条件确定独立筛选方法均需要对边际部分似然或条件部分似然进行最大化，在变量维度为超高维时，需要极高的计算成本。本书第三章使用确定联合筛选方法对超高维竞争风险模型进行第一步的特征筛选，将对变量的筛选转化为求解 L_0 约束下最大化对数部分似然，并运用泰勒展开对形式复杂的对数部分似然进行近似，进一步转化为凸优化问题进行求解。因竞争风险模型的渐近性质不同于一般的生存分析模型，本书结合 Cauchy-Schwarz 不等式与完全删失下竞争风险模型得分函数的性质，得到随机删失情况下竞争风险模型的得分函数的性质，从而完成确定筛选性质的证明。通过对协方差结构、真实系数取值、变量维度和样本量的不同设定下的蒙特卡罗模拟，本书说明了竞争风险模型的确定联合筛选方法的优异表现，并通过对于初始筛选变量个数的探索，提出一些在实际应用中选择调节参数的建议。

再次，在分位回归框架下，高维竞争风险模型的变量选择过程。Peng 和 Fine (2009)给出了在一定条件下，竞争风险模型的分位函数建模与加速失效时间模型的分位回归模型之间的转化关系，本书第四章基于转化后的加速失效时间模型的估计方程，结合惩罚估计方程方法，将其转化为凸优化问题，运用线性规划方法进行求解，对高维竞争风险分位回归模型进行变量选择。同时也给出了所提出方法得到估计量的相合性和 Oracle 性质。在数值模拟部分，本书采用两种数据生成机制，并测试了不同维度、样本量、协方差结构下所提方法的表现，可以看到，LASSO、ALASSO、SCAD 这三种惩罚函数在所提方法中表现并不相同，其中 ALASSO 惩罚表现最为稳健有效，而 SCAD 在其中一种数据产生机制下倾向于留下无关变量；在同样机制下的线性分位回归模型下，使用 SCAD 惩罚及 DCA 算法求解分位回归变量选择，也出现了类似的结果。

最后，在第五章中，我们对于竞争风险分位回归模型的加权方法，将估计方程转化为一种常见的加权目标函数的形式，并且应用 LASSO 惩罚和 ALASSO 惩罚方法来做变量选择。我们对于无惩罚的估计量构建了相合性和渐近正态性，也对变量选择过程的相合性进行了证明。对于几种情况进行了蒙特卡罗模拟，结果显示了所提方法变量选择表现很好，也具有很好的稳定性。最后，使用一个真实数据集来刻画我们方法的应用价值，并对其他的方法进行了对比。这一模型构建将竞争风险分位回归模型的框架，推广到一般的加权目标函数的形式，使对这一问题的研究，可以更便利地应用并推广到非参数和半参数中。

本书仍有许多研究的不足之处，也存留一些可待进一步研究的问题，主要体现在以下四个方面：

(1)在竞争风险模型的确定独立筛选方法中，本书使用了控制假阳性率的方法来选择调节参数，可以探索不同调节参数选取方法，例如，随机退耦(random decoupling)等方法对最终结果的影响。

(2)在竞争风险模型的联合独立筛选方法中，虽然对调节参数(第一步筛选的个数)的影响进行了探索，但偏重经验上的选择，可以参考控制假阳性率的方法，在研究理论上合理地调节参数选择方法。

(3)在竞争风险分位回归模型的高维变量选择问题的研究中，对分位函数采取了已知连接函数与协变量的线性形式相结合的建模方式，而实际应用中分位函数可能具有更加复杂的形式，因此，探索使用非参建模下的变量选择将是后续研究的一个重要研究问题。

(4)在本书研究的模型中，都只假设了协变量之间的单独效应，而在实际应用中，例如，当协变量为基因时，往往要考虑它们之间的交互效应。在高维、超高维和分位框架下，探索研究具有交互效应的竞争风险模型的变量选择方法，也是一个有趣且有应用价值的方向。

李二倩

2024 年 1 月